천재 보고서

옮긴이 | 안종희

서울대학교 지리학과와 환경대학원, 장로회신학대학원을 졸업하고 바른번역
아카데미를 수료한 후 전문번역가로 활동하고 있다. 옮긴 책으로는 《도시는
왜 불평등한가》, 《2019 부의 대절벽》, 《스탠퍼드 인문학 공부》, 《삶을 위한
신학》, 《내 인생을 완성하는 것들》, 《선택 설계자들》, 《성장 이후의 삶》, 《아주
짧은 소련사》, 《가장 위대한 모험》 등이 있다.

천재 보고서

스콧 배리 카우프만Scott Barry Kaufman
캐롤린 그레고어Carolyn Gregoire 지음

안종희 옮김

모두가
어수선하다고 생각했지만
천재로 기억된
사람들

WIRED TO CREATE

필름

추천의 말

우리는 백과사전처럼 많은 지식을 암기하고 시험 문제를 잘 푸는 사람을 천재라고 하지만 실제 천재는 남과 다른 생각을 하고 난제를 해결해 내는 창의적인 사람들이다. 이 책은 천재들이 어떤 과정을 통해 남다른 창의력을 생산해 내는지 풀어내고 있다.

천재를 요리사에 비유해 보자. 고도로 창의적인 작업은 기존의 요리를 맛있게 만들어 내는 것이 아니라, 자신이 가진 재료를 매우 신기하거나 색다른 방법으로 조리해서 전혀 새로운 맛을 제공하는 것이다. 그들은 다른 사람들과 구별되는 '복잡성'을 가지고 있다. 남들이 쉽게 넘기고 지나쳐 버리는 작은 차이를 예민하게 구별해 내고 고민한다.

천재는 '매우 예민한 사람일 수도 있다.' 보통 사람은 '억압'의 기제를 통해서 자신에서 만들어지는 창의력의 싹을 눌러버리기 쉽다. 하지만 천재들은 '억압'을 하지 않고 자신의 마음에 있는 다양한 생각을 그대로 '행동화'해서 외부로 표현한다. 깊이 그들을 관찰하지 않으면 주의력결핍 과잉행동장애ADHD나 양극성장애bipolar disorder로 잘못 진단할 수도 있다. 천재는 자신의 생각을 억제하지 않고 행동화함으로써 생각이 끊임없이 만들어지는 자신만의 화수분을 가지고 있다.

이 책을 통해 우리 아이들, 학생들, 내 주위 사람들의 천재성을 발견하고 도와줄 수 있는 식견을 가질 수 있을 것이다. 앞으로 세상을 바꿀 리더들은 어수선한 천재들이 될 것이기 때문이다.

전홍진

성균관의대 삼성서울병원 정신건강의학과 교수,
《매우 예민한 사람들을 위한 책》저자

추천의 말

의과대학에 입학하는 매우 뛰어난 학생들을 만나고 가르치고, 상담하면서 뛰어난 영재들도 내면적인 어려움을 갖고 있다는 것을 알게 됩니다. 그러나 이들이 내면적 어려움들을 극복하는 과정에서 놀라운 성장을 하는 것을 보곤 합니다.

천재적인 능력을 갖고 있는 역사적인 인물의 자서전이나 전기를 읽을 때도, 천재들 중 꽤 많은 사람이 인생의 어떤 시기 동안에 심각한 정신적 위기를 경험한다는 사실을 자주 발견하게 됩니다. 정신적 위기가 어디서 오는지는 매우 다양하고, 실체를 알 수 없으나, 그 위기를 헤쳐 나가면서 또는 함께 안고 살아가면서 자신의 능력을 더욱 발전시키는 경우를 많이 봅니다. 영재 또는 천재의 삶은 사실은 그 뛰어난 능력만큼이나 위기를 경험하고 극복하는 삶인지도 모릅니다.

《천재 보고서》는 천재에 대한 매우 흥미로운 연구서입니다. 천재성과 직접 연관되는 뛰어난 창의력에 대한 심리학/뇌 과학적 연구 결과들을 제시합니다. 그리고 다양한 역사적 인물에 대한 개인사적 고증을 포괄한 연구자료를 집대성하여 독자에게 보여줍니다. 그 과정을 통해 창의성이 높은 천재들을 깊이 있게 이해할 수 있도록 도와줍니다.

동시에 우리와 같이 평범한 사람들이 창의력을 키울 수 있는 방법을 현실적으로 알려주며, 더 나아가, 우리 자녀들의 창의성을 키워주는 좋은 교육적 아이디어와 생각의 재료를 훌륭하게 제공해 줍니다.

이 책을 통해 천재에 대한 다면적 이해를 가능하게 하고, 그 능력의 기원을 이해하며, 우리 자신을 더욱 성장시킬 기회를 줍니다. 거기에 덧붙여, 우리 자녀들의 창의성을 훌륭하게 키울 수 있는 방법론을 세심하게 소개하고 있습니다.

여기에서 소개하는 상상 놀이, 열정, 공상, 고독, 직관, 경험에 대한 개방성, 마음 챙김, 민감성, 역경을 유익한 기회로 바꾸기, 다르게 생각하기 등의 요소들은 세부적인 천재 마음

이해하기의 열쇠들입니다. 동시에 이것은 인생을 살아가는 우리 같은 범재에게도 꼭 필요한 삶의 태도일 수 있다는 생각을 하게 합니다.

김붕년

서울대학교병원 소아청소년 정신과 교수,
《천 번을 흔들리며 아이는 어른이 됩니다》,《아이의 뇌》저자

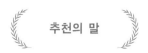

추천의 말

　창의성은 창의적인 삶을 살아가는 데 있다. 창의적 삶으로 나아가는 데 관습적인 완고한 사고방식을 줄여나가야 한다.

　민감성, 개방성, 유연성으로 자신의 완고한 생각에서 벗어나 다른 방식으로 행동하고 느끼는 훈련이 필요하다.

　창의적 삶은 근본적 질문, 지적 흥분성, 생생한 감각, 배움과 성장을 촉발하는 조화로운 열정이 역동적으로 통합되는 과정이다. 창의성은 결국 자기 삶의 아름다운 창조자가 되는 과정임을 구체적으로 설명하는 이 책을 많은 독자에게 추천한다.

박문호

뇌과학 전문가,《뇌, 생각의 출현》저자

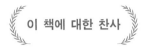

이 책에 대한 찬사

《천재 보고서》는 창의적인 사람들을 힘껏 응원하는 선언문이다. 창의적인 성격에 관한 카우프만과 그레고어의 연구는 방대한 지식과 공감할 만한 통찰로 가득하다. 이 책을 읽어가다 보면 "바로 내 얘기잖아!"라고 거듭 말하게 될 것이다.

– 수전 케인Susan Cain, 콰이어트 레볼루션의 공동설립자, 뉴욕타임스 베스트셀러 《콰이어트》의 저자

캐롤린 그레고어와 스콧 배리 카우프만은 최신 과학과 시대를 초월한 지혜를 통해 우리 내면 깊숙이 존재하는 창의성을 일깨울 수 있는 습관, 훈련, 기술을 조명한다.

– 아리아나 허핑턴Arianna Huffington, 뉴욕타임스 베스트셀러 《제3의 성공》의 저자

스콧 배리 카우프만은 창의성과 천재성에 관한 신뢰할 만한 책을 내놓았다. 그는 뇌, 정신 생활, 혼란스러운 감정 세계에 관한 최신 연구 결과들을 총망라하여 인간이 이룬 가장 탁월한 성과로 우리를 빠르게 안내한다.

– 마틴 셀리그먼Martin Seligman, 펜실베이니아대학교 긍정심리학 센터 소장

보다 창의적인 사람이 되려면 무엇을 해야 하는지 알려주는 책은 많다. 하지만 기존의 제안은 대부분 과학적 사실에 기초한 것이 아니다. 이 책은 창의성이 무엇인지 설명할 뿐만 아니라 사람들이 어떻게 자신의 창의적 재능을 발견해 발전시킬 수 있는지 과학적으로 보여준다는 점에서 특별하고 독보적이다. 자신의 창의성을 깨우는 데 관심이 있는 사람이라면 이 책을 읽고 싶을 것이다!

– 로버트 스턴버그Robert J. Sternberg, 코넬대학교 인간발달학 교수,《성공지능 가르치기》의 저자

《천재 보고서》는 더없이 소중하지만 종종 좌절감을 느낄 정도로 설명하기 힘든 특성인 창의성을 과학 연구를 통해 샅샅이 살펴보는 최고의 여정이다. 카우프만과 그레고어는 과학적 연구 결과와 위대한 창작자의 삶을 함께 서술하면

서 창의성을 이해하기 쉽게 설명하고 우리 각자가 삶에서 창의성을 키워가는 방법을 제시한다.

– 데이비드 엡스타인David Epstein, 뉴욕타임스 베스트셀러 《스포츠 유전자》의 저자

카우프만과 그레고어는 과학과 스토리텔링을 이용해 창의적인 사람이 지닌 내면의 작동 방식을 설명한다. 이 모든 내용이 쌓여서 매우 흥미진진하고 유익한 책이 되었다.

– 로버트 그린Robert Greene, 《권력의 법칙》의 저자

내가 좋아하는 연구자와 내가 좋아하는 작가가 만나 내가 좋아하는 주제인 '창의성'에 관한 책을 썼다. 이 책에는 수많은 이야기가 들어 있다. 당장 시작해 보라.

– 라이언 홀리데이Ryan Holiday, 《돌파력》의 저자

원활한 소통이라는 명목으로 과학적 엄밀성을 희생하지 않으면서도 접근하기 쉽고, 흥미로우며, 술술 읽히는 창의성 관련 도서가 드디어 나왔다. 재미있는 이야기와 역사적 일화가 가득한 이 책은 확실한 필독서다.

– 제임스 카우프만James C. Kaufman, 《창의성 101》의 저자

내가 아는 가장 창의적인 심리학자가 창의적인 사람의 마음을 생생하고 친근하게 알려준다. 놓치지 마라.

– 앤절라 더크워스Angela Duckworth, 《그릿》의 저자, 펜실베이니아대학교 심리학 교수, 성격발달연구소 공동설립자 겸 과학 부문 책임자, 2013년 맥아더 펠로우상 수상

《천재 보고서》는 혁신적인 아이디어 이면에 있는 성격에 관한 최신 과학 연구 보고서다. 창의적인 사람들의 혼란스러운 마음을 깔끔하게 보여주는 책.

– 애덤 그랜트Adam Grant, 와튼 스쿨 교수, 뉴욕타임스 베스트셀러 《기브앤테이크》의 저자

《천재 보고서》는 개인의 창의성과 그것을 뒷받침하는 것으로 알려진 심리적 행동에 대해 매우 종합적이고 쉽게 쓰인 책이다. 카우프만과 그레고어의 도움을 받아 '어수선한 마음'을 이해한다면 우리 자신과 자녀들의 창의적인 잠재력을 키울 첫 단계를 시작한 셈이다.

– 미셸 루트-번스타인Michele Root-Bernstein, 《내 아이를 키우는 상상력의 힘》의 저자, 《생각의 탄생》의 공저자

이 책은 창의성에 대한 새로운 접근방법을 통해 유년기에

창의성이 어떻게 길러지고 평생 어떻게 나타나는지 보여준다. 이 책은 창의적인 사람들이 뇌 전체를 어떻게 사용하여 삶의 기쁨과 고통에 창의적으로 대처하는 방법을 찾는지에 관한 중요한 과학적 발견을 흥미진진한 이야기와 함께 소개한다.

— 보 스티얀 톰센Bo Stjerne Thomsen, 박사, 레고 재단 연구 및 학습 부문 책임자

두 명의 탁월한 사상가가 창의성의 수수께끼를 풀어냈다. 독자는 이 책을 통해 최신 과학 정보, 멋진 이야기, 그리고 인간의 가장 귀중한 도전 중 하나인 창의성을 개발할 다양한 방법에 관한 통찰을 얻게 될 것이다.

— 토드 카시단Dr. Todd B. Kashdan, 조지메이슨대학교 심리학 교수, 《다크사이드》의 저자

우리 시대의 긴급한 도전에 대응하기 위해 그 어느 때보다 창의성이 필요하다. 스콧 배리 카우프만와 캐롤린 그레고어가 창의성의 다양한 얼굴을 탁월하게 그려냈다. 명확하고 혼란스러우며, 현명하고 광적이며, 유쾌하며 고통스럽

고, 즉흥적이면서도 지속적인 훈련에서 생겨나는, 언뜻 보기에 모순적인 정신 상태를 통합한다. 처음부터 끝까지 흥미진진하다.

– 마티유 리카르Matthieu Ricard, 인도주의자, 불교 승려, 《이타심》의 저자

《천재 보고서》는 폭넓은 재미와 깊이 있는 정보를 제공한다. 이 두 가지를 탁월하게 통합한 책은 매우 드물다!

– 딘 키스 사이먼턴Dean Keith Simonton, 《천재 101》의 저자, 《The Wiley Handbook of Genius》의 편집자

스콧 배리 카우프만은 창의적인 마음의 작동 방식에 대한 새로운 패러다임을 제시할 선도적인 연구자다. 캐롤린 그레고어와 함께 쓴 이 역작이 그 주춧돌이 될 것이다.

– 피터 심스Peter Sims, 실리콘 길드 공동설립자 겸 회장, 《리틀 벳》의 저자

이 책은 이유는 알 수 없지만 몇십 년 동안 새로운 아이디어를 '창출하는데' 고전해 온 분야에 대해 새로운 관점을 제시한다. 이 책은 상상력, 공상, 직관, 마음 챙김에 관한 과학적인 연구 결과를 이용해 인간의 창의력을 새롭게 생

각할 수 있는 길을 열어준다. 과학자는 물론 '창의성의 내면 세계'에 관심이 있는 사람이라면 꼭 읽어야 할 책이다.

– 렉스 융Rex E. Jung, 《Cambridge Handbook of the Neuroscience of Creativity》의 편집자

창의성에 관한 획기적인 연구자 스콧 배리 카우프만과 재능 있는 과학 저널리스트 캐롤린 그레고어는 인간 정신의 가장 신비스러운 현상인 창의성을 조명한다.《천재 보고서》는 최신 연구 결과와 과거부터 현대까지 예술가와 천재들의 실제 사례가 절묘하게 조화를 이룬 흥미진진한 책이다. 이 책을 읽는 독자들은 자신의 창의적인 정신과 만나게 될 것이다.

– 에마 세팔라Emma Seppala, 《해피니스 트랙》의 저자, 스탠퍼드대학교 공감 및 이타주의 연구 및 교육센터 과학 부문 책임자

◆◆◆◆

공상의 아버지 제롬 L. 싱어Jerome L. Singer에게 바칩니다.

– 스콧 배리 카우프만Scott Barry Kaufman

닉, 계속 놀면 돼.

– 캐롤린 그레고어Carolyn Gregoire

어떤 사람 안에 예술가가 살고 있다면, 그는 어떤 종류의 일을 하든지 상관없이 대담하게 창의적으로 탐구하며 자기를 표현하는 존재가 된다. 그는 다른 사람들에게 흥미로운 존재가 될 것이다. 그는 소란을 일으키고, 뒤엎고, 일깨우고, 더 나은 지식을 얻는 길을 연다. 예술가가 아닌 사람들이 이 책을 다 읽었다며 덮으려고 할 때, 그는 책을 열고 더 많은 페이지가 남아 있다는 것을 보여준다.

— **로버트 헨리**Robert Henri, **미국 화가**

창의적인 천재는 천진한 동시에 박식해서 원시적 상징은 물론 엄밀한 논리에도 능숙하다. 그는 보통 사람들보다 더 원시적이면서도 더 세련되고, 더 파괴적이면서도 더 건설적이며, 때로 미친 사람처럼 보이지만 확고한 분별력이 있다.

— **프랭크** X. **배런**Frank X. Barron, **심리학자·창의성 연구자**

몇 년 전, 카우프만은 과학 이론을 가사로 풀어 노래하는 캐나다 출신의 인기 래퍼 바바 브링크먼Baba Brinkman[1]에게 광범위한 성격 검사를 진행했다. 이 래퍼는 당시 〈진화에 관한 랩 안내서〉라는 실험적인 힙합 쇼에 출연했다. 찰스 다윈Charles Darwin과 자연선택 이론에 바치는 헌정 무대였다. 그는 이 쇼에서 무대를 열정적으로 누비며 "약한 것과 강한 것, 어떤 것이 계속 살아남을까? 우리는 아주 오랫동안 어둠 속에서 살았지, 결혼 전에 임신하다니, 비극적이야. 하지만 알고 보니 그것도 번식 전략이더라고" 같은 가사를 쏟아냈다. 그는 카우프만이 그때까지 무대에서 본 사람 중 가장 대담하고 매력적인 공연예술가였다.

브링크먼의 검사 결과, 당혹스러울 정도로 모순투성이인 성격이 드러났다. 브링크먼은 '다변'에서 높은 점수를 받을 정도로 말이 많은 성격이지만, 무대 밖에서는 외향적이라고 보기 어려웠다.

그는 외향적 성격의 대표적 특징인 '자기주장'에서 높은 점수를 받았지만, 외향성의 또 다른 지표인 '열정'은 평균에 가까웠다.[2] 에너지와 카리스마가 넘치는 이 가수가 무대 뒤에서는 표현력이 낮아지는 이유는 무엇일까? 카우프만은 브링크먼의 수수께끼 같은 성격을 이해하려고 자료를 더 깊이 파고들었다.

"나는 쇼를 마친 후 함께 어울리는 사람들에게서 늘 이런 말을 듣습니다. '무척 조용하시네요. 무대 위에 있던 사람은 어디 간 거죠?' 일단 나는 군중 앞에 서면 매우 흥분합니다. '모두 열광의 도가니에 빠뜨리고 말 테야'라고 생각해요. 전혀 다른 성격이 되는 거죠. 평소에 아주 차분한 성격이지만 무대에 올라 공연을 시작하면 갑자기 '쾅' 하고 전혀 다른 사람이 됩니다."

카우프만이 브링크먼의 정신을 더 깊이 들여다볼수록, 더 많은 역설들이 드러났다. 첫째, 브링크먼은 공연예술가들, 특히 래퍼들에게 흔히 나타나는 특성인 자기애 척도가 낮았다. 하지만 그에게는 자기애를 구성하는 몇 가지 개별적인 특성들이 분명히 존재했다. 브링크먼은 자기과시와 우월감에서 높은 점수를 받았지만(이 두 특성은 공연예술가로서의 경력에 도움이 되었을 것이다) 자기애의 착취성과 특권의식 측면의 점수는 낮았다. 또한 음악 경력에 틀림없이 도움이 되었을 몇 가지 긍정적인 특성, 이를테면 정서 지능, 사회적 인식, 스트레스 관리 능력에서 높은 점수를 기록했다. 카우프만은 브링크먼이 짧은 연애를 지향하면서도 동시에 관계를 유지하는 능력이 뛰어나다는 점을 확인했다.

브링크먼의 성격 사례는 창의성 연구 역사에서 가장 유명한 연구 결과 즉, 창의적인 사람들의 마음은 어수선하다는 점을 분명히 보여주었다.

그뿐 아니라 창의적인 사람들은 작업 과정도 어수선한 모습을 보여주는 경향이 있다.

파블로 피카소Pablo Picasso는 그의 가장 유명한 작품 〈게르니카〉를 창작할 때 매우 혼란스러운 과정을 겪었다.

1937년 세계박람회 스페인관의 벽화 제작을 의뢰받은 뒤 피카소는 창의적인 영감을 찾으며 3개월을 보냈다. 그리고 비극과 함께 영감이 찾아왔다. 나치가 스페인 국민당 세력의 요청을 받고 바스크 지역의 작은 소도시에 폭탄을 퍼붓는 사건이 일어났고, 피카소는 참혹한 스페인 내전의 잔학 행위를 그리기 시작했다.

폭격한 지 보름 만에 피카소는 45장의 밑그림을 그렸다. 그는 황소, 말, 병사, 우는 여인, 죽은 자식을 안고 있는 어머니 등 그림에 등장하는 많은 형상을 하나씩 정성껏 그린 다음, 가로 7.8미터, 세로 3.5미터 크기의 캔버스에 붓으로 유화 물감을 칠했다.

피카소는 각각의 이미지마다 다양하게 변형된 밑그림을 그렸다. 이 스케치는 명확하게 진전된 모습을 보이지 않는 경우가 많았다. 최종 완성작의 이미지 중에는 결국 가장 초기 스케치를 선택해 사용한 것도 있었다. 완성작에 등장하는, 죽은 자식을 팔에 안고 우는 어머니 이미지는 그가 스케치한 처음 두 가지 버전과 매우 비슷하다. 하지만 그는 계속해서 매우 다른 두 가지 이미지를 그렸다. (완성작에 등장하는 것처럼) 자식을 팔에 안은 어머니 이미지 대신에 자식을 사다리 위로 올리는 어머니 이미지를 그리기도 했던 것이다. 피카소는 캔버스에 옮기는 작업을 시작한 후에도 새로운 이미지에 대한 실험을 계속했고, 기존 그림 위에 덧칠하는 경우도 잦았다. 그는 인간의 머리를 한 황소 같은 창의적인 가능성을 수없이 탐색했지만, 끝까지 완성하지는 않았다.

이 작품을 착수했을 당시 피카소는 이미 수십 년 동안 대작을 탄생시킨 거장이었지만, 〈게르니카〉를 그리는 과정은 계획적이기보다는 혼란스럽고, 순차적이기보다는 즉흥적이었다. 피카소가 쏟아낸 수많은 아이디어와 스케치는 완성작으로 이어지는 명확한 진행 경로를 보여주지 않았다. 그 과정은 처음부터 실패투성이였고, 일부 미술사가들이 지적하듯이 그가 그린 많은 스케치는 최종 완성작을 기준으로 보면 불필요한 것처럼 보였다.[3]

언뜻 보기에 맹목적인 실험과 탐색은 피카소가 수행한 창의적 과정에서 열쇠였다. 그는 자신의 기존 세계관을 그리기보다는, 창의적인 과정을 통해 새로운 세계관을 적극적으로 구축하고 재구성했던 것으로 보인다. 개략적인 직감은 있었을지 몰라도, 피카소는 어디로 가고 있는지 정확히 알지 못했고, 이런 어수선한 과정을 통해 목적지에 도달했다.[4]

피카소는 자신의 창의적 작업 과정에 대해 이렇게 말했다. "그림은 미리 계획하고 확정할 수 있는 것이 아닙니다. 작업을 진행하는 동안 생각이 바뀌면 그림도 바뀝니다. 그리고 작품이 완성된 후에도 그것을 바라보는 사람의 마음에 따라 계속 바뀌죠."

피카소의 〈게르니카〉 스케치 과정은 그의 상상력을 엿볼 수 있는 흥미로운 기회이지만, 이 과정은 대답을 제공하는 만큼 많은 질문을 제기한다. 화가는 자신이 하는 일을 과연 얼마나 이해하고 있을까? 만약 그가 자신이 하고 있는 일을 모른다면, 우리는 그의 창의적 과정을 어떻게 이해할 수 있을까? 혹은 일반적인 창의적 과정을 이해할 수 있을까?

피카소의 성격을 분석한다 해도 만족스러운 대답을 얻기 힘들다. 이 화가는 예술가이자 한 인간으로서 변화무쌍하게 자기의 모습을 바꾸었다. 그는 까다로운 성격의 소유자로[5] 매우 열정적이면서도 냉소적이라고 묘사되곤 했다. "탁월하고 창의적인 천재였다가, 돌연 사람을 조종하는 가학적 면모를 보였다"고도 한다.[6] 피카소는 자신의 삶과 작품에 나타난 이런 역설을 "나는 항상 내가 할 수 없는 것을 하려고 합니다"라는 말로 암시했으며, 창작 행위를 파괴 행위라고 묘사했다.[7]

그렇다면 이 복잡한 창의적 과정과 성격을 어떻게 이해할 수 있을까? 먼저 이 어수선한 모순들을 그대로 받아들이는 데서 시작해야 할 것이다.

차례

고도로 창의적인 사람들의 남다른 10가지 특징

어수선한 마음

나는 모순적인 존재일까? 확실히 모순적이다.

나는 방대하며 내 안에는 수많은 내가 존재한다.

— 월트 휘트먼Walt Whitman

피카소의 〈게르니카〉를 둘러싼 논쟁은 창의적 사고에 대한 우리의 이해가 훨씬 더 분열되어 있다는 것을 보여준다.

역사적으로 보면 창의성에 대한 학문적 입장은 양극단으로 갈라져 있는데, 이것은 1926년에 발표된 창의적 과정에 관한 대중적인 이론에서 비롯되었다. 심리학자들은 이 이론을 중심으로 수십 년 동안 논쟁을 벌였다.

영국 사회심리학자 그레이엄 월러스Graham Wallas는 그의 저서 《생각의 기술The Art of Thought》에서 창의성의 '4단계 모델'을 제시했다. 그는 저명한 발명가들과 창작자들에 관해 관찰하고 연구한 뒤, 창의적 과정이 다음과 같은 단계로 구성된다고 설명했다.

먼저 준비preparation 단계에서 창작자는 문제에 관해 최대한 많은 정보를 수집한다. 숙성incubation 단계에서는 창작자의 무의식이 그 정보를 넘겨받아 아인슈타인이 '연결 놀이'[1]라고 부르는 과정을 수행하면서 생각을 숙성한다. 통찰illumination 단계에서는 의식에 통찰이 만들어지는데, 이는 '성공적인 연결'이 자연스럽게 정점에 이를 때 일어난다. 검증verification 단계에서는 창작자가 통찰을 구체화해 그 가치를 다른 사람들과 소통한다.[2]

창의적 과정이 이렇게 깔끔하다면 좋겠지만, 실은 그렇지 않다. 심리학자들은 대부분 전통적인 4단계 모델이 지나치게 단순하다는 데 동의한다.[3] 1950년, 미국 심리학회 회장 취임 연설에서 J. P. 길포드J. P. Guilford는 심리학자들에게 창의성을 더 면밀히 연구할 것을 강력히 요구했다. 그는 "심리학적 관점에서 볼 때 이 모델이 창의적 행위에서 일어나는 정신적 과정에 대해 말해주는 내용이 거의 없기 때문에 매우 피상적"[4]이라고 말하며 4단계 모델을 거부했다.

심리학자들은 예술가들의 실제 창작 과정을 자세히 조사해, 창작 활동이 명확하고 단계적인 과정이 아니라는 점을 발견했다.[5] 또한 주가 연구를 통해 창의적인 사람들은 사고 과정을 빠르게 옮겨다니면서 수많은 사고 과정이 거의 동시적으로 공존하는 상태를 보인다는 점이 밝혀졌다. 이를테면 새로운 사고가 떠오르면 그 사고를 확장하고 발전시키며, 비판적으로 고찰하고, 동시에 거리를 둔 채 자신의 사고를 청중의 관점에서 숙고하기도 한다.

물론 이 과정은 예술가의 유형에 따라 다르다. 소설을 쓰는 작가들은 흔히 자신만의 복잡한 과정을 보여준다. 한 그룹의 소설가를 대상으로 실시한 연구는 소설 창작 과정을 '발견의 여정'으로 묘사했다. 이 여정은 **씨앗 사건**seed incident, 즉 매혹과 탐색을 유발하는 사건이나 관찰에서 시작되며 이는 창의적 성장이 일어나는 비옥한 땅이 된다. 씨앗 사건은 작가의 일상적인 사고를 뒤흔들고 새로운 의미를 만들어낸다. 작가들은 이런 사건을 '감동적인', '흥미진진한', '당혹스러운', '신비로운', '잊을 수 없는', '압도적인' 등으로 묘사한다. 한 작가는 이야기의 씨앗이 된 가족의 사건을 언급하며 그 사건은 "내가 이해조차 할 수 없는 의미로 가득한 것" 같다고 말했다.[6]

씨앗 사건 단계를 지나면 작가는 두 가지 다른 창의적 세계 사이를 오가는 시기를 거친다. 이 단계에서 작가들은 작품을 계획하고 이미 쓴 내용을 되돌아볼 수 있는 조용한 공간인

'집필 세계'와 허구의 인물, 사건을 이용해 이야기를 만들어가는 상상의 장소인 '소설 세계' 사이를 오간다. 예를 들어, 작가가 "나는 푸들이다"라는 문장으로 이야기를 시작할 경우, '개가 느끼는 소리, 시각, 냄새를 포착하기 위해' 상상 속에서 자신을 개로 바꾼다. 그다음 정신적 기어를 바꾸어 집필 세계로 돌아가 자신이 쓴 내용을 되돌아보며 평가하고 개선한다. 상상과 환상으로 이루어진 소설 세계는 반성적 사고와 합리적 숙고가 이루어지는 집필 세계와는 명확하게 다른 세계다. 이처럼 상상의 사고와 합리적 사고 사이를 계속 오가는 방식은 소설 쓰기가 4단계 모델로 설명할 수 없는 더 복잡하고 비선형적인 과정임을 보여준다.

추가적인 분석 결과, 창의적인 작가들은 창작 과정을 단계별로 접근하는 방식을 계속 거부한다는 점이 드러났고, 이는 글쓰기가 그다지 계획적이지 않을 가능성을 의미한다. 또 다른 연구는,[7] 소설가가 종종 자신의 작업 과정을 완전히 이해하지 못한 채 글쓰기가 진행된다는 점을 강조했다. 작가는 자신이 움직이는 방향에 대한 감각을 서서히 획득하면서 점차 의도적으로 앞으로 나아간다. 이 과정을 〈캘빈과 홉스〉를 그린 만화가 빌 워터슨Bill Watterson은 이렇게 말했다. "사실, 우리는 대부분 목적지에 도착하고 나서야 우리가 어디로 향하고 있있는시 알게 됩니다."[8]

심리학자 딘 키스 사이먼턴Dean Keith Simonton은 예술, 과학, 인문학, 리더십 분야의 천재들의 과업을 연구한 후 놀라울 정도로 비슷한 결론에 도달했다. 그는 토머스 에디슨Thomas Edison의 창의적인 성과에 대해 파고들었고, 천재들에게조차 창의적 과정은 '어수선한 작업'이라고 말했다.[9]

"천재들에게조차 창의적 과정은 어수선한 작업이다."

창의적 과정이 복잡하고 계속 변화하는 속성이 있다는 점을 고려하면 창의적인 사람들의 마음이 어수선한 상태라는 것이 그다지 놀랍지는 않다. 고도로 창의적인 작업은 다양한 요소들이 색다른 방식으로 뒤섞이면서 영향을 미친다. 그리고 창의적인 사람의 마음속에서 이런 폭넓은 상태, 특성, 행동들이 빈번히 서로 대립하면서 창의적 과정 내내 상당한 내적·외적 긴장이 발생한다.[10]

창의적인 작업은 긴장과 갈등을 조화롭게 결합하여 매력적이다. 창의적인 사람들은 다양한 흥미, 영향, 행동, 특성, 아이디어가 모이는 중심이다. 그들은 작업을 통해 이렇게 다양한 여러 요소들을 통합하는 방법을 찾는다. 이것이 창의성을 말로 설명하기 힘든 이유 중 하나다.

창의성 분야의 저명한 심리학자 미하이 칙센트미하이 Mihaly Csikszentmihalyi는 30년 이상 다양한 분야의 창의적인 사람들을 인터뷰한 후 이렇게 말했다. "그들이 다른 사람들과 구별되는 특성을 한마디로 표현하자면, 바로 복잡성입니다. 그들은 대부분의 사람들에게는 분리되어 나타나는 사고와 행동을 통합하는 경향을 보입니다. 그들에게는 모순적인 극단이 있으며, 각각은 '한 사람'이 아니라 '여러 사람'입니다."[11]

좋은 사례가 있다. 뛰어난 언론인 데이비드 카David Carr는 삶의 모습을 변화무쌍하게 바꾸면서 상당히 모순적인 면모를 보여주었다. 그는 마약중독자에서부터 유명 언론인까지 평생 자신이 보여주었던 많은 '자아'를 자주 되돌아본다고 말했다. "과거를 돌아보면서 폭력배와 자상하고 가정적인 남자 중 어떤 것이 나의 진짜 자아인지 정하려고 할 때, 대답은 '어느 쪽도 아니다'였습니다. 휘트먼이 옳았습니다. 우리 안에는 많은 내가 있습니다."

어수선한 창의적 정신의 또 다른 전형으로 재즈 시대의 상징, 조세핀 베이커Josephine Baker를 들 수 있다. 그녀가 〈라 레뷔 네그레〉에서 바나나 스커트를 입고 춘 춤은 영원히 기억될 것이다. 파리에서 활동한 이 유명한 미국인은 가수, 댄서, 배우

였을 뿐민 아니라 세2차 세계대전 때 프랑스 스파이, 민권 운
동가, 전 세계에서 12명의 아이(무지개 대가족)를 입양한 어머
니, 수천 명은 될 법한 남녀의 소문난 연인이기도 했다. 그런
가 하면 그녀를 잘 아는 사람들은 그녀를 사랑이 많고 변덕스
러운 별난 성격의 소유자라고 묘사했다. 베이커가 입양한 아
들 장 클로드 베이커Jean Claude Baker는 이 스타에 대한 전기에
이렇게 썼다. "나는 어머니를 사랑했고, 또한 미워했다. 나는
어머니를 이해하길 간절히 원했다."

베이커의 가면을 벗기려고 노력할수록 더 많은 질문만
제기되는 것 같다. 페미니즘 연구자 알리시아 소빈스카Alicja
Sowinska는 베이커의 복잡성을 이렇게 조명한다.

그녀는 무대에서 미개인을 연기했고 거리에서는 숙녀처럼
행동했다. 남자들이 그녀를 요부로 보고 안달할 때, 그녀
는 남성 정장을 입고 성별의 경계선을 허물었다. 사람들이
그녀를 '검은 비너스'라고 부르자 그녀는 금발 가발을 썼다.
사람들이 그녀를 너무 고상한 사람으로 인식하자 그녀는
반려동물인 표범을 데리고 샹젤리제 거리를 돌아다녔다.[12]

데이비드 포스터 월리스David Foster Wallace는 그를 이해하려

는 사람들에게 비슷한 당혹감을 안겨주었다. 평론가들은《끝없는 농담Infinite Jest》를 쓴 이 뛰어난 작가를, 매우 섬세하면서도 강한 의지를 지닌 사람으로 묘사했다. 그는 시기에 따라 정치적으로 보수주의자였다가 때로는 맹렬한 진보주의자가 되었으며, 불편할 정도로 꼼꼼한 산문 작가이자 동시에 고상한 주제뿐 아니라 저급한 주제도 다룰 줄 아는 대가라고 평가받았다. 월리스의 전기 작가 D. T. 맥스D. T. Max는 월리스의 성격에서 '강렬한 폭력성'을 발견하고 놀랐다고 말했다. 하지만 그는 또한 이렇게 말했다. "스펙트럼의 다른 극단에서 데이비드는 개방적이고 다정한 사람이어서 울 줄도 알았고 자신의 개를 끔찍하게 사랑했다. 그에게는 이 모든 요소가 있었다."[13]

이처럼 극단적인 모순이 창작의 강력한 원동력인지도 모른다. 1960년대 프랭크 X. 배런은 한층 근본적인 동기를 연구했다.[14] 배런은 유명한 창작자들을 초청해 캘리포니아대학교 버클리 캠퍼스에서 며칠 지내게 했다. 트루먼 커포티Truman Capote, 윌리엄 카를로스 윌리엄스William Carlos Williams, 프랭크 오코너Frank O'Connor를 포함해 선도적인 건축가, 과학자, 기업가, 수학자들을 면밀하게 관찰했다.[15] 그들의 삶·작업·성격 등 전반에 걸쳐 진행되었고, 창의적 사고에 대한 테스트도 포함되었다.[16]

배런은 고도로 창의적인 사람들에게서 어떤 특이점을 찾아냈을까? 매우 분명한 한 가지는 지능 지수IQ와 학업 적성이 (어느 정도) 관련은 있지만, 창의적 사고의 특별한 불꽃을 설명할 수는 없다는 점이었다.[17]

그 결과 배런은 창의성이 지능 지수와는 별개일지 모른다고 주장했다. 이 주장은 지능 지수 검사로 측정하는 지능이 창의적 천재성의 특별한 원천이라는 오랜 가정과 상반되었기 때문에 당시로서는 매우 파격적이었다. 20세기 전반기의 많은 학자들이 지능 지수 검사가 창의성을 이해하는 최선의 방법이라고 여겼다. 하지만 그런 자료조차도 추가적인 다른 성격 특성들이 중요하다는 점을 드러냈다.[18] 여기에 배런의 연구 결과가 기존 가설을 의심할 이유를 추가한 것이다.

이 연구는 또한 창의성의 구성 요소가 매우 복잡하고 다면적이어서 하나의 요인으로 단순화할 수 없다는 점을 보여주었다. 창의성은 단순히 전문성 또는 지식이 아니라 총체적인 성격 특성이 영향을 미친다는 것을 밝혔다.[19] 분야를 막론하고 창의적인 사람들의 공통점은 내면 생활에 대한 개방성, 복잡성과 모호성에 대한 선호, 무질서와 혼란에 대한 비범한 수준의 수용, 혼란 속에서 질서를 찾아내는 능력, 독립성, 비관습적 태도, 그리고 위험을 감수하려는 의지였다.

창의적인 천재에 관한 이 새로운 관점은 매우 흥미로우면서도 당혹스러운 모순을 보여주었다. 배런과 도널드 매키넌 Donald MacKinnon은 작가를 대상으로 한 연구에서, 보통 수준의 창의적인 작가가 정신병리학 척도에서 모든 항목에 대해 전체 인구 중 상위 15퍼센트에 속한다는 점을 발견했다.[20] 하지만 뜻밖의 내용도 발견했다. 창의적인 작가들이 모든 심리적 건강 척도에서 매우 높은 점수를 기록했다는 것이다!

작가들은 일부 정신 질환 척도에서 높은 점수를 보였지만, '자아 강도 ego−strength' 척도에서도 대체로 매우 높은 점수를 기록했다. 자아 강도의 특징은 '심리적 안정성과 건강, 뛰어난 현실 감각, 개인적 적절성(삶의 도전과 책임을 충분히 감당할 정도로 유능하다고 느끼며 자신을 신뢰하는 감각이며 자존감이나 자신감 형성에 기여함 – 옮긴이)과 활력, 도덕적 관용(도덕적 기준에 대해 유연하고 관용적인 태도를 의미하며 다양한 관점이나 행동을 수용하고 지나치게 판단적인 태도를 지양하는 태도 – 옮긴이), 인종적 편견의 부재, 정서적인 외향성과 자발성, 그리고 지성'을 포함한다.[21] 배런이 조사한 창작자들은 어떤 기준에서 병적인 것 같았지만, 그만큼 적응력과 기지에서도 뛰어난 모습을 보였다. 그들은 다양한 역설과 당혹스러운 요소가 느슨하게 묶인 존재 같았다. 이런 작가들이 보통 사람들에 비해 어떻게 정신적으로 건강하면서도 동시에 병적일 수 있는지를 밝히기 위해 배런은 의문을 제기하기 시작했다.

배런은 창의적인 사람들의 공통적인 특징을 발견했다. 이를테면, 그들은 자기 자신과 더 친밀한 것 같았다. 그들은 심지어 어둡고 혼란스러운 자신의 내면조차도 깊이 들여다보았다.[22] 좋든 나쁘든, 어둡든 밝든, 삶의 모든 영역에 열려 있고 호기심을 갖는 탓에, 사회가 정신 질환과 연관 짓는 경향이 있는 일부 성격 특성에서 높은 점수를 기록했다. 동시에, 그들을 더욱 현실적이고 자기 인식이 뛰어난 사람으로 만드는 것으로 보였다. 창의적인 사고를 가진 사람들은 자신과 세계를 진정으로 직면함으로써, 건강한 행동과 '병적인' 행동이 독특하게 결합된 것 같았다.

이런 증거들이 쌓이면서 과학자들은 이제 창의성이 단 하나의 특성이 아니라 여러 특성으로 이루어진 하나의 체계라는 점에 대체로 동의한다. 창의성의 다면적 속성을 강조하는 이론도 많다.[23] 이런 이론들이 주목하는 특성에는 전반적인 지적 기능, 활동과 관련된 지식과 기술, 창의적인 기술과 사고 방식, 자신감, 끈기, 위험을 감수하려는 의지와 같은 심리적 역량뿐 아니라 내적 동기와 자신이 하는 일에 대한 애정, 긍정적·부정적 감정의 복잡한 조합, 그리고 해당 분야의 전문가와 핵심 자료에 접근할 수 있는 환경적 요인들이 포함된다.

이런 모든 특성에서 뛰어난 점수를 얻어야만 창의적인 사람이 되는 것은 아니다. 창의성은 이런 특성의 덧셈이 아니라 곱셈이다.[24] 이것은 무슨 의미일까? 예컨대 한 특성(가령 지능지수)의 점수가 낮은 경우 다른 강점들(가령 동기부여와 끈기)이 보충할 수 있다는 것이다. 실제로 이런 요인들은 시간이 지나면서 서로 영향을 주고받으며, 창의적 결과물의 수준을 크게 향상시킬 수 있다.[25]

창의적인 사람들은 다양한 자질을 개발할 뿐만 아니라 그들이 이미 갖고 있는 다양한 특성과 기술을 최대한 활용해 적응하고, 심지어 뛰어난 성과를 낼 수도 있다. 변화하는 환경에 유연하고 융통성 있게 적응하는 능력은 창의성과 매우 관련성이 높은 성격의 세 가지 주요 '상위 요인', 즉 가소성plasticity, 발산성divergence, 수렴성convergence 으로 나타난다.[26] 가소성은 새로운 아이디어, 대상, 시나리오를 탐색하고 수용하는 성향을 말한다.[27] 경험에 대한 개방성, 높은 에너지, 영감과 같은 특성은 모두 서로 관련이 있으며, 탐구욕의 핵심을 이룬다. '발산성'은 비순응적인 태도와 독립적인 사고를 반영하며, 충동성, 낮은 수준의 친화성·성실성과 관련이 있다. 마지막으로 '수렴성'은 순응하는 능력, 강력한 실천력, 아이디어를 실현 가능하

노톡 만드는 능력을 말한다. 수렴성은 높은 성실성, 정확성, 인내, 비판적 사고, 청중에 대한 감수성으로 구성된다. 이런 다양한 특성들은 개별적으로나 통합적으로 창의성의 발달과 표현을 북돋는다.

이런 특성들은 크게 두 가지 단계의 창의적 과정인 생성과 선별에서 발휘되기 시작한다. 생성은 아이디어를 창출하고 독창성을 추구하는 단계이며, 선별은 아이디어를 발전시켜 사회를 유익하게 만드는 단계다. 가소성과 발산성과 관련된 특성들은 아이디어를 창출할 때 중요한 역할을 하고, 수렴성은 아이디어를 다듬어 실현 가능한 상태로 만드는 단계에서 가장 중요하다. 창의성에는 참신함과 유용성이 모두 필요하다는 점을 고려하면, 이는 충분히 수긍할 만하다. 탐색과 독립적인 사고가 참신한 아이디어의 개발을 촉진한다면, 수렴성의 실질적인 특성은 그 아이디어를 유용하게 만들도록 도와준다.

발산성과 수렴성은 창의성과 관련해 양극단으로 보이는 많은 요소 중 하나일 뿐이다. 요점은 이렇다. 창의적인 사람들은 인간으로서 다양한 특성을 적어도 어느 정도는 갖고 있으며, 매 순간 가장 유용한 방향으로 유연하게 양극단을 넘나들며 선택할 수 있다. 창의적인 사람들은 폭넓은 성격 특성과 행동 범위 내에서 움직이는 데 특별한 능력이 있는 것 같다. 그들은 상황과 환경에 따라 내향적이면서도 외향적이며, 창의적 과정에서 주의를 집중하는 능력과 느슨한 마음으로 탐색하는 능력을 모두 잘 활용한다. 칙센트미하이는 이렇게 말했다. "창의적인 사람의 행동을 결정하는 것은 그들의 엄격한 내면 구조가 아니라, 그와 자신이 일하는 분야 사이의 상호작용의 요구에 의해 결정된다."[28]

창의성을 만드는 많은 네트워크

이제 이런 복잡한 특성에 대한 증거가 신경세포의 활동에서 확인되고 있다. 창의성은 뇌의 한 영역에서 일어나는 것이 아니며, 또한 창의성이 '우뇌'에서 생긴다는 잘못된 통념이 보여주듯이 한쪽 반구에서만 일어나는 것도 아니다. 창의적 과정은 뇌 전체를 활용한다.

"창의적 과정은 뇌 전체를 활용한다."

이 복잡한 과정은 인지 체계와 감정으로 구성된다. 여기에 다양한 뇌 영역이 참여해 각각의 과제를 처리하고, 함께 협력하여 일을 완수한다.[29]

여기에 참여하는 가장 중요한 네트워크 중 하나는 두뇌의 '디폴트 네트워크default network(외부 과제에 집중하지 않고 마음이 쉬고 있을 때 활성화되는 뇌의 상호 연결된 영역들을 의미하며, 창의적인 사고와 미래를 계획하는 데 중요한 역할을 함 – 옮긴이)'다. 이 책에서는 이것을 '상상력 네트워크imagination network'라고 부를 것이다.[30] 많은 인지신경과학자들은 상상력 네트워크를 우연한 발견으로 여겼다.[31] 오랫동안 인지신경과학자들은 내적 경험의 주관적 영역을 단순한 '소음'으로 취급했다. 이는 감각 인식이나 외부 세계와의 교류와 같은 더 '생산적인' 정신 활동과 비교의 대상일 뿐이었다. 하지만 독자적인 소수의 인지신경과학자들이 뇌가 외부 과제에 관여하지 않을 때 실제로 무엇을 하는지 의문을 품게 되면서 이 네트워크의 중요성이 분명하게 드러나기 시작했다.[32]

사실 이것은 너무 절제된 표현일 것이다. 일부 과학자들은 이 두뇌 네트워크의 발견 덕분에 인지신경과학 분야에서 패러다임 전환이 일어났다고 생각한다. 이를테면 학계의 관심이 외부 목표를 지향하는 과제 수행에서, 모호하지만 항상 존재하는 현상인 내적 경험으로 옮겨 간 것이다. 인지신경과학자 칼리나 크리스토프Kalina Christoff는 이렇게 말한다. "이런 패러다임 전환 덕분에 우리의 종잡을 수 없이 움직이는 마음을 정신적 실존의 정상적이고 심지어 필요한 부분으로 받아들이게 되었다. 더 나아가 그것을 창의적이고 유쾌한 방식으로 활용하려고 시도할 수 있게 되었다."[33]

그렇다면 상상력 네트워크는 무슨 일을 할까? 먼저 이 네트워크가 하지 않는 일부터 살펴보자. 이 두뇌 네트워크는 과제 완수에 초점을 맞추는(관계 발전에 초점을 맞춘 리더십 역할이 아니라) 리더십 역할을 하거나, 물리적 대상에 대해 추론할 때(스케이트보드의 바퀴가 360도 회전하면 어떻게 될까?), 혹은 다른 사람이 어떤 것에 대해 무엇을 아는지(정신적, 정서적 상태가 아니라 지적 상태)를 상상할 때 그다지 활성화되지 않는다.[34] 이런 예들에서 비슷한 점이 보이는가? 이 활동들은 모두 우리 정신 밖의 직접적인 외부 세계에 대한 개입과 관련이 있다.

그렇지만 외부 세계에 주목하는 것만이 창의성의 수수께끼를 푸는 열쇠는 아니다. 창의적 인식의 또 다른 중요한 측면은 **정신 생활**에 관여하는 상상력 네트워크에서 비롯된다. 이 두뇌 네트워크와 관련된 정신적 과정 덕분에 우리는 고유한 존재가 되고 삶에 의미를 불어넣을 수 있다. 사실상 상상력 네트워크의 기능은 인간 경험의 핵심을 형성하며, 크게 세 가지로 구성된다. 개인적 의미 만들기, 정신적 시뮬레이션, 조망 수용 perspective taking(자신과 타인의 생각과 감정을 타인의 입장에서 이해하는 능력 – 옮긴이)이다. 이 요소들은 이른바 '자기생성적 인지self-generated cognition(외부 세계를 있는 그대로 인식하는 것이 아니라 자기 내부의 독립된 자율적 체계에 따라 인지한다는 의미 – 옮긴이)'를 만들 때 함께 협력한다.[35] 상상력 네트워크는 전두엽·두정엽·측두엽이라는 뇌 내측 표면의 많은 영역을 이용해, 우리가 경험에서 개인적 의미를 구성하고, 과거를 기억하며, 미래를 상상하고, 다른 관점과 시나리오를 떠올리며, 이야기를 이해하고, 자신과 타인의 정신적·정서적 상태를 숙고할 수 있게 해준다.[36]

최근에는 이 두뇌 네트워크가 관여하는 상상력과 사회적 과정이 자신을 이해하고, 경험에서 의미를 만들고, 순차적인 자아 의식을 형성하는 능력뿐만 아니라 연민과 공감 능력의 건강한 발달에도 중요한 역할을 한다는 사실이 밝혀졌다.[37] 상상력 네트워크의 활동이 가장 깊은 개인적 사고뿐만 아니라 가장 창의적인 아이디어를 형성하는 데에도 도움이 된다는 것은 놀라운 일이 아니다.[38]

창의적인 사고가 상상력 네트워크에서만 비롯되는 것은 아니다.[39] 다른 두뇌 네트워크 역시 매우 중요하다. '주의력 실행 네트워크executive attention network'는 어떤 대상에 주의를 기울이도록 도와준다. 실행 통제 과정executive control processes은 미래의 행동을 신중히 계획하고, 다양한 창의적 기술들을 기억해 이용하고, 어떤 전략을 이미 시도했는지 파악하고, 너무나 뻔한 아이디어를 배제하도록 도와줌으로써 창의적 사고를 지원한다.[40] 또한 우리의 상상력에 **초점을 맞추고**, 외부의 방해를 차단하고, 내적 경험에 집중하도록 도와준다. 상상력 네트워크와 주의력 실행 네트워크는 미래 계획에서부터 사회적 정보 파악, 창의적 아이디어 평가, 프로젝트의 계획과 실행까지 개인적 정보를 평가할 때마다 서로 협력한다.[41]

새로운 아이디어를 창출할 때 이 네트워크들은 동기를 부여하는 현출성 네트워크salience network(외부 자극에 반응할지 여부를 선택할 때 관여하는 두뇌 네트워크 – 옮긴이)와 함께 복잡한 사고에 참여한다. 연구자들은 벽돌과 같은 흔한 물건들의 창의적 활용을 고민하는 연구 참여자부터 새로운 시구를 구상하는 등단 시인, 즉흥적인 공연에 심취하는 재즈 음악가와 래퍼에 이르기까지 개인의 창의적 과정에 참여하는 사람들의 뇌 스캔을 통해 이러한 인지적 과정이 활성화되는 것을 관찰했다.[42] 처음에, 그들의 두뇌 상태는 과제에 완전히 몰입한 상태와 비슷하다. 상상력 네트워크와 현출성 네트워크는 고도의 활동성을 보이는 반면, 집중적인 주의력 실행 네트워크는 비교적 한가하다. 그늘이 과제를 가다듬고 개선하거나 다른 사람들과 협업 단계에 들어가면 주의력 실행 네트워크가 점점 더 활성화된다.

창의적인 사람들은 이러한 두뇌 네트워크를 활성화하거나 비활성화하는 데 특히 능숙한 데 비해 대부분의 사람들은 그렇지 못한 경향이 있다. 창의적인 사람들은 이처럼 겉으로 보기에 모순적인 사고방식, 즉 인지적이면서도 감정적이고, 계획적이면서도 즉흥적인 사고방식 사이를 오갈 수 있다.[43] 신경학적 차원에서도 창의성은 혼란스러운 모습을 보인다.

더 창의적으로 살기

이 책에서 우리는 창의성을 습관이자 생활방식, 세계와 관계를 맺는 방식으로서 논의할 것이다.[44] 심리학자 J. P. 길포드, 프랭크 배런, E. 폴 토런스 E. Paul Torrance, 로버트 J. 스턴버그 Robert J. Sternberg, 에이브러햄 매슬로 Abraham Maslow의 발자취를 따라가면서 우리는 모두 어떤 면에서는 창의성을 타고나며 일상생활에서 창의성을 표현할 무수한 기회가 있다고 주장한다. 예를 들어 우리는 새로운 방식으로 문제에 접근하고, 아름다움을 찾아내고, (비록 호응이 좋지 않더라도) 자신의 견해를 세우고 고수하며, 사회규범에 도전하고, 위험을 감수하고, 개인적인 방식으로 자신을 표현할 때 창의력을 발휘할 수 있다.

"우리는 모두 어떤 면에서 창의성을 타고난다."

우리는 새로운 아이디어를 말하거나, 창작물을 통해 자신을 표현하는 경험을 통해 창의성을 나타낼 수 있다.[45] 이 모든 유형의 창의성은 근본적으로 동일한 사고 과정과 문제 해결 기술에 뿌리를 둔다. 이 책에서 우리는 창의성을 키우는 열 가지 마음 습관을 탐구할 것이다.[46]

다양한 형식의 창의적 자기표현은 삶의 불가피한 도전과 맞설 수 있는 매우 강력한 수단이 될 수 있다. 창의성에는 정신 질환이나 고통이 수반된다는 잘못된 통념이 널리 퍼져 있다. 이 책을 통해 살펴보듯이 창의성과 고통 사이에 흥미로운 관련성이 있지만, 그렇다고 창의성에 고통이 반드시 따르는 것은 아니다.

물론 불교의 오랜 격언처럼 모든 인생에는 '1만 가지의 기쁨과 1만 가지의 슬픔'이 존재한다. 하지만 창의적인 작업은 고난을 겪고 있는 사람들에게 큰 치유 효과를 발휘할 수 있다. 공상에 빠지거나, 재미로 사진을 찍거나, 개인적인 목표를 열정적으로 이야기하거나, 친구와 가족에게 따뜻한 카드나 편지를 쓰거나, 일기를 쓰거나, 사업을 시작하는 등 창의적인 생활방식으로 사는 사람들은 개방적이고, 상상력이 풍부하며, 지적 호기심이 많고, 활기차고, 외향적이며, 끈기 있고, 자신의 활동 자체에서 동기를 부여하는 성향을 보인다. 또한 그들은 일상에서 창의적인 활동을 덜하는 사람들에 비해 더 행복감을 느끼고 개인적인 성장을 이루었다고 말한다.[47]

창의적 생각과 작업을 위해 특별한 시간과 공간을 할애하는 사람들, 예컨대 매일 아침 일출과 함께 일어나서 이른 시간에 조용히 글을 쓰거나 그림을 그리기 전에 명상을 하는 사람들은 창의적 잠재력 척도에서 대개 더 높은 점수를 보인다.[48] 반대로 최종 결과물을 내야 한다는 동기를 가진("마감 시간이 있을 때 가장 창의적으로 일해" 또는 "나 자신에게 보여줄 무언가가 없을 때 실패한 것처럼 느껴져"라는 말에 동의하는) 사람들은 창의적 잠재력 척도에서 더 낮은 점수를 보이고 스트레스와 외재적(보상지향적) 동기부여에서 더 높은 점수를 보인다. 창의적 행위에서 기쁨을 찾고 창의적 과정을 주도한다고 느끼는 사람들은 작업 결과에만 집중하는 사람들보다 더 큰 창의성을 보인다.

행복과 마찬가지로, 창의성도 더 많이 추구할수록 얻기 어려워지는 것 같다. 창의성은 병에 담아 팔 수 없고, 마음

대로 꺼내 쓸 수도 없다. 창의성은 언뜻 보기에 신비하고 역설적인 방식으로 작동하며, 우리의 형편에 맞게 움직이는 경우는 드물다. 하지만 온갖 우여곡절과 함께 창의적 과정 자체를 받아들이고 즐기는 법을 배우면 엄청난 개인적 보상은 물론 대중적으로 널리 인정받을 수 있다. 이것은 우리가 사회적으로 소중히 여기고 보상하는 온갖 자질과 과정에 중요한 의미를 지닌다. 창의성과 상상력을 크게 발전시키고 싶다면 아동기부터 이런 기술을 길러주고 일생에 걸쳐 지속하는 것이 중요하다. 창의성과 관련된 많은 네트워크를 최적으로 발달시키려면 그것을 반복적으로 이용할 필요가 있다.[49]

이런 기술을 키우려면 위험 감수 능력과 독창성을 북돋우고, 배우고, 창조하는 방식을 스스로 결정할 수 있어야 한다. 사회가 사람들이 개인적인 숙고, 공상, 내적 탐색을 할 수 있도록 필요한 시간을 제공해야 한다. 각 개인의 목표에 부합하고 의미 있는 과제를 제공하며, 고유한 목적과 정체성을 찾고 발전시킬 수 있도록 도와주어야 한다. 창의성을 기르기 위해서는 새로운 정보를 배우고 역경에 대처할 자신감과 역량을 키우는 것이 중요하다. 적절한 수준의 도전 과제를 통해 그 해결 과정에서 몰입 상태를 경험할 수 있도록 하고, 서로 돕고 긍정적인 사회적 관계를 발전시킬 수 있도록 해야 한다.[50]

안타깝게도 우리 사회는 소셜 미디어와 수동적인 매체 시청, 표준화된 시험을 통해 평가받는 피상적인 학습을 선호하면서 점점 아이들의 창의력과 상상력이 떨어지는 상황을 방치하고 있다. 이런 학습은 내재적 열정을 희생하고 외재적 동기부여를 증가시킬 뿐이다. 결국 우리의 손해다. 점점 더 복잡해지는 21세기에 대두하는 세계 문제를 찾아서 해결하는 법을 배우려면 독창성, 호기심, 위험 감수 능력, 늘 한 가지 해결책만 존재하는 것은 아니라는 창의적인 자질이 필요하다.[51] 물론, 지식, 기술, 전통적인 지능 지수 개념의 지능도 중요하다. 하지만 진정한 혁신을 이루려면 그것만으로는 충분하지 않다. 창의력을 발휘하려면 배우고 기억하는 능력을 포함한 기술들을 균형 있게 개발하는 것이 필요하다. 또한, 이전에 꿈도 꾸지 못한 가능성을 상상하기 위해서는 그런 지식과 습관적 사고방식에서 벗어나는 능력도 필요하다.

창의성 과학의 진화

1950년대 이후 창의성 연구가 급격하게 증가했다. 1960년대 말과 1990년대 초 사이 이 주제와 관련하여 9,000건 이상의 논문이 발표되었다.[52] 1999년에서 2009년까지 생물학, 인간발달학, 사회학, 인지학, 조직학 분야는 물론 경제학,

교육학, 예술 등을 포함한 다양한 분야에서 창의성에 관한 1만 건의 논문이 쏟아졌다.[53] 오늘날 창의성 연구는 이 분야를 다루는 학술지를 발간하고 미국 심리학회의 한 분과가 될 정도로 전성기를 누리고 있다.[54] 창의성을 다루거나 그와 관련된 책을 아마존에서 검색하면 2만여 권이나 되고, 창의적인 삶을 위한 팁을 공유하는 블로그는 셀 수 없을 정도다.

1990년대 말, 마틴 셀리그먼Martin Seligman과 미하이 칙센트미하이가 선도한 긍정심리학의 성장 역시 창의성 이해에 상당히 기여했다. 창의성이 심리적 건강과 행복에 기여하는 다양한 방식을 밝혀내기도 했다. '자기 안에 있는 최선의 것의 개발'[55]에 초점을 맞추는 긍정심리학 분야는 20세기 중반 인본주의 심리학에서 비롯되었다. 인본주의 심리학은 인간의 잠재력과 성장을 강조한다.[56]

이 책을 준비하면서 우리는 지난 100여 년 동안 현재와 과거의 과학적 연구(카우프만과 그의 동료들이 수행한 새로운 연구를 포함해)를 꼼꼼히 조사해 인간 역사상 저명한 창작자들의 마음과 삶에서 공통점을 찾았다.

2014년 3월, 캐롤린이 〈허핑턴 포스트〉에 기고한 '고도로 창의적인 사람들의 남다른 특징 18가지'라는 기사가 입소문을 타고 퍼지면서 며칠 만에 조회수 500만 회를 기록하고 페이스북에서 50만 개의 '좋아요'를 얻었다.[57] 카우프만의 연구를 언급하며 창의적인 사람들의 성격 특성과 습관을 탐구한 이 기사는 여러 창의성 관련 커뮤니티에서 널리 공유되고 논의되었다. 이 책은 바로 이 기사를 토대로 창의적 마음과 성격에 대한 동일한 질문들을 더 깊이 탐색한다.

앞으로 보겠지만, 이 책은 마음 챙김과 마음 방랑mind wandering(현재의 과제나 초점에서 벗어나 생각이 자유롭게 다른 아이디어, 기억, 또는 공상으로 떠도는 상태이며 창의성이나 성찰로 이어질 수 있음 – 옮긴이), 개방성과 감수성, 고독과 협업, 놀이와 진지함, 직관과 이성 같은 많은 역설을 제시한다. 언뜻 보기에 모순처럼 보이는 요소들은 창의적인 사람들 속에서 합쳐지고, 창작자들이 내적·외적 경험에서 의미를 만들어낼 때 조화를 이루는 양극성을 보여준다. 창의적인 사람들은 매우 광범위한 기술, 행동, 사고방식을 상황에 맞게 활용하는 법을 배우고, 그것을 새롭고 특이한 방식으로 결합해 새로운 아이디어와 결과물을 만들어낸다.

이 책의 목적은 창의적인 마음의 당혹스러우면서도 흥미진진한 면모를 조명해 독자들이 자신을 더 깊이 이해하고 표현하도록 격려하는 것이다. 창의적인 성취와 창의적인 만족감의 핵심은 자신의 다면적이고 복잡한 특성을 정확히 이해하는 능력에서 비롯된다.

　이제 창의성과 개인의 정체성 사이의 의미를 생각하며 고도로 창의적인 사람들의 남다른 특징을 탐색해보자.

고도로 창의적인 사람들의
남다른 10가지 특징

1장

상상 놀이

"

아이가 노는 것을 보면
화가가 그림을 그리는 것을 보는 것과 아주 비슷할 것이다.
아이는 놀이를 통해 한 마디도 하지 않으면서
무언가를 말하고 있기 때문이다.
아이가 어떻게 문제를 해결하는지,
무엇이 잘못되었는지 볼 수도 있다.
특히 어린 아이들의 창의성은 엄청나며 그들 속에 있는
모든 것이 자유로운 놀이를 통해 밖으로 드러난다.

"

에릭 에릭슨Erik Erikson

1950년대 말과 1960년대 초 미야모토 시게루Miyamoto Shigeru
는 일본 시골 마을에서 어린 시절을 보내며 상상 속에서 환상
적인 세계를 만들었다. 그는 나무 조각과 끈을 이용해 장난감
을 만들기도 하고, 만화를 그리거나 인형을 만들어 인형극을
하거나 그가 살던 교토 북서쪽 산촌 마을 주변의 산과 계곡을
탐험하기도 했다.

시게루는 점점 자연에서 보내는 시간이 많아졌다. 여덟 살
무렵 어느 한가로운 여름날, 시게루는 우연히 비밀 동굴을 발
견했다. 그는 어두운 동굴에서 상상의 나래를 펼치며 행복한
시간을 보냈다.[1] 그렇게 자연 속에서 보낸 경험이 훗날 그의
가장 영향력 있는 작품이 된 상징적인 비디오게임 〈슈퍼마리
오 브라더스〉를 개발하는 데 영감을 주었을 것이다.

유년 시절을 자신이 만든 상상 세계 속에서 보낸 소년이

자리서 그 심상을 전 세계 사람들과 나누게 된 것이다. 종종 '비디오게임의 월트 디즈니Walt Disney'라고 불리는 시게루는 〈슈퍼마리오 브라더스〉뿐 아니라 이 블록버스터의 전작이었던 〈동키 콩〉, 〈젤다의 전설〉 그리고 위Wii 콘솔을 개발하고 디자인했으며 400개 이상의 닌텐도 게임 개발을 감독했다.

1980년대 아타리의 도산 이후 〈슈퍼마리오 브라더스〉는 현대 비디오게임 산업을 되살렸다. 이 게임과 다른 고전 게임들을 통해 시게루는 전 세계 게이머들과 게임 개발자들의 감탄을 불러일으켰다. 그의 비디오게임들은 지금까지 제작된 게임 중 가장 위대한(그리고 가장 많은 수익을 올린) 작품으로 널리 인정받고 있다.

시게루가 세계에서 가장 사랑받는 게임을 구상하게 된 비결은 무엇일까? 이 닌텐도의 거장은 나이가 들어서도 놀이에 대한 감각만큼은 절대 잃지 않았다. 〈심즈〉의 개발자 월 라이트Will Wright는 이렇게 말한다. "그는 장난스럽게 게임에 접근합니다. 어쩌면 당연한 것처럼 보이지만 대부분의 사람들은 그러지 못합니다."[2]

시게루의 어린 시절 놀이 경험은 어른이 되어 엄청난 창의성의 밑거름이 되었다. 2010년 〈뉴요커〉의 기자 닉 파움가르텐Nick Paumgarten이 인물 소개란에 썼듯이, 시게루는 게임을 만들 때 항상 자신이 어린 시절 경험했던 경이감을 다시 불러 일으키려고 노력했다.[3] 어린아이 같은 호기심과 탐구심은 그의 상상력 넘치는 창작물에 분명하게 드러난다. "그가 만든 게임을 하는 사람들은 뒷마당에서 흙장난을 하며 노는 아이가 된 것 같은 기분을 느낀다"고 라이트는 말했다.

시게루의 철학은 무엇이든 재미있는 게임으로 만들 수 있다는 것이다. 그는 유년기로부터 창의적인 영감을 계속 끌어내지만 개인적인 관심사와 흥미도 작품으로 연결한다. 예컨대 위 핏Wii Fit의 개발은 자신의 체중 감량 노력을 '게임으로 만들려는' 개인적인 시도의 결과물이었다. 시게루는 일상적인 활동을 놀이와 재밋거리로 바꾸면 사람들이 더 즐겁게 활동하도록 도울 수 있다는 것을 발견했다. 그 활동이 운동이든, 〈젤다〉에서 다음 레벨로 올라가는 것이든, 학교에서 새로운 내용을 배우는 것이든 말이다.

시게루는 〈뉴요커〉와의 인터뷰에서 이렇게 말했다. "비실용적인 것은 무엇이든 놀이가 될 수 있습니다. 동물로서의 생존에 필요한 것 이상을 하는 것이 바로 놀이입니다."

유년기의 놀이가 성인기의 창의성으로

시게루와 같은 예술과 과학 분야의 유명 창작자들 다수는 어린 시절 상상 놀이에 빠졌고, 어른이 되어서도 어린 시절의 그 놀이 감각을 유지한다.[4] 전도유망한 젊은 기업가, 혁신가, 과학자의 삶을 연구한 심리학자인 라리사 사비니나Larisa Shavinina는 리처드 브랜슨Richard Branson, 워런 버핏Warren Buffett, 빌 게이츠Bill Gates와 같은 훌륭한 기업 혁신가들이 어린 시절 기업가적 면모를 보였다는 것을 발견했다(예를 들어 브랜슨은 열두 살에 크리스마스 트리 농장을 시작했다).[5] 그녀는 가족이 과학적이고 혁신적인 재능을 키우는 데 중대한 역할을 한다는 사실도 확인했다. 노벨상 수상자들의 부모들은 자녀에게 용기를 북돋우고, 지원을 아끼지 않으며, 교육을 중요하게 여겼고, 과학과 관련된 전문직에 종사했다. 아울러 집안에 책과 실험용 완구를 충분히 제공했다. 그뿐만 아니라 거의 모든 노벨상 수상자가 재학 시절 "적어도 한 명의 특별한 교사를 만났다"고 한다.[6]

레고 재단이 수행한 연구는 창의성과 인지 발달에 상상 놀이가 중요하다는 점을 뒷받침한다. 아이들이 물건을 만들고 갖고 노는 모습을 관찰한 연구자들은 종종 아이들이 자신을 이해하고 자신과 주변 환경의 관계를 파악하는 지속적인 과정을 통해 개인적인 의미를 찾는 일에 깊이 열중한다는 것을 발견했다. 아이들에게 놀이는 낯선 것을 익숙한 것으로 바꾸려는 타고난 호기심을 이용해 대상의 의미를 실험하는 방법이 된다.[7]

아이들에게는 이와 같이 놀이하고자 하는 자연스러운 아이들의 욕구를 지지해주는 어른이 있는 가정 환경에서 자라는 것이 중요하다. 연구에 따르면, 가상 놀이를 많이 하는 아이들은 부모가 자주 아이들과 대화하고, 잠자기 전 책을 읽어주거나 이야기를 들려주고, 자연이나 사회문제에 관해 설명해주는 경우가 많았다. 또한 학교에서 수업 시간이나 휴식 시간에 가상 놀이를 장려하면 상상력과 호기심이 발달한다는 점도 드러났다.[8]

어른들도 꿈꾸고 놀 수 있도록 지원할 필요가 있다. 고도로 창의적인 많은 사람들은 다양한 재료를 활용해 상상력이 넘치는 장난기를 발휘한다. 개인적인 기억, 환상, 감정도 물리적 대상 못지않게 놀이의 대상이 될 수 있다. 창의적인 사람들에게 창작은 그 자체가 놀이 행위다. 영문학자 브라이언 보이드Brian Boyd는 2009년 출간한 《이야기의 기원》에서 이렇게 썼다. "예술 작품은 마음의 놀이터와 같다. 시각적·청각적·사회적 형태를 지닌 그네이자 미끄럼틀, 회전목마다."[9] 그런가 하면 시인 스탠리 쿠니츠Stanley Kunitz는 시 창작에서 정서 탐색의 역할을 강조하며 이렇게 말했다. "시는 충동으로 충만해야한다. 이것은 경험의 가장 밑바닥까지 내려간다는 뜻이다. 시에서 충동이 빠지면 빈약해질 수밖에 없다."[10]

상상 놀이는 특히 많은 예술가들의 유년기에서 중요한 부분을 차지한다.[11] 노벨상 수상자 스티븐 킹Stephen King은 아주 어린 시절 자신을 '링글링 브라더스 서커스의 스트롱 보이'로 상상했고,[12] 마크 트웨인Mark Twain은 어린 시절 《로빈 후드》에 나오는 이야기를 소재로 친구와 함께 연극 놀이를 했다.[13] 일상적인 물건을 엄청난 크기로 복제한 작품으로 유명한 조각가이자 화가 클레스 올덴버그Claes Oldenburg는 이렇게 주장했다. "내가 하는 모든 것은 완전히 독창적입니다. 어린 시절에 이미 구상했던 것이니까요."

올덴버그의 주장은 아마도 사실일 것이다. 그는 일곱 살 때 아프리카와 남아메리카 사이 어딘가에 있는 상상의 섬 '뉴번'을 지어냈다. 어린 시절의 이런 경험들은 더 많은 상상으로 이어졌다. 그는 여러 재료와 대상을 재미있게 결합하고 크기와 형태를 섞고 맞추어 평범한 것을 거대하고 놀라운 것으로 바꾸었다.[14] 올덴버그는 그 결과물이 "(나의) 환상 속 규칙에 따른 유사 현실"이라고 말했다.[15] 철학자 스타니스와프 렘

Stanisław Lem, 소설가 C. S. 루이스C. S. Lewis, 지질학자 너새니얼 샬러Nathaniel Shaler, 심리학자 카를 융Carl Jung과 제롬 L. 싱어, 신경학자 올리버 색스Oliver Sacks까지, 이들 모두는 어릴 때 마음속에 환상의 영역을 만들었다고 말했다.

많은 예술가들, 특히 작가들에게 이처럼 중요한 '원초적인 경험'은 어린 시절에서 비롯되며, 어린 시절의 기억과 감정의 깊은 우물에 접근하는 능력은 그들의 창작을 촉진할 수 있다. 플래너리 오코너Flannery O'Connor는 어린 시절을 보낸 사람이라면 누구나 삶에 관한 재료를 앞으로 필요한 만큼 많이 갖고 있다는 유명한 말을 했다. 존 업다이크John Updike도 비슷한 말을 했다. "세상에 태어나 첫 20년 동안 얻는 기억, 인상, 감정은 대부분의 작가에게 주재료가 된다. 그 이후에 얻는 경험들은 그다지 풍요롭지도 않고 깊은 울림을 주지도 않는다."16

연구에 따르면 상상 놀이는 물질적 대상, 아이디어, 감정, 환상 등 탐구하는 대상이 무엇이든 과학과 기술에서부터 창의적 글쓰기, 음악, 시각 예술에 이르기까지 다양한 분야에서 창의성의 필수적인 요소다.17 임상아동심리학자 샌드라 러스Sandra Russ에 따르면, "어린 시절의 가상 놀이는 창의성에 중요한 인지적, 정서적 과정의 많은 부분이 이루어지는 영역이다."18 러스는 가상 놀이가 "아이들은 예술가처럼 무에서 유를 창조하기 때문에" 그 자체로 창의적인 행위라고 주장한다.[19] 창의성 연구자 미셸 루트-번스타인Michele Root-Bernstein도 이렇게 말한다. "사람들은 어떤 삶을 살든, 마음의 비밀 왕국에서 과거의 모습과 미래의 모습에 대한 환상을 만들어낸다. 사람들은 상상의 왕국으로 들어가 새로운 시간과 공간을 만든다. 정도의 차이는 있지만 우리 모두 그렇게 한다."[20]

놀이를 진지하게 받아들이기

1년 동안의 대화보다 한 시간의 놀이를 통해 사람에 대해 더 많이 알 수 있다.

— 플라톤Plato

장 피아제Jean Piaget, 지그문트 프로이트Sigmund Freud, 에릭 에릭슨과 같이 20세기의 영향력 있는 심리학자들은 아동 발달에서 놀이에 중요한 역할을 부여했고, 러시아의 발달심리학자 레프 비고츠키Lev Vygotsky는 아이들의 놀이가 창의적 상상력의 탄생지라고 말하기까지 했다. 사실 놀이의 근본적인 기능이 하나 있다면 그것은 창의적 사고와 문제 해결에서 가장 중요한, 유연한 두뇌 성장에 기여한다는 것이다.

상상 놀이에 열중하는 아동을 관찰하면 타고난 창의성이 샘솟는 것을 볼 수 있다. 그들은 작가, 배우, 감독이 되어 손쉽고 즐겁게 이야기를 짓고 연극을 만든다. 어떤 지시나 안내도 없이 자연스럽게 이루어지는 이런 놀이는 대략 두 살 반쯤 시작해 아홉 살 또는 열 살까지 계속된다. 가장 활발한 시기에는 아이들이 자기 시간의 최대 20퍼센트를 이런 놀이를 하며 보낸다. 가상 놀이에 열중할 때 아이들은 다양한 관점을 취하면서 자신의 감정과 사고를 즐겁게 조종한다. 아동심리학자 샌드라 러스는 이렇게 설명했다. "아이들은 주변에서 알게 된 것뿐만 아니라 자신이 바라는 것을 토대로 이야기를 만듭니다. 그들은 놀이를 통해 자신의 두려움을 이겨내려고 노력하죠. 놀면서 사전 연습을 하는 셈입니다."[21]

상상 놀이에서 일상의 물건은 상징적인 방식으로 사용된다.[22] 바나나는 전화기, 동물 봉제 인형은 아기, 레고는 자동차, 뒷마당은 마법에 빠진 왕국이 된다. 이런 상징적 행동에는 사고뿐만 아니라 감정도 수반된다. 아이들은 놀이를 할 때 생각, 이미지, 감정을 실험한다.[23]

안타깝게도, 오늘날의 문화는 대체로 놀이를 긍정적인 시각으로 바라보지 않는다. 아동의 자유 시간은 1955년 이래로 꾸준히 줄어들었다.[24] 이런 추세로 인해 아이들이 가치 있는 활동을 할 시간은 늘었을지 모르지만, 순전한 재미를 누리는 즐거움뿐만 아니라 창의성에 필수적인 여러 핵심 기술을 건강하게 발달시킬 기회까지 빼앗기고 있다. 이런 중요한 기술에는 충동 조절, 계획 수립, 조직화, 문제 해결, 문해력 및 언어 발달, 상징화, STEM(과학, 기술, 공학, 수학을 일컫는 약자―옮긴이) 개념의 이해, 수학적 능력, 호기심, 확산적 사고(만약 …라면 어떻게 될까?), 다양한 내용의 인지적 통합, 유연성, 감정 조절, 스트레스 완화, 인지 및 감정의 통합, 공감, 존중, 사회적 협의, 협력, 타인에 대한 관용처럼 중요하지만 대수롭지 않게 취급되는 능력이 포함된다.[25]

최근 들어 점점 더 많은 심리학자와 부모들, 교육자들, 시민 운동단체들이 '놀이와의 전쟁' 상황에 대해 우려의 목소리를 내면서 줄어드는 아이들의 놀이 시간을 지키기 위한 운동을 시작했다.[26] 연구 결과는 그들의 우려가 정말 실제적이라는 사실을 보여준다. 몇몇 연구는 아주 어린 시기의 직접 교수법은 부작용을 낳을 수 있다는 점을 확인했다. 이를테면 아이들의 호기심이 줄고, 새로운 정보를 발견하거나 뜻밖의 새로운 관계를 만들 가능성이 줄어든다.[27] 실제로 뉴질랜드의 심리학자들은 아동기 후반에 읽기를 배운 아이들의 읽기 성적이 더 높다는 것을 확인했다. 이는 아이들에게 서둘러 핵심 역량을 배우게 하는 것이 항상 유익하진 않을 수 있다는 의미다.[28] 증거는 확실하고 명확하다. 놀이 시간과 호기심은 배움에 도움이 된다.

스위스의 숲 유치원에서는 네 살에서 일곱 살 사이의 아이들이 하루 종일 밖에서 놀면서 시간을 보낸다. 비가 오든 해가 나든, 아이들은 숲속을 뛰어다니고, 함께 놀이하고, 발견한 물건을 이용해 구조물을 만들고, 주변의 자연환경을 탐색한다. 아이들에게 바라는 목표와 기대는 최소한의 수준(예를 들어 땅에 자기 이름 쓰기)이며 산수와 읽기는 초등학교 1학년이 될 때까지 가르치지 않는다.[29] 유치원이 가장 중요하게 여기는 부분은 아이들이 자유로운 놀이를 통해 중요한 사회 정서적 역량과 운동 능력을 발달시키고 타고난 호기심, 상상력, 창의성을 발휘하는 것이다. 이런 중요한 토대가 갖추어진 후에야 비로소 초등학교에서 주어질 구체적인 학습 과제를 준비할 시간을 갖는다.

성인들도 아이 같은 놀이 감각을 키우면 일하는 방식을 혁신할 수 있다. 우리는 심지어 창의적인 일을 할 때도 심각하고 어렵게 여기는 경향이 있다. 물론 성공을 거둔 창의적인 사람들도 자신의 분야에 대해 매우 진지하게 여기고 오랜 시간 힘들게 일한다. 하지만 가장 창의적인 사람들은 자신의 일에서 진지함과 재미, 즐거움을 균형 있게 맞추는 법을 안다. 놀이하듯 일하는 방식은 새로운 아이디어를 궁리할 때 가볍고 유연하게 접근할 수 있고, 과도하게 스트레스를 받거나 고갈되지 않고 오랜 시간 계속 일할 수 있는 동력을 부여한다. 창의적인 일에는 진지해야 할 순간과 놀이처럼 즐겨야 할 순간이 있다. 많은 경우, 최고의 성과는 진지한 노력과 편안한 느긋함이 결합될 때 나온다. 놀이와 일을 분리하는 잘못된 이분법은 오해일 뿐만 아니라 파괴적이기도 하다. 연구에 따르면, 일과 놀이가 결합된 하이브리드적 방식이 아이들뿐 아니라 어른에게도 학습과 창의성을 위한 최적의 환경을 제공한다는 것을 보여준다.[30] 비디오게임 디자이너 제인 맥고니걸Jane McGonigal도 우리가 게임처럼 '그저 재미로' 하는 일의 많은 부분이 실제로 삶의 행복, 회복 탄력성, 업무 성과, 창의성에 중요하다고 주장한다.[31]

많은 사람이 잘 알고 있듯이, 나이가 들면 우리의 삶이 일과 진지함에 지배되면서 대체로 놀이와 재미를 느끼는 여유를 잃고 만다. 조지 버나드 쇼George Bernard Shaw는 이렇게 말했다. "우리는 나이가 들기 때문에 놀이를 멈추는 것이 아니다. 놀이를 멈추기 때문에 늙게 되는 것이다." 하지만 이 말은 놀이 감각을 성인의 삶에 다시 불어넣을 수 없다는 뜻이 아니다. 한 실험에서 대학생들을 두 그룹으로 나누고 한 집단에는 그날 강의가 취소되었다고 상상하고, 다른 집단에는 같은 상황에서 자신이 일곱 살이라고 상상하라고 요구했다. 자신을 신난 아이로 상상한 학생들은 이후의 확산적 사고 실험에서 더 창의적인 응답을 제시했다. 이것은 장난기 어린 호기심이 전통적 사고방식에서 벗어나게 하는 데 도움을 준다는 것을 보여준다.[32]

지금은 놀이 부족 현상이 널리 확산되어 있기 때문에 놀이를 허용하는 것을 넘어 적극적으로 장려하는 공간을 확보해야 한다. 잘 노는 어른일수록 스트레스를 덜 느끼고, 스트레스에 더 잘 대처하고, 삶의 만족과 다른 긍정적인 삶의 결과를 더 많이 누린다.[33] 실제로 놀이의 정신을 유지하면 나이가 들어서도 창의성과 활력을 계속 유지한다. 다음 장에서 보겠지만 놀이와 내적인 기쁨은 긴밀하게 연결되며, 자연스럽게 더 큰 영감과 노력, 창의적 성장으로 이어지는 시너지 효과를 창출한다. 그러니 시작해보라. 춤을 추고, 그림을 그리고, 새로운 곳을 탐색하고, 실없는 짓도 하고, 즐겨보라. 곧장 창의력이 넘쳐흐르는 것을 느끼게 될 것이다!

상상의 세계

아이들은 자신만의 세계를 창조한다. 상상의 세계를 창조하는 것은 가장 복잡한 형태의 가상 놀이이며 아이들이 창의력을 발휘하는 중요한 방식이다.

미셸 루트-번스타인은 이 파라코즘paracosm(아이들이 만드는 상상의 세계 - 옮긴이)의 창조 또는 그녀가 표현한 대로 '상상 세계 놀이'에 대해 연구했다.[34] 때로 파라코즘은 움직이는 장난감이나 상상 속의 친구와 함께 하던 초기 놀이에서 발전하며, 초기의 상상 세계 놀이가 시들해진 후 대부분 초등학교 시기에 가장 활발했다가 사춘기 무렵에 사라진다. 하지만 경우에 따라 파라코즘이 성인기까지 계속 지속되어 성숙한 창의적 작업의 자양분이 된다.

뛰어난 혁신가 중에는 어린 시절에 복잡한 상상의 세계를 만든 이들이 많다.[35] 아마 가장 유명한 예는 네 명의 브론테 남매(샬럿, 브란웰, 에밀리, 앤)가 창조한 상상 속의 '글래스타운 연방'일 것이다. 이 상상의 세계는 (브란웰과 샬럿이 만든) 앵그리아 왕국과 (에밀리와 앤이 만든) 곤달 왕국으로 되어 있었고, 수도인 글래스타운에 의해 통치되었다. 브론테 집안의 자녀들은 지도를 그리고 등장인물을 만들었으며 이 상상의 세계에 관한 이야기를 짓고 자신들을 왕국의 신 '지니'로

불렀다.[36]

　　루트-번스타인은 《내 아이를 키우는 상상력의 힘》에서 이렇게
말했다. "상상의 세계를 만들고 구체화하는 것은 창의적 과정에 몰입
함으로써 창작자로서 자아 의식을 키우는 것이다." 흥미로운 한 연구
에서 그녀는 비범한 창의적 성취나 잠재력을 지닌 성인들의 상상 놀
이 습관을 살펴보았다. 연구 대상자의 절반 이상이 유년기에 상상의
세계를 창조했든 그렇지 않았든 상관없이 성인기의 일과 취미에서 상
상 세계 놀이의 일면을 반영한다고 응답했다. 여기에는 회화, 연극,
영화, 소설 분야의 상상 세계 창조는 물론 자연과학, 사회과학, 인문
학 분야의 가설 모델과 개념 설정이 포함된다. 또한 그녀는 고도의
창의적 성취자들이 일반 대학생들에 비해 어린 시절에 상상 세계 놀
이를 했을 가능성이 두 배 더 높다는 사실을 발견했다.[37]

　　이런 연구 결과에 기초해 루트-번스타인은 상상 세계의 창조를
고도의 창의성 발달 지표로 사용할 수 있을지도 모른다고 제안했다.
세 살짜리 아이가 레고 트럭을 만드는 것이나 미래의 소설가가 정교
한 공상과학 세계나 판타지 세계를 구축하는 것은 결국 똑같은 셈이
다. 놀이하는 아이는 진정한 창작자다.

2장

열정

"

창의적 에너지, 뛰어난 성취,
자아 실현의 가장 강력한 원천은 어떤 대상,
즉 자신의 꿈이나 자신의 미래상과
사랑에 빠지는 것인 듯하다.

"

창의성 연구자, E. 폴 토런스 E. Paul Torrance

재클린 뒤 프레Jacqueline du Pré는 네 살 때 라디오에서 나오는 첼로 소리를 처음 듣고 곧장 어머니에게 말했다. "나도 저런 소리를 내고 싶어."[1] 어머니에 따르면, 어린 뒤 프레가 첼로를 처음 연주했을 때 "난 첼로가 너무 좋아!"라고 기쁨의 환호성을 질렀다고 한다.[2] 뒤 프레의 어머니는 이 말의 이면에서 느껴지는 감정의 깊이에 깜짝 놀랐고, 평생 이 악기에 몰입할 딸의 모습이 보이는 듯했다. 뒤 프레의 비범한 재능의 핵심은 무엇일까? 전기 작가 엘리자베스 윌슨Elizabeth Wilson의 말을 빌리면, "(그것은) 아주 어린 나이부터 음악에 대한 자신의 태도를 보여주는 깊은 내적 열정이었다. 그런 열정은 혀짧은 소리로 자장가를 읊조리거나, 크리스마스 캐럴을 부르거나, 첼로 소리를 바로 알아차리는 방식으로 나타날 수 있다."

요요 마Yo-Yo Ma는 네 살 때 바이올린과 비올라에 도전한 후 더 큰 아기를 달리고 말했다.[3] 첼로를 접하자 아이는 놀라운 속도로 연주법을 배우는 것은 물론 뛰어난 연주를 할 수 있었다. 다섯 살 때 그는 관객 앞에서 처음 연주했고, 일곱 살 때 당시 대통령 존 F. 케네디John F. Kennedy와 전 대통령 드와이트 D. 아이젠하워Dwight D. Eisenhower를 위한 무대에서 세레나데를 연주했다. 첼리스트 레너드 로즈Leonard Rose는 처음 요요 마의 연주를 듣고 어린 음악가의 기량과 강한 집중력에 경외감을 느꼈다.[4] 훗날 요요 마가 회상한 바에 따르면, 로즈는 그에게 악기와 '하나'가 되라고 말했다. 또한 "현이 네 목소리이고, 첼로가 네 허파다"라고 말했다. 악기에 대한 요요 마의 애정은 그가 연주하는 것을 본 사람이면 누구든 분명히 알 수 있다. 그의 첼로 연주는 내적 감정, 성찰, 분투를 직접 외부로 확장해 관객에게 전달하는 역할을 한다.

첼로 천재들뿐만 아니라 록 음악가들도 어린 시절 음악에 대한 자신의 열정이 처음 싹트던 순간을 기억한다. 수많은 창의적인 사람들과 마찬가지로, 음악가 톰 요크Thom Yorke도 전통적인 학교 제도에 적응하지 못했다. 〈인터뷰〉지에 실린 배우 대니얼 크레이그Daniel Craig와의 대화에서 그는 학교 제도가 "설립 방식부터 나의 천성과 전혀 맞지 않았고, 성가시고 사소한 일로 계속 문제를 일으켰다"고 말했다.[5] 어느 날 음악실에서 훗날 1980년대의 히트곡 〈그녀는 과학으로 나를 눈멀게 했네〉로 유명해질 음악가 토머스 돌비Thomas Dolby가 신시사이저를 연주하는 것을 보았다. 그 순간 요크는 '평생 바로 저걸 하고 싶다'고 생각했다. 그는 하루 종일 음악실에 틀어박혀 시간을 보내며 전자 음악과 비트를 실험하고 기교를 열정적으로 연마했다. 그는 음악이 자신의 인생을 바치고 싶은 분야임을 발견했다. 다행히도 요크의 음악 교사와 미술 교사는 그의 열정을 보고 음악을 계속 연주하도록 응원했다.[6] 그 결과 시대를 통틀어 가장 위대한 밴드로 꼽히는 라디오헤드Radiohead가 탄생했다.

미국 체스 챔피언 조시 웨이츠킨Josh Waitzkin도 여섯 살 때 어머니의 손을 잡고 워싱턴 스퀘어 파크를 거닐던 어느 특별한 날을 기억한다. 그는 공원에서 정글짐에 매달려 노는 것을 좋아했다. 하지만 그날은 '무언가가 달랐다'고 회상한다. 그는 어깨 너머로 공원에서 도박꾼 두 명이 체스 게임을 하는 것을 보고 매료되었다. 그는 《배움의 기술》에서 이렇게 썼다. "나는 전장으로 끌려들어가 완전히 매료되었다. 그 게임이 왠지 익숙하다는 느낌이 들었고 이해가 되었다."[7]

며칠 뒤 어머니와 함께 다시 놀이터를 찾았을 때, 그는 어머니의 손을 뿌리치고 대리석 판 위에 체스 말을 세우던 도박꾼에게 달려갔다. 깊은 관심을 보이는 소년이 재미있었는지 그 사람은 웨이츠킨에게 게임을 한판 하자고 말했다. 게임이 진행되자 그는 곧 소년이 여느 평범한 아이가 아니라 체스 게임과 깊은 인연이 있는 선수 같다는 느낌이 들었다. 웨이츠킨은 이렇게 회상한다. "우리가 번갈아 가면서 말을 움직이는 동안, 나는 전에 이것을 해본 적이 있다는 느낌이 들었다. 훌륭한 노래처럼 이 게임에 완벽한 화음이 느껴졌다." 그는 여덟 번에 걸쳐 미국 체스 챔피언이 되었고, 그의 아버지는 아들을 주제로 《바비 피셔를 찾아서Searching for Bobby Fischer: The Father of a Prodigy Observes the World of Chess》를 썼다. 이 책은 동명의 블록버스터 영화로 제작되었다.[8]

이런 경험들의 멋진 점은 그것이 언제 일어날지 모른다는 것이다. 일단 열정의 불이 한번 붙으면 그 시작이 인생의 초반이든 후반이든 절대 꺼지지 않는다.[9] 이런 내적 욕구가 일어나면 한 사람의 삶과 일을 완전히 뒤바꾸고 활력을 불어넣는다. 스티브 잡스Steve Jobs는 이 같은 열정을 점화시키는 것이 "위대한 일을 수행하는 유일한 길"이라고까지 말했다.

"열정의 불은 절대 꺼지지 않는다."

자기의 꿈과 사랑에 빠지다

심리학자 하워드 가드너Howard Gardner는 고도로 창의적인 사람들이 대부분 "그들에게 말을 걸고 그들로 하여금 '이게 진정한 나야, 내가 하고 싶은 것은 바로 이거야, 앞으로 내 인생을 바치고 싶어'라고 말하게 만든 어떤 순간, 만남, 책, 공연"을 생생하게 기억한다고 말한다.[10]

매력적인 활동과 만나는 결코 잊지 못할 극적인 순간을 '결정적 경험'이라고 한다. 마치 첫눈에 사랑에 빠진 것과 같다. 이런 만남은 흔히 개인의 세계관과 자기 이해에 지속적인 변화를 일으킨다. 궁극적으로, 개인과 활동이 하나가 되는 것이다.

결정적 경험은 다양한 형태를 띤다. 최초의 결정적 경험은 창의적 활동에 처음으로 완전히 매료되어 빠지는 순간을 말한다. 마치 요요 마가 첼로를 처음 발견한 것처럼 말이다. 그다음 발전된 결정적 경험에서는 창작자가 더 깊이 파고들어 자신이 선택한 활동에서 특정한 악기, 스타일, 접근 방식을 발견한다. 톰 요크가 기타 연주를 시작한 뒤 비틀즈The Beatles 음악을 열정적으로 탐구한 것과 비슷하다.[11] 최초의 결정적 경험과 발전된 결정적 경험 모두 창의적인 정신 발달에 매우 중요하다. 교육심리학자 토머스 암스트롱Thomas Armstrong의 표현대로, 결정적 경험은 사람들이 자신의 운명을 향해 나아가게 하는 추진력이자 "지성에 빛을 비추어 성숙으로 발전하게 하는 불꽃"이다.[12]

체계적인 연구는 이런 불꽃이 전반적인 창의적 과정에 미치는 영향의 중요성을 뒷받침한다. 또한 불꽃에서 비롯되는 열정적 집중이 창작자가 창의적 과정에서 불가피하게 발생하는 장애물과 난관을 끈기 있게 돌파하는 데 중요한 역할을 한다는 것을 보여준다. 발달심리학자 엘렌 위너Ellen Winner는 인생 후반기에 성공을 거둔 천재들에 관한 연구를 통해 재능 있는 젊은 사람들은 "창의적 발견을 해나가는 과정에서 어려움에 직면해도 굴하지 않고 수많은 난관을 극복할 수 있어야 한다"고 결론지었다.[13]

위너에 따르면 재능은 개인이 선택한 활동이나 매체에서 '대가가 되겠다는 맹렬한 열정', 즉 탁월한 성취를 향한 집중적이고 지속적인 추진력과 관련이 있다.[14] 이런 추진력이 중요하긴 하지만 평범한 일상적인 성실함을 대체하지 못한다. 위너가 연구한 천재들은 지독할 정도로 성실하게 일했고, 그들이 끊임없이 열심히 노력하도록 북돋운 것은 바로 이런 내적 추진력이었다. 그런데 각고의 노력 외에 그녀가 발견한 공통점은 재능 있는 젊은 예술가들이 자신의 활동에 쏟은 강렬한 애정이다. 그들은 외적인 보상이나 찬사보다는 일 자체에서 느끼는 강렬한 기쁨에서 추진력을 얻었다. 일을 할 때 그들은 레이저 광선처럼 무섭게 집중했고 완전한 몰두, 집중, 기쁨, 시간의 흐름을 잃어버린 듯한 주관적 느낌을 특징적으로 보여주는 심리적 몰입 상태에 빠졌다.[15]

몰입은 스포츠, 음악, 물리학, 종교, 영성, 섹스에 이르기까지 많은 분야의 성과에 중요한 영향을 미치는 것으로 입증되었다.[16] 시카고 불스와 트레일 블레이저가 맞붙은 1992년 미국 프로 농구 결승전을 누가 잊을 수 있을까? 마이클 조던 Michael Jordan이 여섯 번 연속으로 3점 슛을 넣은 뒤 방송 중계 아나운서를 쳐다보며 마치 "자꾸 저절로 들어가. 나도 이상해"라고 말하듯이 어깨를 으쓱하는 순간은 많은 스포츠 팬의 뇌리에 깊이 박혔다.[17]

몰입 상태에 빠지는 능력은 대가가 되려는 강력한 창의적 열정의 산물인 것 같다. 비범할 정도로 창의적인 아이들을 연구한 마사 J. 모어록 Martha J. Morelock은 그들에게서 발견한 강렬한 몰두가 두뇌 깊은 곳에서 일어나는 배움을 향한 충동, 즉 신체가 음식과 산소를 간절히 원하는 것처럼 인지적 필요를 채워줄 지적인 자극에 대한 갈구라고 확신한다.[18] 달리 말해, 아이들의 충동은 단순히 기술을 배우고 싶은 내적 욕구가 아

닌 것 같았다. 그들은 그 기술을 완벽히 통달해야 할 필요가
있는 듯이 행동했다.[19]

　물론 이런 관점은 동기부여가 아주 잘 된 성인들에게도 적
용될 수 있다. 일에 대한 애정은 생산성뿐만 아니라 높은 창
의성의 핵심이다. 발달심리학자 벤저민 블룸Benjamin Bloom은
탁월성 발달에 관한 유명한 연구에서 인생 후반기에 높은 창
의성을 보이는 사람들이 자신의 분야에 남다른 관심을 보였
다는 점을 확인했다.[20] 성인 조각가들은 아동기 때 끊임없이
그림을 그리고 손으로 물건을 만드는 데 큰 기쁨을 느꼈던 일
을 기억했다. 수학자들은 사물의 작동 방식에 대해 큰 의구심
을 갖고 매료되어 장난감을 분해하고 톱니바퀴, 밸브, 측정기,
다이얼을 살펴보았던 일을 회상했다.[21] 그들의 유별난 관심과
빠른 습득력은 부모, 동료, 멘토, 지역사회로부터 격려와 지지
를 이끌어냈고, 이것이 다시 더 열심히 노력하는 동기가 되었
다. 폴 토런스가 주도한 또 다른 중요한 연구에서는 초등학교
학생들에게 무엇과 '사랑에 빠졌는지' 물었다. 그는 그들 중 다
수가 이미 개인적인 열정을 쏟는 대상과 사랑에 빠졌고, 관심
이 지속되며, 때로 나이가 들어도 그 강도가 강화된다는 것을
알고 놀랐다.[22]

　이 연구에서 한 아이는 2학년 때 이미 공상과학과 관련한

그림을 그렸고 3학년 때 공상과학 이야기는 물론 학급 친구들이 연기할 우주 드라마를 썼다. 고등학교 때 그는 공상과학 동아리를 만들어 공상과학 잡지를 발행하고 연례 모임을 개최했다. 맥은 유토피아적 정치 이론으로 박사학위를 받고 공연, 작곡, 기업가 정신, 예술 작품에 이르는 다양한 창의적 형태로 그의 아이디어를 나누었다. 하지만 그는 자신이 애정을 쏟는 핵심 주제가 창의적 글쓰기라는 점을 절대 잊지 않았고, 다른 창의적인 활동에 참여하는 것은 공상과학 소설이나 다른 장르의 문학 작품을 쓰기 위한 상상력의 자료를 얻고 경제적 안정을 확보하는 수단으로 여겼다.

학업 성적이 좋은(사회적 지표 기준의 우등생) 아이들과 나중에 커서 창작자가 된 아이들(비범한 사람들)을 비교 분석한 결과, 토런스는 어릴 때 무언가와 사랑에 빠진 아이들이 20여 년 뒤 각종 창의성 지표에서 높은 점수를 얻을 가능성이 더 높다는 점을 발견했다.[23] 실제로 학업 성적보다 아이들이 자신의 꿈과 사랑에 빠진 정도가 개인적으로 의미 있고 대중적으로도 인정받는 창의적 성취를 예측할 수 있는 더 나은 지표였다.

토런스는 평생에 걸쳐 비범한 사람들을 연구한 결과에 기초해 이렇게 썼다. "인생의 가장 활기차고 신나는 순간은 우리의 분투와 팀색이 갑자기 눈부신 아우라를 뿜어내는 완전히 새로운 미래상으로 바뀌는 그 시점이다."[24]

물론 꿈을 꾸는 것만으로 충분하지 않다. 어떤 사람들은 분명한 미래상을 갖고 있지만 그것과 사랑에 빠지지는 않는다. "이게 바로 나야!"라고 흥분하며 외치지는 않는다. 우리는 꿈에 반영된 진정한 자아와 자신이 지닌 최고의 잠재력을 이해해야 한다.

매우 창의적인 사람들은 상상하고, 새로운 형태와 인물을 창조하고, 새로운 아이디어와 가능성을 탐색하는 창의적 과정 자체와 사랑에 빠지기도 한다. 《컬러 퍼플》의 저자 앨리스 워커Alice Walker는 자신의 상상과 사랑에 빠졌다고 고백했다. "상상과 사랑에 빠지면 그것이 자유로운 정신이라는 걸 이해하게 됩니다. 어디든지 갈 수 있죠."[25]

진정한 열정에 대한 추구는 창의적인 정신을 가진 사람들의 삶을 나아가게 하는 추진력 중 하나다. 실제로 토런스는 이렇게 확신했다. "이러한 정체성 추구는 사람이 수행하는 가장 중요한 일 중 하나다."[26] 연구는 열정의 대상을 찾는 일의 중요성을 뒷받침할 뿐만 아니라, 열정의 특정한 색조가 훨씬 더 중요하다는 점을 시사한다.

열정의 두 가지 길

"자신의 열정을 따르라"는 말은 주변에서 가장 흔히 듣는 진부한 조언이며, 진로에 대한 조언으로서도 별로 도움이 되지 않는다. 최근의 과학적 연구는 개인적으로 의미 있는 목표를 달성하는 데 열정의 중요성을 지지하지만, 이런 사고가 지나치게 단순하다는 점도 지적한다. 가치 있는 것을 창출하는 데 필요한 기술을 통달하려면 각고의 노력이 요구된다.[27] 열정과 노력은 서로 도움을 주는 것이 사실이지만, 열정이 양날의 칼이 될 수도 있다.

심리학자 로버트 밸러랜드Robert Vallerand와 그의 동료는 조화로운 열정과 강박적인 열정을 구분한다. 이 두 가지를 구분하는 가장 중요한 특징은 열정이 개인의 정체성 안에 내면화하는 방식이다.[28]

조화로운 열정을 가진 사람들은 활동에 참여할 때, 예컨대 극장에서 연기할 때 자신의 열정을 통제한다고 느낀다. 이를테면 그들은 자신의 열정과 하나다. 그들은 리허설과 무대 공연이 자신의 진정한 자아와 조화를 이루며 삶에 풍성한 의미를 불어넣는 다른 활동과 양립할 수 있다고 느낀다. 달리 말하면 연기는 자신의 내적 자아의 연장이며, 자기 정체성의 일부다.

이와 반대로, 강박적으로 열정적인 사람들은 자기 일에 대한 애정이 그다지 큰 동기부여 요인이 아니다. 그들은 대부분 자신의 열정을 통제하고 있다고 느끼지 않는다. 그들은 일을 할 때 자주 불안해하며, 자신의 성취를 사회적 인정 또는 자존감의 원천으로 보기 때문에 타인을 능가해야 한다는 압박을 계속 느낀다. 그들이 활동에 참여하는 동기는 자신의 내면적 욕구가 아니라 외적인 보상 약속이다. 강박적인 열정은 활동이 개인의 전반적인 자아의식 안으로 건강하게 통합되지 못했음을 보여주는 표시다. 자존심에 굶주린 자아는 높은 성과를 원하며, 아무리 열심히 밀어붙여도 성과가 미미하면 때로 몸과 마음에 상처를 입기도 한다. 간단히 말해 조화롭게 열정적인 사람들이 내적인 요인에 따라 창의적 성취를 이루어 간다면, 강박적으로 열정적인 사람들은 주로 **외적인** 요인에 의한 강요에 따라 만들어낸다.

이 차이는 중요하다. 이러한 열정의 색조는 창의적 성취를 이루는 전체 여정의 시작부터 끝까지 영향을 미친다.[29] 밸러랜드와 동료들은 드라마, 농구, 수중 발레, 클래식 음악과 같은 다양한 분야에서 뛰어난 성과를 거둔 사람들이 명확히 다른 두 가지 경로를 따랐다는 것을 발견했다.[30] 첫 번째, **조화롭게 열정적인 길**은 가장 직접적인 경로다. 이 길은 남에게 좋게 보이는 것, 유명해지는 것, 경쟁자를 이기는 것보다는 숙달, 배움, 성장에 초점을 맞춘다. 이 길의 추진력은 활력, 긍정적인 정서, 기쁨과 같은 감정이다. 이와 반대로 두 번째, **강박적으로 열정적인 길**은 훨씬 더 돌아가는 경로다. 이 길은 때로 성과에 도움이 될 수 있는 목표지향적인 길(다른 사람들에게 자신을 증명해 보이는 것)이긴 하지만 더 나은 성장으로 이어지는 도전을 회피하는 길이기도 하다. 이 길은 흔히 활력, 긍정적인 정서, 즐거움이 낮은 수준으로 나타나며, 이런 결과는 다양한 분야에서 확인되었다.

영감이 떠오를 때

영감이 찾아오면 의식적으로 생각하려고 하지 마라. 떠오르는 대로 흘러가고, 기다리고, 순응하라.
— 러디어드 키플링Rudyard Kipling

열정과 그 동반자인 영감은 창의성 퍼즐에서 중요한 조각이다. 영감의 순간이 언제, 어떻게 찾아오는지는 여전히 미스터리로 남아 있다. 최근까지 영감은 과학적 연구의 진지한 주제로 여겨지지 않았다. 아마 영감을 초자연적이거나 신성한 것으로 디루었딘 역사 탓일 것이다. 고대 그리스에서는 영감은 문학과 예술의 창작을 주관하는 여신 뮤즈가 예술가에게 직접 말로 건네는 방식으로 생겨난다고 여겼다. 인류 역사에서 손꼽힐 만큼 위대한 시인들이 뮤즈에 대한 사상을 작품으로 표현했다. 단테Dante는 《신곡》에서 이렇게 쓴다. "내 안의 나는 이런 사람, 사랑이 내 안에서 속삭일 때 받아적고, 그가 불러주는 대로 계속 표현한다네."

영감의 특징을 세 가지로 정의할 수 있다. 먼저 환기evocaion다. 사람들은 보통 롤 모델, 교사, 경험, 주제 같은 것으로부터 영감을 받는다. 영감은 결정적 경험처럼 의미심장한 것일 수도 있고, SNS에서 눈길을 끈 사진 한 장처럼 일상적인 것일 수도 있다. 환기는 대부분 의식적인 노력 없이 일어난다. 심리학자 토드 스래시Todd Thrash와 앤드류 엘리엇Andrew Elliot은 말한다. "잠에서 스스로 깨어날 수 없듯이 의지적 행위를 통해 더 나은 가능성을 적극적으로 깨울 수 없다."[31] 하지만 영감이 일어날 가능성을 높이기 위해 우리가 할 수 있는 일이 전혀 없다는 뜻은 아니다. 나중에 살펴보겠지만 창의적인 마음이 적절한 소재, 통찰, 영감을 주는 삶과 만나면 영감이 일어날 가능성이 커진다.

다음은 초월적 각성transcendent awakening, 즉 새로운 가능성을 명료하게 자각하는 순간이다. 스래시와 엘리엇은 이렇게 말한다. "인간을 움직이는 최고의 동기는 우리를 앞서 이끌며 더 나은 가능성을 일깨워 주는 아름다움과 선함이다." 아름다움 또는 통찰의 순간은 흔히 생생하며 원대한 비전, 통찰, 또는 전에 본 적이 없는(하지만 항상 거기에 있었던) 것을 보는 개안의 형태로 다가온다.[32]

이런 각성은 보통 열정적으로 아이디어를 실현하도록 재촉하는 창의적 아이디어나 통찰에 의해 촉발된다. 이것은 영감의 세 번째 특징인 새로운 아이디어, 통찰 또는 비전을 전달하고 표현하며 현실화하려는 노력으로 이어진다. 현실화 과정은 보통 창의적 아이디어, 소재, 또는 영감을 주는 사람에 대한 반응으로서 이루어진다.[33] 영감은 창의적 아이디어의 원천은 물론 그것의 실현도 설명해준다. 하지만 통찰이 의식 속에서 떠오르게 하려면 준비가 필요하다는 점을 분명히 유의해야 한다(5장을 보라).

영감을 받은 사람은 어떤 모습일까? 일상생활에서 영감을 자주 강렬하게 경험하는 사람들은 대개 새로운 경험에 더 많이 열려 있고, 자신의 활동에 더 깊이 전념하고 몰입한다고 알려져 있다.[34] 경험에 대한 개방성은 일반적으로 영감에 앞서 나타나며, 새로운 영감에 더 개방적인 사람들이 영감을 경험할 가능성이 너 크다. 영감받은 사람들은 흔히 자신의 일에 대가가 되려는 의욕이 더 강하지만 덜 경쟁적이다. 그들은 활동에 대한 애정에 기초한 내적인 동기로 움직일 뿐 성공이나 사회적 지위와 같은 외적 요인에 큰 영향을 받지 않는다. 따라서 어떤 대상을 영감의 원천으로 만드는 것은 그것의 객관적 가치나 달성 가능성이 아니라 개인이 인식하는 주관적인 가치다.

쉽게 영감을 받게 되면 창의성이나 다른 측면에서 많은 유익이 있다. 한 연구에 따르면, 영감은 낙관주의, 자신의 능력에 대한 믿음, 스스로 결정하는 능력, 자존감을 키운다. 한 분야에 전문가가 되는 것은 영감의 원인이자 결과다. 즉 배움과 성장을 강조하면 영감을 받을 가능성이 커지고 그 결과 더 높은 수준의 전문성에 도달할 수 있다. 영감은 준비된 마음에 더 잘 깃드는 법이다.

"영감은 준비된 마음에 더 잘 깃드는 법이다."

영감을 받은 사람들은 삶에서 더 많은 행복을 누리는 경향이 있다. 특히 그들은 더 많이 감사하고 더 긍정적인 정서를 느끼고, 삶의 만족도와 활력, 자아 실현을 더 많이 경험한다.[35] 스래시와 엘리엇은 영감이 인생의 더 큰 목적을 갖고 사는 것과 관련이 있음을 밝혔다. 영감을 받은 사람들은 그들의 아이디어나 비전이 깊은 의미를 지니며, 자기 위주의 관심사를 초월하는 것이라고 느낀다. 영감을 받은 사람들이 영감의 원천에 깊이 감사하기 때문에 영감은 감사의 감정을 유발하는 것 같다.

영감은 근본적으로 변화시키고 초월하는 속성을 가졌기 때문에 창의성의 도약대가 된다. 이 책의 곳곳에서 보듯이, 창의성과 상상력은 삶에서 새로운 가능성을 보는 것이다. 영감을 받아 새로운 가능성을 보는 사람들은 자신을 더 창의적인 사람으로 보는 경향이 있으며, 시간이 흐르면서 창의성에 대한 자기평가 점수가 실제로 높아진다.[36] 사람들이 더 많은 영감을 받는다고 느끼는 날이면 흔히 자신이 더 창의적인 것 같다고 말한다.

흔히 영감을 시각예술과 관련지어 말하지만 다른 예술 분야나 학문 세계에서도 중요하다. 특허를 소지한 발명가들은 특허가 없는 사람들보다 더 자주 영감을 받으며, 영감의 빈도가 높을수록 특허 건수도 많다. 영감은 과학적인 글쓰기, 시, 소설을 망라한 다양한 글쓰기의 창의성을 예측하는 실마리가 된다.[37] 영감을 받은 작가들은 더 효율적이고 생산적이며, 잠시 멈추거나 문장을 지우는 시간이 적고 글쓰기에 더 많은 시간을 투여한다. 이러한 영감의 효과는 개개인의 글쓰기 역량을 감안해도 여전히 유효하다.

이런 연구 결과는 "1퍼센트의 영감과 99퍼센트의 노력"이라는 토머스 에디슨의 유명한 영감 공식을 재고할 때가 되었음을 보여준다. 창의적인 사람들을 보면 잘 알겠지만 이 공식은 지나치게 단순화된 것이다. 우선, 영감과 노력이 역동적인 상호작용 속에서 서로의 밑거름이 된다는 것을 앞서 확인했다. 창의성이 꽃피려면 이 두 가지가 서로 필요하다. 예컨대, 더 많은 영감을 받은 작가들은 실제로 더 많은 일을 한다. 글을 쓸 때 영감을 많이 받을수록 최종 성과물의 생산성과 효율성은 함께 높아진다. 영감을 받은 사람들은 목표 달성에 필요한 각고의 노력을 기울일 가능성이 더 크다.

아울러 자신의 일에 조화로운 열정을 가진 사람들은 자기 분야에서 대가가 되려는 목표를 세울 가능성이 크고, 그 결과 더 수준 높은 훈련에 기꺼이 임할 것임을 예상할 수 있다. 이런 사람들은 기량을 숙달하려는 의지가 더 투철해 실제로 더 많은 일을 한다. 자신의 일에 정서적으로 흥미를 느끼고 개인적으로 의미가 있을 때 과제 완수가 정신적으로 훨씬 덜 부담스러운 것은 놀라운 일이 아니다.[38]

노력을 중요하게 여기고 영감을 대수롭지 않게 취급하는

것은 타당하지 않다. 이 두 가지는 **똑같이** 중요하다! 성실한 노력과 영감을 대립시키는 대신 이 둘이 함께 추는 **역동적인 춤**이 창의성을 만들어낸다고 보는 것이 좋다.

꿈을 현실로

꿈과 사랑에 빠지면, 그리고 그 꿈을 성취한 자신의 미래 모습과 사랑에 빠지면 그 비전을 실현하려는 엄청난 힘이 솟아난다. 하지만 성실한 노력과 영감이 창의적 성과를 이루는 데 중요하듯이, 열정을 계속 키워가려면 꿈과 계획이 모두 필요하다.

창의적 목표를 위한 동기를 북돋우고 유지하려면 폴 토런스의 말대로 미래에 꿈꾸는 자아상과 사랑에 빠질 뿐만 아니라 일상의 따분한 고역을 포함해 **그런 사람이 되는 과정도** 사랑해야 한다. 기업가 제임스 클리어James Clear는 바라는 결과에 대해 꿈꾸는 것은 목표에 계속 집중할 동기를 부여하기에 충분치 않다고 주장한다. 특히 지루함이나 좌절을 겪을 때 그렇다. 그는 이렇게 말했다. "어떤 분야에 진정으로 탁월하기를 원한다면 그것을 수행하는 과정과 사랑에 빠져야 한다. 그 일을 하는 사람의 정체성을 구축하는 일과 사랑에 빠져야 한다."[39]

실제로 열정과 노력은 서로의 밑거름이 된다. 흔히 열정이 성실한 노력을 유발하지만 때로 성실한 노력이 열정으로 이어질 수 있다.[40] 의욕에 불타는 창의적인 사람들은 꿈을 이루기 위해서라면 무슨 일이든 하겠다는 자신의 이미지를 사랑한다. 이런 자기 인식은 어느 정도는 자기충족적 예언이 된다. 클리어가 말하듯이 이것은 단순히 꿈을 이루는 것만 아니라, 꿈을 이루기 위해 무엇이든 하겠다는 집념을 가진 사람, 곧 장기적인 목표에 필요한 열정과 인내를 지닌 사람이 되게 한다.[41] 토런스가 말하는 '꿈꾸는 자들(창의적으로 자아를 실현하고 성공을 거둔 사람들)'은 자신의 이런 비전을 열정의 표현일 뿐 아니라 자신의 열정에 동력을 공급하는 수단으로도 사용한다. 꿈을 확고하게 붙드는 것은 창의적인 과정에서 피할 수 없는 거부나, 실패의 시기나, 성취 동기를 발견하기 힘든 시기에 특히 중요하다.

꿈과 목표만으로는 어려운 시기를 뚫고 나가기에 부족하다. 더욱이 창의적인 작업의 경우 오랜 시간의 훈련과 실험이 필요하다. 분명한 것은, 우리에게 꿈과 긍정적인 자아상이 필요하지만 창의적인 여정에서 불가피하게 따라오는 도전을 돌파할 때 그 꿈을 놓치지 않을 전략도 개발해야 한다는 것이다. 집념, 낙관주의, 열정, 희망은 우리가 목표를 달성하기 위해 사용하는 유용한 전략들이다. 긍정심리학자 찰스 스나이더 Charles Snyder가 1991년 제시한 희망 이론은 희망을 품는 것이란 목표를 달성하려는 의지와 **방법** 모두를 갖는 것이며, 성공의 방법으로서 낙관주의와 자기효능감보다 더 효과적이라고 단언했다.[42] 스나이더는 희망이 **역동적인 인지적 동기부여** 체계로서 감정이 사고를 따르게 하는 것이지 그 반대가 아니라고 주장한다. 희망적인 성격 또는 마음 상태를 지닌 사람들은 성공에 도움이 되는 태도와 전략을 갖고 목표에 접근한다.

희망적인 사람들은 대체로 개인적인 성장과 발전을 도와주는 학습 목표(가령 새로운 유형의 소리 실험하기)를 세운다. 그런가 하면 희망이 없는 사람들은 성장이 아니라 경쟁자를 이기는 데 초점을 둔 숙달 목표(가령 음반 판매 목표량 달성하기)를 세우는 경향이 있다.[43] 몇몇 연구는 희망을 학문적 성취와도 연결한다. 한 연구에 따르면, 희망적인 사람들은 더 독창적인 아이디어를 떠올리고 연상해낸다.[44] 희망적인 사고는 목표를 달성하기 위해 다양하고 유연한 전략을 제시하는 과정에서 실제로 창의적인 사고 기량을 촉진하는 것 같다.

우리는 의지 못지않게 방법도 필요하다. 동기부여를 연구하는 뉴욕대학교 심리학자 가브리엘 외팅겐Gabriele Oettingen은 꿈꾸기의 중요성과 아울러 꿈꾸는 것만으로는 우리가 원하는 목표를 달성하기 충분하지 않다는 사실을 강조한다.[45] 외팅겐은 원하는 바를 꿈꾸는 것만으로도 실제로 우리에게 위안을 줄 수 있다고 말한다. 우리는 이미 바라는 결과의 열매를 정신적으로 즐기고 있기 때문에 결과를 실현하는 데 필요한 희생과 고역을 감당할 의지가 약해질 수 있다는 것이다.

그렇다면 무엇이 도움이 될까? 외팅겐은 정신적 대조mental constrasting라는 기법을 사용한다. 이것은 바라는 목표를 상상하고 그다음 목표 달성 능력을 현실적으로 방해할 만한 내적·외적 장애물을 시각화하는 것이다. 이를테면, 미래에 바라는 결과와 그 결과를 추구하는 과정에서 지금 직면해 있거나 앞으로 직면할 수 있는 현실을 대조해보는 것이다. 이 방법을 통해 꿈을 명확히 인식할 뿐만 아니라 장애물을 확인하고 그것을 해결하는 전략을 만들 수 있다. 외팅겐은 말한다. "우리는 꿈이 필요합니다. (…) 꿈은 좋은 출발점입니다. 그다음에 필요한 것은 꿈의 실현을 가로막는 장애물을 확인하고 상상해보는 것입니다. 그러면 꿈을 이루기 위해 우리가 해야 할 일을 알게 됩니다."[46] 실제로 그녀는 이 기법이 창의적 역량을 키우는 데 효과적이라는 사실을 확인했다.[47]

흔히 꿈과 사랑에 빠지는 것에서 시작한다. 그다음 오랜 시간에 걸쳐 창의적인 꿈을 이루는 사람들은 미래에 대한 낙관주의와 목표에 다가가기 위한 현실적인 전략 사이에서 균형을 잡는다. 즉 영감과 성실한 노력, 꿈꾸기와 실천 사이의 균형을 유지한다.

그렇지만 꿈꾸기의 중요성을 과소평가하지 말아야 한다. 다음 장에서 보듯이, 아동기의 꿈과 성인기의 더 성숙한 공상 사이에는 커다란 연속성이 있다.

3장

공상

"

자신의 마음을 들여다보는 사람은 눈이 밝아질 것이다.
외부를 바라보는 사람은 꿈을 꾸지만
내부를 바라보는 사람은 깨어난다.

"

카를 융Carl Jung

"꿈이나 글쓰기를 통해서만 내가 무슨 생각을 하고 있는지 알 수 있는 것일까?" 작가 조앤 디디온Joan Didion이 이런 질문을 한 적이 있다.[1]

우리가 흔히 생각하는 것과는 달리 공상은 우리의 생각과 느낌을 '알 수 있는' 매우 소중한 도구다. 공상가들은 종종 멍청하고 얼빠지거나 제정신을 못 차리는 게으른 사람이라는 딱지가 붙는다. 심지어 지금도 심리학자들은 우리가 주의를 외부 환경에서 내밀한 정신적 공간의 이미지, 기억, 판타지, 내적 독백으로 옮길 때 떠오르는 사고와 이미지를 묘사하기 위해 '사고 침범', '멍한 상태', '과제와 관련 없는 사고', '목표가 불분명한 사고', '마음 방랑' 같은 표현을 사용한다.[2] 하버드대학교 심리학자들조차도 "방황하는 마음은 불행하다"고 결론 내렸다.[3]

이 연구자들의 연구에 따르면, 평균직으로 사람들은 깨어 있는 시간의 47퍼센트를 마음 방랑에 할애한다. 그렇다면 의문이 든다. 마음 방랑이 우리의 행복에 심각한 피해를 준다면 우리는 도대체 왜 인생의 거의 절반을 이런 정신 상태로 보내는 것일까?

창의적인 사고를 하는 사람들은 부모와 교사들이 무슨 말을 하든 공상이 무조건 시간 낭비가 아니라는 것을 안다. 하지만 안타깝게도 많은 학생이 꿈꾸고 상상하는 타고난 본능을 억압하도록 배운다. 그들은 타고난 창조 욕구를 부자연스럽게 여기고 단단히 억누르면서 표준적인 틀에 맞추고 교과서에 따라 배우도록 가르침을 받는다. 하지만 최근 두 명의 저명한 심리학자는 지적했다. "방랑하는 마음이 모두 길을 잃은 것은 아니다. 사실 마음의 방랑은 상상력과 창의적 사고에 꼭 필요하다."[4]

약 50년 전, 심리학자 제롬 L. 싱어는 공상이 정상적인 현상이며 사실상 인간 경험의 보편적인 부분임을 규명했다. 그는 많은 사람이 내적 상상과 판타지를 즐기는 "행복한 공상가"라고 밝혔다.[5] 싱어에 따르면, 공상가들은 "자신의 내밀한 경험을 소중히 여기고 즐기며 일정 시간을 공상에 기꺼이 할애할 뿐만 아니라 공상을 효과적인 계획 수립에 활용하고, 단조로운 과제를 수행하거나 지루할 때 위안거리로 삼는다."

싱어는 이런 유형의 마음 방랑을 표현하려고 **긍정적-건설적 공상**positive-constructive daydreaming이라는 용어를 만들었다. 그리고 이런 공상을 주의력 부족이나 불안하고 강박적인 공상과 구별했다.[6] 이런 중요한 구분을 통해 싱어는 공상이 적절한 환경에서 일상생활에 수행하는 긍정적이고 적응적인 역할을 부각했다.[7] 연구 초기부터 그는 공상, 상상, 판타지가 창의성, 스토리텔링, 심지어 만족 지연 능력과 관련이 있다는 증거를 발견했다.[8]

물론 적절한 상황이 아닐 경우, 특히 독해나 지속적인 주의, 기억, 학문적 성과와 관련해서 마음 방황은 큰 대가를 치를 수 있다.[9] 당면한 일에 주의력이 필요할 때 주의력을 통제하지 못하면 좌절감을 느끼기 쉽고, 주의력을 빼앗는 부정적인 생각에 자주 사로잡히면 불행한 기분에 빠질 수 있다. 하지만 중요한 인생 목표는 대부분 먼 미래에 맞추어져 있다는 사실을 고려하면 공상이 얼마나 유익할 수 있는지 쉽게 알 수 있다. 우리의 내적 독백이 개인적으로 의미 있는 목표, 열망, 꿈을 지향하는 것임을 따져볼 때 공상의 유익은 한층 더 명확하다.[10]

지난 10년 동안 과학자들은 더 새로운 방법을 이용해 이것의 잠재적 이점을 조사해왔다. 카우프만과 동료 연구자 레베카 맥밀란Rebecca McMillan은 공상에 관한 최근 연구를 리뷰한 논문에서 마음 방랑이 창의적인 사고 육성, 자기 인식, 미래 계획 수립, 자기경험의 의미에 대한 숙고, 연민을 포함한 매우 개인적인 보상을 제공한다고 지적했다.[11]

먼저 창의적인 사고가 부화하는 과정을 살펴보자. 많은 사람이 마음이 정처없이 헤매고 있을 때 난데없이 최고의 아이디어가 떠오르는 경험을 알고 있다. 언뜻 게을러 보일 수도 있지만 마음 방랑 행위는 보통 무심한 상태와는 전혀 다르다. 연구에 따르면, 마음 방랑적 사고가 부화되는 시기는 창의적 사고의 향상으로 이어진다.[12] 강한 집중력과 창의적 기량이 요구되는 창의적 프로젝트나 과제를 하게 된다면, 매시간 5분 정도 공상 시간을 갖고 이것이 아이디어나 사고에 어떤 영향을 미치는지 살펴보라. 휴식 시간 동안 마음이 자유롭게 떠돌 수 있도록 산책, 낙서, 청소와 같이 단순한 활동을 해보라. 이시간을 창의적 사고가 깨어나는 시간으로 생각하고, 다시 일을 시작할 때 창의적인 에너지가 새롭게 느껴지는지 확인해보라.

"마음 방랑은 결코 무심한 상태가 아니다."

공상가인 예술가

창의적 사고의 부화, 자기 이해, 사회적 이해를 촉진하는 능력을 포함해 공상이 창의성의 중요한 도구인 이유는 많다. 장기적으로 긍정적인 공상은 예술가들이 개인적으로 의미 있는 창의적 목표를 계속 추구하도록 도와준다.

더 나은 세계의 가능성을 꿈꾸는 사람들에게 바치는 명곡 〈이매진〉을 작곡한 존 레논John Lennon 같은 예술가들은 스스로를 몽상가라고 생각했다. 앤디 워홀Andy Warhol 역시 "모든 사람은 판타지를 갖고 있다"고 말했다. 우리의 주의를 외부 세계에서 돌려 꿈, 판타지, 이야기, 개인적 서사, 감정 같은 내면 세계에 집중하면 의미와 희망을 찾을 뿐 아니라 존 레논의 노래처럼 가장 깊은 창의성의 샘물을 길어 올릴 수 있다.

왜 그럴까? 창의적인 작업은 내적 독백과의 연결이 필요하며, 새로운 아이디어와 참신한 관점은 욕구, 감정, 세계를 이해하는 방식의 흐름에서 비롯되기 때문이다. T. S. 엘리엇T. S. Eliot은 마음 방랑이 창의적인 사고 부화에 기여하는 역할을 이른 시기에 인식했다. 그는 1933년 작품 《시의 효용과 비평의 효용The Use of Poetry and the Use of Criticism》에서 "아이디어 부화"를 언급하면서 창의성에는 마음이 기존 아이디어를 무의식적으로 처리하는 '부화 시기'가 필요하다고 주장했다. 이런 이유로 그는 예술가들이 아파 누워서 일상적인 일들에 신경 쓰지 않게 만드는 질병이 창의적인 작업에 놀라울 정도로 도움이 된다고 믿었다.

엘리엇은 마음속에서 시간을 두고 형성된 아이디어는 "긴 부화 기간을 거쳤다"는 인상을 준다고 말했다. 우리가 어떤 알을 품고 있었는지는 껍질이 깨지고 나서야 알 수 있지만 말이다. 그는 이렇게 설명한다. "(이런 통찰의 순간에) 일상생활을 끈질기게 짓눌러 우리가 미처 알아차리지 못한 불안과 두려움의 짐이 사라진다. 이때 일어나는 일은 부정적인 것, 즉 우리가 흔히 생각하는 '영감'이 아니라, 견고한 습관과 같은 장벽이 무너지는 것이다."

나중에 밝혀지듯이, 엘리엇의 통찰은 탁월한 선견지명이었다. 연구는 공상할 때 일어나는 창의적 부화가 창의적 사고와 성과는 물론 통찰력 있는 문제 해결에 매우 중요하다는 점을 뒷받침했다(5장을 보라).[13] 하지만 공상은 아이디어가 숙성될 시간을 주는 것 이상의 역할을 수행한다. 공상은 우리를 인간성과 강력하게 연결한다. 잭 케루악Jack Kerouac은 모든 인간이 "꿈꾸는 존재"라고 말한 적이 있다. 그의 말대로, "꿈꾸는 것이 모든 인류를 하나로 묶기" 때문이다. 싱어와 다른 연구자들의 연구에 따르면, 공상이라는 고독한 활동은 공상에 빠진 우리를 핵심적인 내적 자아와 더 가까워지게 함으로써 함께 묶어줄 수 있다.

연구에 따르면, 거의 모든 사람이 많은 시간을 미래에 대한 공상에 자연스럽게 할애한다.[14] 이를 통해 우리가 목표에 더 다가가도록 도와준다. 적극적인 공상가들은 흔히 자기 삶의 창조자이자 주인공이라고 느낀다. 프리드리히 니체Friedrich Nietzsche가 말한 대로, 그들은 "삶을 예술 작품으로" 만든다. 내적인 의식 흐름을 자주 살펴봄으로써 우리는 세계를 개인적으로 성찰하고 미래의 자아상을 그려본다. 미래의 자아상을 창조하는 첫 단계는 바로 미래의 자아를 꿈꾸는 것이다. 사람들은 대부분 자아 성찰 시간이 주어지면 '미래지향적 편향'으로 알려진 특성을 보인다.[15] 즉 사고가 자연스럽게 미래로 흘러가는 것이다. 이 편향은 자전적 계획, 즉 정신적 시뮬레이션에 대한 정서적·신체적 반응을 포함한 미래의 시나리오를 상상하는 과정을 용이하게 한다. 미래 시나리오 중 다수는 잠재적 관계, 사회적 상호작용, 바라는 직업처럼 오랫동안 해소되지 않은 욕구와 관련되어 있다.[16] 이러한 내면 성찰은 삶에서 의미를 찾게 해주거나, 적어도 그 과정에서 흥미로운 생각과 깨달음을 얻게 해준다.[17]

내적 경험을 옹호했던 정신분석학자 카를 융은 공상을 무의식과 연결되는 빙법이라고 주장했다. 그는 이를 통해 자아의 정서적, 심리적 질환을 치료할 수 있다고 믿었다. 1913년 융은 '적극적인 상상'이라는 창의적인 시각화 기법을 제안했다. 이것은 공상에 주목함으로써 무의식적인 마음의 지혜를 활용해 의식적인 마음의 문제를 해결하도록 돕는 것이다.[18] 융은 이 기법에 포함된 자유로운 시각화와 마음 방랑이 자신의 상황에 대한 새로운 통찰을 제공해 당시 겪고 있던 정서적 문제를 치료하는 데 도움이 되었다고 주장했다. 그는 이 과정에서 일어나는 무의식적인 마음과 의식적인 마음 사이의 소통을 "초월적 기능"이라고 불렀다. 마음이 의식의 안팎을 넘나들 수 있게 한다는 뜻에서 초월적이라는 것이다.[19]

잠잘 때 꾸는 꿈

융은 공상처럼 잠잘 때 꾸는 꿈도 무의식과 연결되는 통로라고 믿었다. 현대 과학은 융이 한 세대 전에 이론화한 대로 공상이 꿈과 비슷한 기능을 한다는 것을 밝혀냈다. 우리가 잠이 들면, 외부 세계에 주의를 기울이는 두뇌 네트워크(주로 외측 전두엽과 두정엽으로 이루어진 주의력 실행 네트워크)가 비활성화되고 깊숙한 창고에 보관되어 있던 개인적인 생각과 기억이 올라온다.

밤에 꾸는 꿈과 공상 사이에는 큰 연속성이 있다. 두 가지 모두 자기표상, 심각한 고민, 현재의 관심사, 자전적 기억을 포함한 자기정체성의 다양한 측면을 탐색한다. 이것들은 정보를 처리하고, 더 깊은 차원의 창의적 사고에 접근할 수 있도록 도와준다. 에드거 앨런 포Edgar Allan Poe가 천재에게는 '백일몽'이 필요하다고 지적한 것이 아마 옳을 것이다.

사람들은 내가 미쳤다고 말했다. 하지만 의문은 아직 풀리지 않았다. 광기가 최고의 지성이 아닌지 말이다. 이를테면 숭고하거나 심오한 모든 것이 병적인 사고, 곧 일반적인 지성을 희생하고 고양된 마음 상태에서 나오는 것인지에 관한 의문은 아직 해소되지 않았다. 낮에 꿈을 꾸는 사람들은 밤에만 꿈꾸는 사람들이 모르는 많은 것을 알고 있다. 그들은 흐린 시야 속에서 언뜻 영원을 보고 깨어난 뒤 자신이 위대한 비밀의 언저리에 있었다는 것을 알고 전율한다.[20]

공상처럼 밤에 꾸는 꿈도 창의적 부화의 시간일 수 있다. 이런 이유로 꿈은 역사 이래 예술가들에게 영감의 원천이었다. 살바도르 달리Salvador Dalí는 그의 작품 다수를 놓고 "꿈을 손으로 그린 사진"이라고 말했다. 녹아내리는 시계 이미지로 유명한 1931년 작품 〈기억의 지속〉은 그가 꿈에서 본 장면을 그린 것이다. 달리는 우리가 꿈을 꿀 때 시간 개념이 얼마나 제멋대로 변하는지를 묘사하려고 했다.

레논은 어느 날 밤 꿈에서 본 것을 토대로 〈#9dream〉이라는 히트곡을 쓰기도 했다. 그는 꿈에서 누군가가 그에게 외친 뜻 모를 구절, "아! 뵈와카와, 포세, 포세"를 후렴으로 사용하기도 했다. 하지만 그만이 영감을 얻기 위해 꿈을 활용한 것은 아니었다. 폴 매카트니Paul McCartney는 음악 역사상 가장 많이 리메이크된 곡 〈예스터데이〉의 멜로디를 1964년 어느 날 밤에 꾸었던 꿈에 기초해 작곡했다. 매카트니는 이렇게 회상한다. "어느 날 아침 일어났더니 내 머리에 어떤 선율이 맴돌았어요. '어라, 난 이 멜로디를 모르는데, 아닌가?' 재즈 멜로디 같았죠. 피아노로 가서 선율의 코드를 알아내고 확실히 기억해 두었어요. 그러고는 친구들을 두루 찾아다니며 그 선율에 대해 물었어요. '이거 알아? 괜찮은 멜로디인데 꿈에서 들은 거라 악보로 적지는 못했어.'"[21]

아마 가장 유명한 이야기는 에드거 앨런 포의 사례일 것이다. 그는 종종 악몽에서 영감을 받아 뇌리에서 잊히지 않는 상상력 넘치는 이야기와 시를 썼다. 이 시인은 성서 시대부터 계속 꿈이 아주 소중한 지혜의 원천이라고 믿었다. 1839년에는 한 에세이에 이렇게 썼다. "이와 같은 신성한 소통 방식이 오늘날 중단되어야 할 이유는 없을 것이다."[22]

꽉 막힌 아이디어 뚫어내기

이 '신성한 소통 방식'을 활용할 수 있는 단순하고 평범한 방법이 있다. 샤워기를 틀고 그 속으로 뛰어드는 것이다.

샤워가 긴장을 풀어준다는 것은 누구나 알지만 그 외에도 마음이 창의적 사고를 하도록 북돋워 예상치 못한 통찰을 얻게 하기도 한다. 카우프만이 세계 최대 샤워기 헤드 공급 업체 한스그로헤Hansgrohe와 공동 진행한 연구에 따르면, 전 세계 사람들의 79퍼센트가 샤워 중에 새로운 아이디어를 떠올린 적이 있다고 한다.[23] 실제로 사람들은 일할 때보다 샤워할 때 참신한 아이디어를 얻는 경우가 더 많다고 대답했다.

사무실에 갇힌 창의적인 사람들이 잘 알고 있듯이, 컴퓨터 앞에 앉아 문제의 해결책을 생각해내려고 하거나 프로젝트를 마무리하려고 안간힘을 써도 기발한 아이디어는 떠오르지 않는다. 몇 시간 동안 책상머리에 앉아 있어도 별 소용이 없다. 그런데 잠시 자리에서 일어나 화장실에 다녀오거나 머리를 비우기 위해 동네를 한 바퀴 돌 때, 정확히 말하면 당면 과제에서 주의를 돌릴 때 그동안 놓쳤던 연결고리가 갑자기 머릿속에 떠오른다. 이런 '아하!'의 순간은 대개 치열하게 집중했던 마음을 잠시 쉬게 하고, 생각을 비판적 사고에 제약하지 않은 채 자유롭게 풀어놓을 때 찾아온다.

샤워 역시 말 그대로 부화의 장소다. 일상생활에서 벗어나 자극이나 산만함에서 비교적 자유로운 새로운 공간이다. 샤워할 때 우리는 외부 세계와 단절되어 내적 욕구, 공상, 기억에 주의를 온전히 집중할 수 있다. 그 결과 마음에 창의적 연결이 떠오를 가능성이 커진다. 새롭고 예상치 못한 경험이 아무리 사소해도 생각을 건설적으로 변화시킬 수 있다. 소파를 박차고 일어나 샤워 물줄기 속으로 뛰어들기만 해도 사물을 약간 다르게 볼 수 있을 것이다. 샤워는 우리가 일상적인 의식에서 벗어나 다른 관점을 얻는 데 필요한 거리 두기를 제공할 수 있다. .

하버드대학교 심리학자이자 《우리는 어떻게 창의적이 되는가》를 쓴 셸리 H. 카슨Shelley H. Carson에 따르면,[24] 샤워하면서 잠시 주의를 딴 곳으로 돌리면 창의성에 도움이 된다. 그녀는 중단과 주의 전환이 지극히 중요한 창의적 부화 기간에 도움을 준다고 설명한다. 카슨은 〈보스턴 글로브〉에 이렇게 말했다. "달리 말하면 주의 전환은 비효과적인 해결책에 매달리던 상태에서 벗어나는 휴식을 제공할 수 있다."[25]

작가이자 감독인 우디 앨런Woody Allen은 창의적 인생을 살면서 이 기법을 사용해왔다. 그는 영감을 얻기 위해 정기적으로 샤워를 한다고 한다. 때로는 마음에 떠오르는 것을 탐색하거나 창의력이 샘솟게 하려고 한 시간 가까이 샤워한다.

앨런은 2013년 〈에스콰이어〉와의 인터뷰에서 이렇게 말했다. "쏟아지는 온수로 샤워할 때 우리는 현실 세계를 잠시 떠나게 되고, 종종 새로운 시야가 열리곤 합니다. 장소를 바꾸는 겁니다. 시나리오를 쓸 때 글을 진전시키지 못하게 하는 생각에서 벗어나게 하는 겁니다."[26]

약간의 창의적 영감을 얻으려고 꼭 욕실에 갈 필요는 없다. 자신만의 개인적인 샤워기 헤드를 찾으면 된다. 해변 산책, 시골길 드라이브, 조용한 서재 등 자신의 마음을 자유롭게 풀어줄 공간을 찾아보라. 니콜라 테슬라Nikola Tesla에게는 좋은 아이디어가 많았지만 그의 가장 훌륭한 아이디어는 실험실 밖에서 나왔다. 이 발명가는 한가하게 산책하다가 교류 전류에 대한 아이디어가 떠올랐다. 테슬라는 지팡이를 이용해 전류가 작동하는 방식을 그림으로 그려서 산책하던 동료에게 설명했다. 거트루드 스타인Gertrude Stein의 샤워기 헤드는 차 안에서 젖소를 바라보는 것이었다. 그녀는 습관적으로 하루 30

분 동안 글을 쓰고, 차를 타고 주변 농장을 돌아다니며 가장 큰 영감을 주는 소를 찾을 때까지 여러 마리의 젖소 앞에 멈춰서 바라보기도 했다.

걷기

살기 위해 우뚝 선 적도 없는 사람이 쓰기 위해 앉아 있는 것이 얼마나 헛된 일인가!
다리가 움직일 때 비로소 생각이 떠오르기 시작한다.

— 헨리 데이비드 소로 Henry David Thoreau

테슬라의 이야기는 특별하지 않다. 일화에 따르면, 임마누엘 칸트 Immanuel Kant는 자신이 살던 독일 소도시 쾨니히스베르크를 매일 같은 시간에 한 시간씩 산책했다고 한다. 이 철학자는 마치 종교의식처럼 매일 오후 같은 시간에 산책에 나섰고, 매일의 산책 일과가 매우 정확해서 주민들이 그가 각자의 집 앞을 지나는 시간을 기준 삼아 시계를 맞출 정도였다고 한다. 기록에 따르면 칸트는 딱 한 번 산책을 하지 않았다. 장자크 루소 Jean Jacques Rousseau의 《에밀》을 읽는 데 너무 열중한 나머지 그 책을 모두 읽을 때까지 며칠 동안 집에 머물렀다고

한다.[27]

칸트는 자신의 이름이 붙은 '철학자의 산책로'를 따라 걸을 때 대화하지 않고 혼자 걷는 것을 좋아했다. 몸이 허약했던 이 철학자는 입을 여는 것보다 코로 숨을 쉬는 것을 선호했고, 이것은 철학적 탐구 주제를 묵상하는 데 도움이 되었다.[28]

찰스 다윈 역시 산책 습관으로 유명했다. 다윈은 매일 하얀 폭스테리어 폴리를 데리고 자신이 '생각하는 길'이라고 이름 붙인 잉글랜드 켄트 지방의 산책로를 따라 걸었다. 이 산책은 가벼운 운동일 뿐만 아니라 정신적 숙고와 창의적 부화를 위한 기회이기도 했다. 오스트레일리아 철학자 데이먼 영Damon Young에 따르면, 다윈의 산책은 박물학자로서 "개념을 재구성하고 인식을 새롭게 하도록" 도와준 특별한 지적 가치가 있었고, 깊은 사색과 창의적 연결을 자극하는 일종의 "움직이는 명상"이었다.[29]

칸트와 다윈은 역사적으로 유명한, 산책하는 사상가의 계보에 속한 인물 중 일부다. 자연 세계의 이미지로 가득한 시를 발표한 윌리엄 워즈워스William Wordsworth는 평생 약 29만 킬로미터 이상을 걸은 것으로 추정되고,[30] 버지니아 울프Virginia Woolf는 영감을 얻으려고 런던의 공원들을 두루 돌아다녔다고 한다. 1862년에 〈더 애틀랜틱〉에 기고한 한 에세이에서 소로는 매일 하는 산책이 사치가 아니라 몸과 마음의 행복을 위한 필수적인 일과라고 말했다. "보통 그 이상 걷지만, 적어도 하루에 네 시간 동안 세상의 일에서 완전히 자유로운 상태로 숲과 산과 들을 한가로이 걷지 않는다면 나는 건강과 정신을 지킬 수 없을 것이다."[31]

아리스토텔레스Aristotle, 니체, 프로이트, 어니스트 헤밍웨이Ernest Hemingway, 토머스 제퍼슨Thomas Jefferson, 찰스 디킨스Charles Dickens, 루트비히 판 베토벤Ludwig van Beethoven을 포함해 그 외 많은 사상가들이 창의적 과정의 일부로 규칙적인 산책을 했다. 니체는 "진정으로 위대한 사상은 모두 산책할 동안 싹텄다"라고까지 말했다. 그리스 철학자 디오게네스Diogenes는 "걸으면 해결된다"[32]는 표현을 이용해 운동 법칙을 증명했고, 소로는 바깥에서 시간을 보내면 "우리 생각에 훨씬 더 많은 공기와 햇빛이 깃들 것이나"라고 말했다.[33]

오늘날의 과학자들도 비슷한 이야기를 한다. 여러 연구는 실제로 걸을 때, 특히 자연 속에서 걸을 때 창의적 문제를 해결할 수 있음을 보여준다. 걸을 때 두뇌에서 일어나는 생리학적 변화 덕분에 좌절감과 스트레스가 줄어들고, 관심과 각성이 강화되고, 한층 더 깊은 명상과 고양된 기분을 느낄 수

있으며, 이 모든 것이 더 창의적인 연결을 떠올리기 쉽게 해준다.[34]

깨어 있는 공상

자연 속 산책은 마음 방랑은 물론 현재에 집중하면서도 판단 없이 인식하는 마음 챙김의 이점을 누릴 수 있는 아주 좋은 방법이다. 가장 일반적인 마음 챙김 방법 중 최근 폭발적인 인기를 얻고 있는 명상은 샤워할 때든, 출퇴근할 때든, 아침 명상을 위해 가부좌를 틀고 앉아 있든 '지금, 여기'에 집중하는 것이다. 그렇다면 공상의 자리는 어디에 있을까?

고요하고 평화로운 마음을 갖기 위해 생각의 멈춤을 강조하는 마음 챙김과 때로 '지금, 여기'에 대한 인식을 중단하고 모든 생각을 자유롭게 놓아버리는 공상, 즉 일부 심리학자들이 말하는 '즉흥적인 정신 시간 여행'[35] 사이에는 긴장감이 있는 것 같다. 주변 환경과 단절해도 괜찮다고 손짓하는 마음 방랑의 이점과 마음 챙김의 정신 건강 및 인지 효과는 조화를 이룰 수 있을까?

마음 챙김에는 창의성에 도움이 되는 뚜렷한 이점이 많지만(7장을 보라), 그렇다고 해서 주의 산만이 항상 나쁜 것은 아니다. 캘리포니아대학교 산타바바라 캠퍼스의 연구원들은 최근 보고서에서 외부에 집중하는 것과 자유롭게 내면을 주의하는 것 사이의 균형이 자연스러운 마음 상태인 것 같다고 지적했다.[36] 연구자들은 "의식은 끊임없이 변화하는 내용과 함께 움직이지만, 깨지는 파도의 조수처럼 외부로 확장되었다가 다시 내부로 물러난다"라고 썼다.

성공적인 혁신가들은 흔히 창의적 과정에 필요한 이 중요한 두 가지 정신 상태를 능숙하게 활용한다. 내적 자아나 의식의 흐름과 연결되는 것은 창의성을 높이는 확실한 방법이다. 우리 모두에게 예술가가 될 잠재력이 있는 이유는 바로 꿈을 꾸기 때문이다. 우리는 집중하는 마음과 방랑하는 마음 사이에 균형을 이루어야 하며, 숙련된 공상가들은 이것을 자연스럽게 유지한다. 연구에 따르면, 공상의 내용이 가장 긍정적이고 가장 독특한 사람들은 마음 챙김 점수도 높다고 한다.[37]

"우리 모두에게 예술가가 될 잠재력이 있는 이유는
바로 꿈을 꾸기 때문이다."

그렇다면 당연히 이런 질문이 떠오를 것이다. 항상 현재에 머물러 살아야 하는가? 그것이 창의적 사고를 키우는 최선책인가? 마음 챙김과 마음 방랑 사이의 '중도'를 찾는 것이 두 가지 사고방식의 이점을 가장 잘 누리는 방법이 될 수 있다. 우리 주변에 무엇이 있는지 보도록 도와주는 마음 챙김은 삶과 예술에서 무엇보다 중요한 기술이지만, 꿈을 꾸고 공상에 빠지고 자유롭게 떠돌 수 있는 마음의 공간도 확보해 균형을 잡아야 한다.

물론 싱어의 연구가 지적한 대로 모든 공상이 똑같은 결과를 낳지 않는다. 예컨대, 심사숙고rumination는 현재 상황으로부터 주의를 분산시키며 정신적 이점도 거의 없다. 아울러 내적 경험에 집중하는 것이 항상 행복을 주진 않는다. 공상은 우리를 내면의 빛과 연결하는 것만큼이나 어두움과도 연결한다. 하지만 싱어는 이렇게 설명한다. "내면의 공간이 커지면 매 순간 살아 있다는 강렬한 느낌이 더 온전해진다. 이것은 더 깊은 자기 인식에 종종 수반되는 고통을 감수할 수 있게 해준다."[38]

다음 장에서 살펴볼 고독은 예술가와 사상가들이 내적 집중력을 키우는 중요한 도구다. 창의성의 중대한 원천인 사고와 아이디어, 감정의 내적 풍경에 진정으로 주의를 집중하려면 자기 자신을 친구로 삼아 고요함에 머물 때뿐이다.

4장

고독

> "
>
> 세상에서 세상의 시류를 따라 살기는 쉽다.
> 고독하게 살면서 자기 뜻에 따라 살기는 쉽다.
> 하지만 위대한 사람은 군중 속에서 참으로 우아하게
> 고독의 독립성을 지키는 사람이다.
>
> "

랠프 월도 에머슨Ralph Waldo Emerson

스웨덴 영화감독 잉마르 베리만Ingmar Bergman은 인생 후반 몇십 년 동안 스웨덴 북부 지역의 외딴 섬 파뢰의 오두막집에 살며 평화와 고요함을 추구했다. 그는 그곳에서 단순한 삶을 살면서 낮에는 일하거나 산책을 다니고, 때때로 저녁에는 방문객과 즐거운 시간을 보냈다.[1] 베리만은 일을 하기 위해 고독이 필요하지만 내면적으로 고독을 유지하는 것이 어려울 때도 있다고 일기에 썼다. 그는 내면적으로 혼자 있을 때 자신의 생각에서 벗어나 숨을 장소가 없다는 것을 깨달았다. "고독 속에 있을 때 내 안에 있는 너무 많은 인간적인 감정이 느껴졌다"[2]고 썼다.

아마도 이렇게 자신의 생각과 친밀해진 덕분에 베리만은 최고의 작품을 내놓을 수 있었을 것이다. 그는 열광적이고 혼란스러운 감정, 공포, 고통과 함께 인간으로서 느끼는 기쁨과 같이 '너무 많은 인간적 감성'을 느꼈고, 그것을 위대한 영화로 승화시켰다. 베리만은 홀로 앉아 자신의 모든 감정을 관조하면서 스쳐 지나가는 생각과 감정을 영화로 표현하는 위대한 도전과 마주했던 것이다.

창의적 행위는 대개 고독한 성찰 가운데 전개되며, 실제로 예술가들은 고독한 모습이다. 은둔하는 작가 또는 내향적인 예술가라는 표현은 창의성의 중대한 진리에서 비롯된다. 예술을 창작하려면 자신의 마음과 친밀해질 공간을 찾아야 한다.

흔히 비유적으로 쓰는 표현인 '자기만의 방'은 창의적인 사람들에게 기본적으로 필요한 공간이다. 화가 조지아 오키프Georgia O'Keeffe에게 자기만의 방은 뉴멕시코의 사막에 있는 목장이었다. 그녀는 상쾌한 공기 속에서 세상이 고요히 잠든 고요하고 이른 아침 시간을 가장 좋아했다. 소설가 조너선 프랜즌Jonathan Franzen은 《인생 수정》을 집필하는 4년 동안 할렘의 스튜디오에서 커튼을 치고 빛을 차단한 채 그에게 필요한 고독한 시간을 보냈다.[3] 시인 에밀리 디킨슨Emily Dickinson은 매사추세츠주 앰허스트의 부모님 집에 살며 자기 방에서 1만 8,000편 이상의 시를 쓰는 동안 자신의 사생활을 매우 소중하게 여겼다.[4] 디킨슨은 집을 떠난 적이 거의 없으며 방문객이 오면 현관문을 닫은 채 대화를 나누었다고 알려졌다.

소설가 제이디 스미스Zadie Smith는 고독이 작가들에게 절대적으로 필요하다고 말한다. "군중 속에 있는 것은 글쓰기에 전혀 도움이 되지 않을 것이다." 스미스는 작가의 작업 공간이 자신의 삶과 관련된 모든 이들과 분리되어야 한다고 덧붙였다. "글을 쓰는 시간과 공간을 보호해야 한다."[5]

서머싯 몸Somerset Maugham은 작가의 삶을 "고독한 삶"이라고 불렀고, 영화 감독 페데리코 펠리니Frederico Fellini는 작가의 삶이 너무 외로워 그 대신 영화 감독이 되었다고 말했다.[6] 위대한 문학 천재를 생각할 때 떠오르는 이미지는 구겨진 종이가 바닥에 널린 어두운 방에서 흐트러진 옷차림으로 책상에 코를 박고 있는 모습이다. 창의적인 글쓰기는 특히 고독한 작업이며, 작가는 자신의 깊은 상상과 기억 속으로 침잠한다. 적어도 초기 작업 단계에서는 다른 사람과 협력할 여지가 거의 없다.

아마 마르셀 프루스트Marcel Proust만큼 은둔자적 기질로 유명한 작가는 없을 것이다. 그는 1910년 대표작 《잃어버린 시간을 찾아서》를 쓸 때 문을 닫아걸고 집필에만 몰두했다.[7] 그는 파리 오스만 가에 있는 침실 한 개짜리 아파트에 틀어박혀 낮에는 종일 자고 밤새 작업했다. 영국 역사가 존 키어Jon Kear는 프루스트의 환경이 그가 최고의 작품을 쓸 수 있는 조건을 만들었을 뿐만 아니라 작품의 내용에도 깊은 영향을 미쳤다고 주장한다. 프루스트는 파리에서 활빌한 사회생활을 한 탓에 그의 초기 문학적 열망이 훼손되었다고 느꼈다. 그래서 그는 이 책이 깊이 숙고한 주제인 '잃어버린 시간에 대한 감각을 되살리는 방편'으로 더 고독한 생활에 빠져들었다.[8]

기어는 프루스트에 대해 이렇게 기술한다. "침실 바로 너머에 가장 화려한 번화가가 있는 파리 신도시의 중심부에 살면서도 블라인드를 굳게 치고 살았다. (⋯) 파리 사교계의 중심에 있었지만 동시에 그곳을 멀리했다. (⋯) 이 모든 것에 속해 있었으나 오로지 의식적으로 초연함을 유지했다."[9]

프루스트가 분명히 알았던 것처럼, '속해 있으면서도 떨어져' 사는 삶은 항상 쉽지 않았지만 창의적이고 개인적인 보상이 뒤따랐다. 자기 자신과 친밀해지면 의미, 통찰, 심리적 행복을 얻을 수 있다. 고독은 자기 발견, 정서적 성숙의 필수적인 요소이며, 고독 속에서 이루어지는 성찰은 가장 심오한 개인적·창의적 통찰을 가능하게 한다. 홀로 있으면 자신의 모든 측면을 살펴보게 된다. 평소에 돌아보지 않고 내버려 두는 부분까지도 말이다.[10]

혼자지만 외롭지 않게

고독한 성찰의 시간이 창의적인 마음의 진정한 자양분이

된다는 사실은 학문적으로 확인되었다. 고독할 줄 아는 능력은 성공적인 창작자들에게 공통으로 나타나는 자질이다. 그들은 일상생활과 사회적 관계의 분주함에서 떠나 다시 자신과 연결할 수 있다. 하지만 고독은 단순히 주의를 산만하게 하는 요소를 피하는 것이 아니라 성찰하고 새로운 연결을 만들며 의미를 찾기 위해 필요한 마음의 공간을 마련하는 것이다.

존경받는 많은 예술가와 사상가들이 비교적 고독한 삶을 살았음에도 오늘날의 문화는 지속적인 사회 교류의 중요성을 지나치게 강조함으로써 고독을 평가절하하고 오해하게 되었다. 물론 의미 있는 협업은 많은 분야에서 창의성을 촉진하는 데 중요한 역할을 하며, 다양한 관점을 통합하는 것이 절대적으로 필요하다.[11] 많은 작품을 쓴 작가이자 생화학자 아이작 아시모프Isaac Asimov는 1959년 창의성의 본질에 관한 중요한 에세이에서 협업은 아이디어를 도출하는 매우 유용한 방법이라고 썼다. "한 사람은 A를 알지만 B를 모르고, 다른 사람은 B를 알지만 A를 모른다." 하지만 무언가를 창작하려면 홀로 있는 시간을 갖고 좋은 것이든 나쁜 것이든 천천히 자신의 아이디어에 귀를 기울이는 과정이 필요하다. 창의적인 작업을 하려면 어느 정도의 고립이 필요하다. 예술가는 끊임없이 머릿

속으로 아이디어나 프로젝트를 고민하고, 또 이런 아이디어를 숙성시킬 공간이 필요하기 때문이다. 아시모프는 2014년 처음 발표된 에세이에 이렇게 썼다. "(창의적인 사람의 마음은) 미처 의식하지 못할 때에도 항상 자신의 정보를 뒤섞는다. 다른 사람들이 있으면 이 과정에 방해가 될 뿐이다. 창작 과정에는 당혹스러운 부분이 있기 때문이다. 새롭고 좋은 생각을 얻기 위해서는 수백, 수천 가지의 바보 같은 아이디어를 떠올려야 하고, 당연히 이런 생각은 드러내고 싶지 않은 법이다."[12]

홀로 있을 때 인간 마음에서 벌어지는 일이 다른 사람들과 함께 있을 때 일어나는 일 못지않게 중요하다고 믿을 만한 이유가 있다. 그럼에도 우리는 홀로 있는 시간을 시간 낭비로 여기거나 반사회적인 또는 우울한 성격을 보여주는 지표로 여기는 경향이 있다. 하지만 수전 케인Susan Cain이 자신의 베스트셀러 《콰이어트》에서 분명히 밝혔듯이, 홀로 있는 것이 반드시 외롭다는 뜻은 아니다.[13] 케인의 책과 그녀가 주도한 '조용한 혁명' 운동 웹사이트는 조용한 시간과 조용한 성격에 대한 편견을 바꾸려는 사회운동을 촉발했다.[14] '조용한 혁명' 운동은 내향적인 사람들을 위한 온라인 중심지가 되어 학교와 직장에서 고독과 창의성을 위한 안전한 공간을 만들어야 한다고 주장한다.[15]

"고독할 수 있는 능력은 정서적 성숙의 지표일 수 있다."

고독할 수 있는 능력은 부정적인 성격 특성이나 정신 질환의 지표가 아니라 정서적 성숙과 건강한 심리 발달의 지표일 것이다. D. W. 위니콧D. W. Winnicott은 혼자 있는 능력이 "성숙한 정서 발달을 보여주는 가장 중요한 지표"라고 말했다.[16] 외향성 스펙트럼에 속하는 사람이라도 고독할 수 있는 능력을 단련해 창의적 과정을 촉진하는 방법을 강화하고 활용할 수 있다. 심리학자 에스터 부흐홀츠Ester Buchholz는 고독을 대인관계와 창의적인 작업에서 기쁨과 성취감을 만들어내는 '의미 있는 혼자만의 시간'이라고 설명한다. 그녀는 〈사이콜로지 투데이〉에 이렇게 썼다. "참되고 건설적인 고독에 대한 욕구가 완전히 사라졌다. 그 과정에서 우리도 그렇게 되었다."[17]

부흐홀츠는 이렇게 주장한다. "고독, 공상, 명상, 혼자 있는 내밀한 시간이 주는 안도감은 헤아릴 수 없을 정도다. 사랑이 정신적 행복의 전부가 아니다. 일과 창의성 역시 건강을 유지해 준다는 점을 잊어서는 안 된다."

"고독할 수 있는 능력은 누구든 단련할 수 있는 근육이다."

우리는 예술가이자 인간으로서 일하고, 개인의 관심사를 개발한다. 이때 창의성을 발휘하기 위해 혼자 있는 시간은 반드시 필요하다. 역사를 공부하든, 낙서를 하든, 채권과 주식에 투자하든, 피아노를 연주하든, 정원을 가꾸든, 혼자서 몰두하는 취미와 개인적인 열정은 삶의 의미를 형성하는 데 중요한 역할을 한다. 창의적인 사람은 작품을 통해 끊임없이 자신을 재발견하고 정체성을 쇄신하고 세상에서 의미를 찾으려고 한다. 예술가의 작품은 경험이나 다른 사람과의 교류에서 영감을 받을 수도 있지만, 아이디어를 구체화하고 통찰력을 얻는 고독한 시간의 숙고에서 비롯된 결과물이기도 하다. 괴테가 표현한 대로, "인간은 사회 속에서 가르침을 받고, 오직 고독 속에서 영감을 얻는다."

끊임없이 주의를 분산시키고 요구로 가득한 세상에서 고독은 특히 아주 중요하다. 예술가는 내면의 생각, 꿈, 기억의 샘에 접근할 수 있는 정신적 공간을 얻기 위해 끈질기게 노력해야 한다. 실천적인 차원에서 중요한 창의적 과제에 계속 집중하려면 다른 사람에게 주의를 분산시키지 말아야 한다. 예술가와 작가뿐만 아니라 위대한 기업 지도자들도 최고의 아이디어를 얻기 위해 고독이 필요하다고 말한다. 애플 컴퓨터의 공동 창업자 스티브 워즈니악Steve Wozniak이 《스티브 워즈니악》에서 설명했듯이, 홀로 있는 시간은 혁신적인 사고를 가능하게 해준다. 그가 미래 혁신가들에게 건넨 조언 한마디는 무엇일까? 혼자 일하라는 것이다.

> 내가 만난 대부분의 발명가와 엔지니어는 나와 비슷하다. 수줍음이 많고 머릿속에서 살아간다. 그들은 예술가와 거의 비슷하다. 사실 그들 중 가장 탁월한 사람들은 진짜 예술가들이다. 예술가들은 혼자 일할 때 가장 잘한다. 기업적인 환경 밖에서 일할 때 가장 탁월하다. 이를테면, 마케팅 부서나 위원회의 간섭 없이 발명품 설계를 주도할 수 있을 때 가장 잘한다.[18]

개방형 사무실에서 창의적인 작업을 해본 적이 있다면 아마 공감할 것이다. 연구에 따르면, 창의적인 사람들은 흥미롭고 새로운 아이디어를 창출하기 위해 자주 혼자만의 시간이 필요하며, 그다음 그 아이디어를 논리 정연한 개념이나 제품으로 전환하기 위해 협력 단계로 넘어간다.[19]

고독할 때의 뇌

신경과학자들은 예술가들이 경험을 통해 아는 것을 실험

실에서 확인했다. 외부에 주의를 집중할 때보다 혼자서 내면에 집중해 숙고할 때 다양한 두뇌 네트워크가 작동한다. 강의에 집중하거나 조심스럽게 고속도로를 달릴 때처럼 외부 세계를 향해 집중하면 주의력 실행 네트워크가 작동하고 상상력 네트워크는 비활성화된다. 하나가 활성화하면 다른 하나가 억제되는 것이다.[20] 그래서 외부 세계에 완전히 주의를 집중하면 최고의 아이디어를 창출하기 어렵다.

하지만 하루 중 경계를 늦추지 않고 주의를 집중할 수 있는 시간은 많지 않다. 앞서 언급했듯이, 주의력 실행 네트워크는 주의의 초점을 외부 세계에서 내적 경험으로 유연하게 바꾸는 능력이 있다. 바로 내적 성찰의 순간에 주의력 실행 네트워크가 배측 주의력 네트워크dorsal attention network에서 떨어져 나와 상상력 네트워크와 소통한다. 주의력 실행 네트워크가 외부 세계에 집중할 때 보통 두 네트워크가 서로 상충하지만, 내적 경험에 집중하면 창의성을 위해 두 네트워크가 상호 보완하며, 하나의 기능이 향상되면 다른 네트워크의 기능도 증진된다. 실제로 네트워크들을 전환해 기능을 바꾸는 두뇌의 능력은 행복이나 심리적 건강과 밀접한 관련이 있고, 인지적 통제, 자기 조절, 감정 조절 능력의 건강한 발달에 필수적인 토대가 되며, 가장 위대한 통찰로 이어지기도 한다.[21]

그러나 우리는 대개 일부러 많은 시간을 내서 내적 성찰을 하지 않는다. 현대인의 생활 속도가 빠른 탓에 언뜻 보기에 비생산적인 활동에 거의 시간을 내기 힘들다. 주의를 분산하고 우리의 주의를 요구하는 일이 점점 늘고 있기 때문이다. 기발하고 창의적인 작품을 만들어낼 통찰을 얻으려면 마음이 편안히 머무를 공간이 반드시 필요하다. 홀로 성찰할 때 뇌는 정보를 처리하고, 기억을 구체화하고, 연결 고리를 만들고, 정체성을 재정립하고, 자아의식을 구축하고, 경험으로부터 의미를 만들고 도덕적 판단의 안내자가 되기도 한다. 혼자 편안히 쉬며 공상을 하거나 또는 주변 상황에 대해 신경을 끄기만 해도 두뇌의 상상력 네트워크는 활성화된다. 이를 통해 일종의 내적 집중이 이루어져 자신과 타인을 더 명확하게 볼 수 있다.

상상력 네트워크의 가장 중요한 과정인 내적 성찰은 사회적 정서와 자기 인식을 연구하는 신경학자 마리 헬렌 이모르디노-양Mary Helen Immordino-Yang이 말한 대로, "적극적으로 내면에 집중하는 사회심리적 정신 과정"에서 매우 중요하다.[22] 그녀는 두뇌의 상상력 네트워크를 활성화하는 한 가지 핵심적인 과정을 건설적인 내적 성찰constructive internal reflection이라고 부른다. 많은 예술가와 철학자가 가장 독창적인 아이디어 탄생의 전제조건이라고 말하는 깊은 내적 집중은 새로운 정보의 의미를 이해하고 복잡한 사고들을 이어주는 창의적 연결고리를 만드는 데 도움을 준다.

이러한 성찰은 고독에 의해 촉진되며, 대개 마음이 주변 환경에 관여하지 않을 때 일어난다. 창의적인 연결이 흔히 편안하게 쉴 때 일어나는 것도 그 때문이다. 몸이 샤워나 설거지와 같은 일상적이거나 습관적인 일을 하는 동안 마음은 이러한 내적 과정을 수행한다.

성찰을 통해 길러진 정신적 자기객관화 능력은 창의성과 밀접하게 관련이 있다. 조망 수용과 상상력은 활성화되는 두 뇌 영역이 겹치고 비슷한 능력을 이용한다. 건설적 내적 성찰은 우리의 기억과 현재의 경험, 미래에 대한 꿈이 조화를 이루도록 도와주기도 한다. 다프나 오이세르만Daphna Oyserman과 동료들의 연구에 따르면, 학생들에게 현재 학교 환경과 미래 자기 모습에 대한 비전을 연결하도록 집중적으로 지도한 결과 성적, 표준 시험 점수, 출석률, 수업 참여도, 학교와의 관계, 더 나은 학교생활에 관한 관심 등 많은 지표가 향상되었다.[23]

고독과 진리 추구

고독과 창의성의 관계는 역사가 길고 관련된 이야기도 많다. 고대 시대부터 고독한 삶은 정신이 지닌 가장 창의적이고 지적이며 영적인 잠재력을 깨우는 열쇠로 여겨졌다.

고대 그리스 철학자들은 고독을 마음 공부와 훌륭한 삶의 필수 요소라고 칭송했다. 아리스토텔레스는 고독한 명상을 '인간에게 가장 선한 것'이라고 상정하고, 주의력이 분산되거나 타인에게 영향을 받지 않을 때에만 수행할 수 있다고 보았다. 아리스토텔레스는 적극적인 정치적 삶의 미덕을 칭송하고 민주주의에 참여했지만, 또한 철학적 명상의 삶이 진리를 추구하는 최고선을 지향하는 고독한 활동임에도 불구하고 활동적인 삶의 하나로 보았다.[24]

수 세기 후, 프랑스 르네상스 시대 철학자이자 수필가 미셸 드 몽테뉴Michel de Montaigne는 고독 개념을 자신을 군중에게서 지적으로 분리하고 고유한 관점과 자기신뢰감을 형성하는 수단으로 보았다(10장에서 살펴보듯이, 일찍이 몽테뉴는 군중에 휩쓸리지 않으려는 의지를 창의적 성취의 예측 지표라고 보았다). 그는 〈고독에 대하여〉라는 에세이에 이렇게 썼다. "군중 속에서 일어나는 전염은 매우 위험하다."[25]

몽테뉴는 집단으로 이동하다가 함께 빠져 죽기도 하는 나그네쥐와 같은 정신 상태를 피하려면 내적 지혜를 계발하고 독립적으로 고독의 위험과 보상을 모두 경험해야 한다고 믿었다. 그는 이렇게 썼다. "타인을 위해 충분히 살아왔다. 이제 남은 생애는 짧지만 자신을 위해 살아보자. 생각과 의도를 자신에게로 불러들여 편안히 쉬게 해주자. (…) 세상에서 가장 위대한 일은 내가 나의 것임을 아는 것이다."

고대인들에게 많은 영감을 받은 실존주의 사상가들은 이러한 고독의 전통을 되살려 철학의 내용으로 삼고 삶에 그대로 적용했다. 프루스트는 철학에서 고독한 자아의 전통을 계승한 키르케고르Kierkegaard, 니체, 아르투어 쇼펜하우어Arthur Schopenhauer를 "고독한 지식인"이라고 불렀다.[26]

독일 실존주의 철학자 마르틴 하이데거Martin Heidegger 역시 독일 산악 지대의 외딴 오두막에 살면서 인생 최대의 문제에 대한 해답을 추구했다. 그는 이곳에서 거의 10년 동안 고독하게 성찰하면서 그의 역작 《존재와 시간》을 집필했다. 하이데거는 교수로 일하다가 나중에 총장까지 역임한 독일의 프라이부르크대학교를 떠나, 일생의 연구 과제로 삼아온 단 하나의 질문에 해답을 찾기 위해 독일 남부 삼림 지대에 있는 외딴 오두막으로 갔다. 그 질문은 "존재란 무엇인가?"였고 그 해답이 《존재와 시간》이다. 이 주제를 광범위하고 깊이 있게 다룬 이 책은 현대 유럽 철학에서 가장 중요한 저작 중 하나로 여겨진다. 《존재와 시간》의 내용 대부분과 그의 수많은 철학서는 산골 오두막과 근처 농장 가옥의 셋방에서 쓰였다. 하이데 거가 "오두막"이라고 부른 집은 아내 엘프리데가 남편이 평화 롭고 조용하게 작업할 수 있도록 지은 것이었다. 하이데거는 그곳에서 자신이 《존재와 시간》의 "리듬" 속으로 "이동하는" 느낌이 든다고 말했다.[27] 철학자 에릭 손 넬슨Eric Sean Nelson은 하이데거에게 "고독은 세상에서 도피한 상태가 아니라 세상과 만나는 상태"라고 설명한다.[28] 우리는 침묵 속에서 비로소 주 변 세계의 소리를 들을 수 있다. 이러한 인식은 하이데거의 창 작 습관과 그의 진정성 개념을 형성하는 데 강력한 영향을 미 쳤다. 그의 진정성은 다른 사람들 가운데서도 유지될 수 있는 의도적 고독의 한 형태였다.

물론 고독은 신비한 일체감이나 신이나 자연과의 완벽한 일 치를 경험하는 것처럼 위대한 것과 직접적으로 연결되는 길이 기도 하다. 1845년 헨리 데이비드 소로는 사회의 속박을 뒤로 하고 월든 호수로 떠난 뒤, 아마도 고독의 미덕과 자연과 조화 롭게 사는 삶에 관한 가장 유명한 책 《월든》을 썼다. 이 책에 서 소로는 다른 사람과 함께 있으면 "지치고 소진되는" 반면 혼자 있으면 "건강해지고" 비할 데 없이 즐겁다고 말했다. 그 는 이렇게 썼다. "나는 혼자 있는 것을 좋아한다. 고독만큼 다 정한 벗을 만난 적이 없다."[29] 소로는 2년 2개월 하고도 이틀

동안 고독하게 살았고 그 시기에 그의 최대 역작을 집필했다.

소로에게 큰 영향을 받은 D. H. 로런스D. H. Lawrence 역시 혼자만의 시간을 추구하며 개인적인 자아뿐만 아니라 우주적 자아와 연결되려고 했다. 로런스는 이렇게 썼다. "오롯이 혼자 있으라. 그리고 살아 있는 우주가 조용히 흔들리는 것을 느껴보라."[30]

가장 창의적이고 심오한 영적인 경험은 대부분 우리 자신을 다른 사람과 단절하고 자기 안으로 향할 때 내면적으로 체험한다. 프랑스 불교 승려이자 베스트셀러 작가, 사진가, 인도주의자, '세상에서 가장 행복한 사람'으로 불리는 마티유 리카르Matthieu Ricard는 영적이면서도 창의적인 수행 방법으로 고독을 이용했다. 리카르는 혼자 산책할 동안 "생각이 여기저기로 떠다니는 것을 굳이 막지 않고" 마음의 표면으로 떠오르게 한다고 말한다. 마침내 그런 생각 중 하나가 구체화된다. 이때 마음은 떠다니는 것을 멈추고 '아하!'라고 말한다.[31] 그는 자연에서 홀로 시간을 보낼 때 그가 느끼는 생명의 흐름과의 연결성에 대해 이렇게 썼다.

티 없이 깨끗한 자연 속에 홀로 있을 때 매 순간은 황금처럼 귀하며 우리를 사물의 궁극적 본질에 더 가까워지게 한다. 외부의 고요함은 내면의 고요함으로 들어가는 문을 연다. 현재에 온전히 깨어 집중할 때 일어나는 새로운 경험이 우리 마음에 선한 미덕을 키운다. 우리 마음이 고요해지면 쉽게 주변 공간 너머로 뻗어나가 그 속으로 녹아든다. 외부의 평안과 내면의 평안이 하나가 된다.[32]

앞서 언급한 사상가들은 일정 기간 고독 속으로 물러난 후 어떤 시점에 사회로 돌아가 다른 사람들에게 자기 경험을 들려주어야 한다는 충동을 느꼈다. 앞서 보았듯이, 창의성의 열쇠는 자기 자신에 대한 집중과 타인에 대한 집중, 내향성과 외향성, 깊은 성찰과 활기찬 행동 사이의 균형을 잡는 것이다. 내면 세계와 외부 세계 사이를 적절하게 오가는 능력은 예술가들의 가장 위대한 자산 중 하나다. 영국 정신과 의사 앤서니 스토Anthony Storr가 말한 대로 예술 작품의 목적은 "외부 세계를 상상력의 따뜻한 색조로 칠하는 것"이기 때문이다.[33] 예술가들은 고독 속에서 이루어지는 깊은 자기성찰과 숙고를 통해 무의식적 창의성과 직관적 지혜가 깊숙이 저장된 창고에 다가간 다음, 깊은 통찰을 마음의 표면으로 떠올려서 종이나 화폭에 담아낼 수 있다.

5장

직관

"

직관적인 사고는 신이 내린 선물이며
합리적인 사고는 충실한 종이다.
우리가 만든 사회는 종을 떠받들고
신성한 선물은 잊어버렸다.

"

알베르트 아인슈타인Albert Einstein

특별한 예감

젊은 화학자 알베르트 호프만Albert Hofmann은 벌써 5년이 지났는데도 예전에 실험실에서 합성했던, 별로 쓸모없어 보이는 화학 물질에 관한 생각을 떨칠 수 없었다.

호프만은 혈액 순환과 호흡 작용을 자극하는 효과로서 의학적 가치가 있을 것으로 생각되는 화합물을 분리하려고 시도해왔다. 스위스 화학 회사에서 일하는 이 32세의 과학자는 맥각균을 이용해 25가지 화합물을 합성하는 과제를 맡았다. 호밀에서 자라는 독성균인 맥각균은 오랫동안 특히 산파들과 연금술사들이 민간요법으로 사용해온 물질이었다. 옛사람들은 맥각균의 활성 물질을 소량으로 투여하면 의료용으로 사용할 수 있다고 믿었다. 호프만은 맥각균의 생물학적 활성 화합물의 핵심 물질인 리세르그산을 다른 물질과 결합했다. 유용한 화합물을 기대하며 수많은 화학 반응을 실험한 것이었다.

그는 리세르그산을 이용해 25가지 화합물을 합성했으나 기대한 물질은 나오지 않았다. 그런데 스물다섯 번째 합성에서 암모니아 파생물인 디에틸아민과의 반응으로 LSD-25라는 물질이 생성되었다. 이 물질은 그다지 특별한 것 같지 않았다. 이 물질의 특징이라고는 동물 실험에 사용했을 때 동물이 약간 흥분한다는 것뿐이었고 중요한 효과로 보이지 않았다.[1]

호프만은 연구를 계속했고 맥각균을 이용한 연구는 몇 가지 중요한 의약품에 관한 정보를 제공했다. 하지만 그는 스물다섯 번째 화합물이 당시에는 확인할 수 없었던 또 다른 특성이 있을지 모른다는 이상한 느낌을 떨칠 수 없었다. 5년 후 호프만은 사라지지 않는 이 미심쩍은 느낌에 이끌려 그 화합물을 다시 합성했다. 그는 1980년에 출간한 회고록에 이렇게 썼다. "딱히 흥미로울 것도 없는 LSD-25를 잊을 수 없었다. 특별한 예감에 이끌려 (…) 처음 합성한 지 5년이 지난 후 LSD-25를 다시 합성했고 추가 실험을 하기 위해 약학부에 샘플을 보냈다."[2]

이것은 호프만의 입장에서 상당히 이상한 요청이었다. 실험실의 표준적인 관행은 실험 물질이 일단 약리학적으로 흥미롭지 않으면 연구 프로그램에서 제외하고 다시 다루지 않기 때문이다.

그 후에 일어난 일에 관한 이야기는 환각제 역사에서 기록될 만한 일이었다. LSD-25를 결정으로 만드는 최종 단계에서 미량의 물질이 손에 닿자, 호프만은 약간 이상한 느낌이 들고 속이 메스꺼워져 집으로 돌아갔다. 이 이상한 반응이 호기심을 자극했다. 그는 자기 자신을 대상으로 실험하는 과정에 들어갔다. 1943년 4월 19일 호프만은 '극미량'의 LSD를 흡입한 후 연구실에서 집으로 자전거를 타고 가는 동안 역사상 처음으로 환각을 체험했다(그날은 이후 LSD 애호가들에게 '자전거의 날'로 알려졌다). 호프만은 선명한 색깔과 패턴, 고양된 의식, 희열감, 우주와 연결되어 있다는 기분에 완전히 휩싸였다. 그날 그가 경험한 전혀 다른 의식 상태는 소년 시절 스위스 산악지대를 따라 하이킹할 때 느꼈던, 마치 자연과 하나가 된 것 같은 불가사의한 경험을 제외하면 이전에는 한 번도 느껴본 적이 없는 것이었다.[3] 그는 이렇게 썼다. "실험 결과, LSD-25는 특별한 특성과 효능을 가진 향정신성 물질이었다. (…) 내가 알기론 극소량으로 이렇게 심각한 정신적 영향을 미치고, 인간 의식과 외부 세계와 내면 세계의 경험에 극적인 변화를 일으키는 물질은 없었다."[4]

오늘날에는 환각 유발제의 발견을 현대 과학사에서 가장

획기적인 '뜻밖의 사건'이라고 본다. 하지만 이 발견은 운 좋은 우발적인 사건 그 이상이었다. 나중에 호프만은 프랑스 화학자 루이 파스퇴르Louis Pasteur의 말을 인용해 이렇게 말했다. "과학적 관찰의 영역에서 행운은 오로지 준비된 자에게만 찾아온다."

특히 과학 분야의 지능을 신중한 추론과 분석 역량(지능지수 검사를 이용해 측정할 수 있는 역량)으로 흔히 생각하지만 호프만의 발견은 매우 다르고 흔히 저평가된 지적인 힘, 곧 잠재의식의 힘을 잘 보여준다.[5] 수년 동안 화학 물질을 합성한 경험을 통해 호프만의 머리 깊숙한 창고 속에 지식이 쌓였고 그의 의식은 화학 물질의 미묘한 특성과 변화에 매우 익숙해졌다. 합리적이고 관습적인 사고방식에 따르면 새로운 화합물은 전혀 쓸모가 없었지만 마음의 다른 목소리는 더 살펴보라고 말했고, 결국 그 소리가 옳았다.

거의 초자연적인 직관을 보여주는 호프만의 이야기는 예술과 과학 분야에서 특별한 일이 아니다. 많은 혁신가들은 자신의 가장 획기적인 성과를 돌아보면서 발견하기 힘든 해결책이 갑작스러운 섬광과 같은 통찰 속에서 떠올랐다고 말하고, 예술가들은 흔히 최고의 아이디어가 난데없이 갑자기 찾아왔다고 말한다. 무의식은 우리가 매일 아침에 무엇을 먹을지와 같은 평범한 일부터 직장을 그만둘지 말지와 같은 중요한 사안에 이르기까지 수많은 결정을 내릴 때 배후에서 영향력을 발휘하는 힘이다.

직감과 내적 인식, 곧 어떤 행동을 하도록 몰아가거나 갑자기 관점을 바꾸게 하는 무의식적 간섭은 삶을 이끄는 힘이다. 스티브 잡스가 이를 잘 보여주는 사례일 것이다. 그는 대학을 중퇴하고 인도를 여행하는 동안 무의식의 힘을 처음으로 탐구하기 시작했다. 나중에 잡스는 직관을 "지성보다 더 강력한 힘"이라고까지 말했다. 잡스의 전기를 쓴 월터 아이작슨 Walter Isaacson은 2011년 〈뉴욕타임스〉에 기고한 글에서 직관이 애플 창립자가 지닌 천재성의 핵심이라고 썼다.

> 그의 상상력은 본능적이고, 종잡을 수 없으며, 때로 마술적으로 비약했다. 그의 상상력은 분석적 엄밀성이 아니라 직관에 의해 촉발되었다. 선불교 수련을 받은 잡스는 경험적 분석보다는 경험적 지혜를 더 중요하게 여겼다. 그는 자료를 조사하거나 많은 숫자를 계산하는 사람이 아니라, 길안내자처럼 바람의 냄새를 맡고 앞에 무엇이 있는지를 감지하는 사람이었다.[6]

창의성은 흔히 자아 너미 어딘가에서 오는 신비한 영감의 과정으로 묘사된다. 피카소는 영감이 붓끝에서 흘러나오게 하려면 생각을 멈추고 그저 그리기 시작해야 한다고 설명하면서, "무심결에 포착한 것이 내가 생각해낸 아이디어보다 더 흥미롭다"고 말했다.[7]

많은 작가들 역시 최고의 작품을 쓰기 위해서 일상적인 생각과 감정 너머 더 깊은 의식 상태로 들어가야 한다고 말했다. E. M. 포스터E. M. Foster는 영감에 사로잡힌 작가는 꿈을 꾸는 상태가 된다고 말했다. "그는 말 그대로 두레박을 무의식에 내려서 평상시에는 도달하지 못하는 무언가를 길어 올린다. 이것을 자신의 일반적인 경험과 섞은 다음 그것으로부터 예술작품을 만들어낸다."[8] 헨리 제임스Henry James도 소설을 쓸 때 무의식에 중요한 역할을 맡겼다. 그는 "숨은 보물이 빛을 보기를 기대하며" 좋은 아이디어를 "무의식적 사고라는 깊은 우물"에 드리운다고 말했다.[9]

심지어 《화씨 451》을 쓴 레이 브래드버리Ray Bradbury의 경우, 작가는 합리적인 사고 능력이 직관을 방해할 수 있기에 그것을 개발하는 것을 피해야 한다고 주장했다. 또한 지나치게 지적으로 사고하는 법을 배우면 이성과 분석이 직관을 짓누를 위험이 있어 대학은 작가에게 적절한 공간이 아니라고도

했다. 브래드버리는 25년 동안 사용한 타자기 위에 '생각하지 말 것!'이라는 글귀를 써놓았다. 그가 1974년 인터뷰에서 밝힌 대로 "지성은 창의성을 크게 위협한다. (⋯) 지성은 자신이 누구인지, 어떤 사람인지, 무엇이 되고 싶은지와 같은 자신의 기본적인 진실에 천착하기보다 상황을 합리화하고 이유를 찾기 때문이다."[10]

창의적인 무의식과 합리적 의식 사이에 놓인 긴장의 씨앗은 고대 그리스에서부터 찾아볼 수 있다. 고대 그리스인들은 아홉 명의 뮤즈가 예술을 보호하고, 한낱 죽을 운명을 타고난 예술가들에게 창의적인 영감을 준다고 믿었다. 찾아오는 영감은 예술가 자신의 마음에서 비롯되는 것이 아니라 뮤즈의 선물이었다. 창의적 영감은 이성적이지도 구체적이지도 않았다. 그렇다면 인간의 마음이 스스로 '생각해내지' 않은 아이디어를 어떻게 자기 것이라고 할 수 있겠는가? 본질적으로, 인간은 어떻게 무에서 무언가를 창조할 수 있겠는가? 플라톤은 대화편 《이온》에서 "서사시를 잘 쓰는 시인들은 결코 그 주제의 대가가 아니다. 그들은 영감을 받아 사로잡힌 존재들이다."[11]

로마인들도 창의적 영감의 출처에 대해 씨름한 뒤 정신 자체에서 나올 수 없다고 결론지었다. 작가 엘리자베스 길버트

Elizabeth Gilbert가 창의성 천재에 관한 TED 강연에서 지적하듯이, 고대 로마인들은 사람이 스스로 '게니우스genius'가 될 수는 없지만, 제 마음대로 오고 가는 변덕스럽고 창의적인 영적 존재인 게니우스를 가질 수는 있다고 믿었다. 그녀는 이렇게 말한다. "게니우스는 일종의 불가사의하고 신성한 존재입니다. 집에 사는 요정처럼 말 그대로 예술가의 작업실 벽 속에 살고 있다고 믿었습니다. 게니우스는 벽에서 나와서 보이지 않게 예술가의 작업을 도와주고 작품을 만들어내는 존재죠."[12]

창의적인 영감은 낭만주의 시대에도 무언가 불가사의한 것으로 남아 있었다. 당대 영국 문학평론가 윌리엄 해즐릿William Hazlitt은 천재성이 당연히 무의식적으로 작동한다고 주장했다. 그는 천재성에 관한 에세이에서 "불멸의 작품을 창작하는 사람들은 그 작품을 어떻게 혹은 왜 창작했는지 모른 채 그 일을 해냈다. 가장 위대한 힘이 보이지 않게 작동한다"라고 썼다. 그는 예술가들이 '타고난 정신적 성향'에서 벗어날 때 비로소 자신의 무능력을 느끼고 한계를 경험하기 시작한다고 주장했다.[13]

해즐릿이 말한 대로, 흔히 이성적인 사고가 잠잠해지고 무의식적 사고 체계에서 이루어지는 더 미묘한 과정에 잠시라도 자신을 무심코 맡길 때 진정한 통찰은 찾아온다. 그리스 철학자이자 수학자 아르키메데스Archimedes가 오랫동안 고심하던 부피 계산 방법을 발견한 것도 목욕탕에서 긴장을 풀고 있을 때였다. 갑자기 아무런 예고도 없이 그는 삼차원 물체가 차지하는 공간의 크기를 계산하는 방법을 정확히 깨달았다. 그 순간 그는 기쁨에 가득 차 "유레카!"라고 외치며 발가벗은 채 거리로 달려 나갔다. 아르키메데스의 경우처럼 높은 과학적 전문 지식이 뒷받침된 심오한 직관은 호프만의 LSD 발견, 왓슨Watson과 크릭Crick의 DNA 이중나선 구조 발견, 다윈의 자연선택론과 같은 유명한 통찰을 이끌었다. 파스퇴르가 말한 대로, 과학에서 행운은 준비된 사람에게 찾아온다.

직관은 심령술이나 뉴에이지를 연상시키는 탓에 비과학적인 것으로 간과되기도 한다. 하지만 직관의 힘은 실제적이며, 두뇌에서 직관이 어떤 모습을 보이며 어떻게 극대화할 수 있는지 더 잘 이해할 수 있게 되었다. 미군에서도 무의식의 힘을 연구해 군인들이 전투할 때 신속하게 판단할 수 있도록 도와줌으로써 생명을 구하고 있다.[14]

이처럼 직관은 **사고의 한 형태**이지만 의식적인 심사숙고 과정에서 사용하는 것과는 다른 인식 유형이다. 직관은 무의식 또는 자연 발생적인 정보처리 시스템에서 발생하며, 우리가 사고하고, 추론하고, 창조하고, 사회적으로 행동하는 방식에서 중요한 역할을 한다. 지난 30여 년 동안 인지과학자들은 무의식적 사고의 힘을 밝히는 데 엄청난 발전을 이루었다.[15] 프로이트와 다른 정신역학 심리학자들이 억압되고 종종 사회적으로 부적절한 생각, 소망, 욕구의 원천으로 오래전에 개념화되었던 무의식은 다양한 적응적 기능을 수행하는 사고 유형으로 인식하게 되었다. 이런 사고 유형을 인식하고 연구한 결과, 인간 인지의 **이중 처리**dual-process 이론이 등장했다. 이 이론의 요지는 두 가지 근본적인 정보처리 방식이 끊임없이 상호작용하며 우리가 생각하고 추론하고 창조하는 것을 돕는다는 것이다.

두 가지 마음 이야기

인지의 이중 처리 이론에 관한 연구에 따르면 우리는 신속하고 자동적인 사고방식과 더 통제적이고 신중한 사고방식을 갖고 있다.[16] 노벨상 수상자 대니얼 카너먼Daniel Kahneman과 아모스 트버스키Amos Tversky는 중요한 저작에서 우리의 인지적 판단이 잘못된 결정을 내릴 수 있는 방식에 대해 다루었다. 카너먼은 베스트셀러 《생각에 관한 생각》에서 신속하고 자동적으로 사고하는 '시스템 I'이 합리적으로 숙고하는 '시스템 II'에 의해 억제되지 않을 때 인지적 착각이나 실수가 발생한다는 점을 뒷받침하는 많은 연구를 제시한다.

최근 들어 연구자들은 시스템보다는 다양한 인지 처리 과정이라는 관점에서 생각하기를 선호하며, 또한 판단과 의사결정 범위를 넘어 사회적 인지와 창의성을 위한 다양한 인지 처리 과정의 중요성을 살펴보고 있다.[17] 유형 1 인지 처리 과정은 우리의 의식적 인지나 통제 밖에서 사고와 행동에 영향을 줄 수 있는 많은 정신적 구조와 상태로 구성된다.[18] 유형 1 과정은 의식적인 마음에서 비롯되는 입력값과 상관없이, 흔히 우리의 의식과 별개로 행동을 이끌어낸다.[19] 헤즐릿의 말을 빌리면 이 시스템은 '보이지 않게 작동'한다. 피카소와 브래드버리를 비롯한 많은 창의적인 사람은 자신의 아이디어를 의식적 통제 밖에서 일어나는 사고의 산물이라고 말한다. 그들이 말하는 것은 애쓰지 않고 자연 발생적으로 일어나는 유형 1의 사고방식이다. 여기에는 직관, 감정, 암묵적 학습, 잠재적 억제 감소, 인지적 지름길(또는 심리학자들이 말하는 휴리스틱스Heuristics), 이전 경험에 기초한 자동 연상, 진화적인 본능같이 창의성을 촉진하는 과정이 포함된다.

반면 **유형 2** 인지 처리 과정은 노력이 더 요구되고 통제되는 과정이며, 대부분의 사람들이 지능으로 생각하는 많은 기술, 이를테면 숙고, 합리성, 은유적·유추적 사고, 인과 추론,

현실 감시(상상과 현실을 구분하는 능력), 메타 인지(자신의 정신 활동을 반추하는 능력), 실행 기능에서 더 중요한 역할을 한다.[20]

그동안 직관, 감정, 상상보다는 합리성과 분석력을 더 중요하게 여기는 사회에서 무의식적인 정보처리 과정에서 나타나는 개인차에 주목하지 않은 것이 놀랍지는 않지만, 최근 들어 유형 1 처리 과정의 잠재적 적응 기능에 관한 연구가 점차 쌓였다.[21] 연구자들은 두뇌의 암묵적 정보처리 시스템이 실제로는 매우 지적일 수 있다고 제안한다. 무의식적인 과정은 의식적인 사고 시스템보다 더 빠르고 구조적으로 더 복잡할 수 있다는 것이다.[22]

카우프만이 2009년에 발표한 지능의 이중 처리 이론에 따르면, 통제적인 처리 과정과 자연 발생적인 처리 과정은 어느 정도 함께 작동해 모든 지적 행동을 결정한다.[23] 자연 발생적인 유형 1은 의식이 배후에서 작동하는 가운데 새로운 정보를 기존 지식 체계 안으로 흡수하도록 도와줌으로써 복잡한 패턴 인식을 지원한다. 이것은 전문 지식을 습득하면 특정한 집중 영역에서 무의식적인 처리 과정이 늘어나고 예리함이 강화되는 이유 중 하나다. 어떤 것을 더 잘 알수록 잠재적 해결책을 자기도 모르게 저절로 생각해낼 가능성이 더 커질 수 있다.

게다가 매우 중요한 유형 1 과정인 암묵적 학습은 종종 창의적 영감과 통찰의 촉매제가 될 때가 있다. 신경과학자 제프리 호킨스Jeffrey Hawkins는 우리가 새로운 문제를 만나면 비슷한 상황에 대한 기억을 떠올리고 이 기억을 이용해 문제 해결에 도움이 되는 유사점을 끌어낸다는 사실을 밝혀냈다.[24] 기억과 예측 간의 연결이 추상적일수록 창의적인 사고는 더 능숙하고 정교해진다. 마치 상상하는 것 같은 추상적이고 폭넓은 연결을 통해 새롭고 기발한 아이디어가 나오는 경우가 많다. 패턴 인식 시스템이 특이한 유추를 통해 비관례적인 연결을 만들어낼 때 더 독창적인 아이디어와 해결책이 나온다.

통제된 처리 과정과 자연 발생적인 처리 과정은 둘 다 소중하지만 창의적 과정에서 서로 다른 시기에 중요한 역할을 한다.[25] 자연 발생적 처리 과정은 새로운 아이디어를 떠올리는 창의적 사고의 **발생** 단계에서 가장 큰 역할을 한다. 그다음 창의적 사고의 **탐색** 단계에서 우리는 의식적이고 합리적인 사고를 이용해 떠오른 아이디어를 시험하고 그 유용성을 살펴본다. 따라서 처음 창의적인 문제에 접근할 때 우리는 주의를 느슨하게 분산했다가 아이디어를 발전시킬 방법을 찾아낼 차례가 되면 다시 의식적으로 주의를 집중한다.

직관에 과도하게 의존하면 인지적 함정에 빠질 위험이 있다. 특이한 연구로 2004년 이그노벨상Ig Nobel Prize(미국 유머

과학 잡지 〈기발한 연구 연감〉에서 기발한 연구와 발명 등에 수여하는 상-옮긴이)을 수상한 심리학자 크리스토퍼 차브리스Christopher Chabris와 대니얼 사이먼스Daniel Simons는 《보이지 않는 고릴라》에서 좋은 의사결정을 하려면 자동적인 사고방식과 신중한 사고방식 모두 필요하며, 아울러 이 두 방식 사이를 오가는 어느 정도의 융통성이 요구된다고 지적한다. 차브리스와 사이먼스는 이렇게 결론을 맺는다. "현명한 의사결정의 열쇠는 직관을 신뢰할 때와 그것을 경계하면서 사물을 철저하게 숙고할 때를 아는 것이다."[26]

모든 창의적 분야에서 대가가 되려면 이런 사고방식 사이의 균형을 찾는 것이 매우 중요하다.[27] 대가는 깊고 합리적인 집중과 직관을 통합해 세상에 대해 더 전체적인 시각을 얻어 삶의 더 깊은 측면을 들여다볼 수 있다. 로버트 그린Robert Greene은 자신의 책 《마스터리의 법칙》에서 이렇게 썼다. "이렇게 직관적 느낌과 합리적 과정을 융합할 때 우리의 정신은 잠재력의 한계까지 확장되어 삶의 비밀스러운 핵심을 들여다볼 수 있다."

창의적인 과정은 대개 분석적 처리 과정과 무의식적 처리 과정의 미묘한 군무를 통해 잘 설명할 수 있다. 19세기 프랑스 수학자 앙리 푸앵카레Henri Poincaré의 예를 들어보자. 푸앵카레는 주의를 딴 곳에 돌리고 수학 문제를 의식적으로 숙고하지 않을 때 그에 대한 답을 갑자기 찾게 된 순간들에 대해 말했다. 그는 갑작스러운 창의적 영감의 순간이 무의식적 사고 덕분이라고 믿었다. 그는 통찰이 "간결하고 갑작스러우며 즉각적이고 확실하게" 떠오른다고 말했다.[28]

푸앵카레는 한때 몇 주 동안 어떤 수학 문제에 대해 이성적으로 숙고하다가 잠시 그 문제를 접어두고 문득 외출했던 경험에 대해 말했다. 그는 이렇게 썼다. "발을 계단에 내딛자마자 아이디어가 떠올랐다. 이전에 내가 생각했던 어떤 생각도 그 아이디어에 기여한 것 같지 않았다. (…) 입증할 길은 없었지만 즉시 절대적인 확신이 들었다."[29]

이 이야기는 우리가 창의적 과정 중에 이 두 가지 사고방식을 오가는 과정을 매우 정확하게 설명해준다.[30] 푸앵카레 역시 우리가 지금 알고 있는 갑작스러운 통찰에 대해 미리 알고 있었던 것 같다.

섬광 같은 통찰

"통찰은 우리가 사물을 이해하는 방식의 예기치 않은 변화입니다." 의사결정 전문가 게리 클라인Gary Klein이 2013년 〈허핑턴 포스트〉와의 인터뷰에서 말했다. "통찰은 예고 없이 찾아옵니다. 일어날 것 같다고 생각한 것이 아닙니다. 그래서 예기치 못한 것입니다. 마치 선물 같이 느껴지고, 사실 그렇습니다."[31]

통찰은 과학자들이 우주의 속성, 혹은 최소한 은하계의 속성에 대해 획기적인 사실을 밝혀내는 힘이 되었다. 천문학자 윌리엄 윌슨 모건William Wilson Morgan은 어느 날 밤하늘을 바라보며 별들의 구성을 무심히 관찰하다가 '섬광 같은 영감(⋯) 창의적인 직관이 분출하면서' 은하의 나선 구조를 발견했다. 획기적인 발견이었다. 나중에 그는 이 아이디어를 자료와 수식으로 입증했고, 이 새로운 지식은 우주 속에서 우리의 위치를 과학적으로 인식하는 데 초석이 되었다.

통찰은 무의식이 주는 선물과 같다. 우리의 무의식적 처리 시스템은 깜빡이는 커서 앞에 앉아 해결책을 찾으려 힘겹게 애쓰는 일을 대신 수행한다. 인지신경과학자 존 코니어스John Kounios와 마크 비먼Mark Beeman이 지적하듯이, 우리는 통찰이 갑작스럽다고 느끼지만 일반적으로 그 이전에 엄청난 무의식적 정신 활동을 겪는다.[32] 해결책이 의식적 자각의 '가장자리'에 나타날 때의 느낌을 생각해보라. 별을 관측하다가 은하의 근본 구조를 깨달았다는 직감이 드는 순간은 의식적 인지와 직관적 사고가 만나는 접점이다.[33] 이러한 명확한 깨달음의 순간들은 깊은 무의식 아래에서 의식의 표면으로 솟아오른다. 연구에 따르면, 해결책에 가까워질수록 그로부터 느껴지는 '온기'가 꽤 안정적이고 낮은 수준으로 유지되다가 통찰의 순간에 극적으로 치솟는다.[34]

학업 성취도를 평가하는 표준화된 시험과 지능 검사 등 학교에서 수행하는 시험은 대부분 주로 분석적이지만 삶의 문제는 대부분 통찰적 사고 과정을 요구한다. 심리학의 기초를 세운 윌리엄 제임스William James는 가치 있는 문제를 찾아내는 능력을 '지혜sagacity'라고 불렀다.[35] 마찬가지로 아인슈타인은 "문제를 단순하고 명확하게 표현하는 것이 문제의 해결책보다 훨씬 더 중요할 때가 많다"고 말했다.[36]

최근 심리학자들은 분석적 문제를 잘 해결하는 사람과 통찰적 문제를 잘 해결하는 사람 사이에 어떤 정신적 역량의 차이가 있는지 이해하기 시작했다. 통찰적 문제 해결의 열쇠는 직관적 처리 과정과 분석적 처리 과정을 융합해 잘 활용하는 능력과 이 둘 사이를 유연하게 오가는 능력으로 보인다.

미네소타대학교의 심리학자 콜린 드영Colin DeYoung과 동료들은 다양한 인지 능력과 통찰적인 문제 해결 사이의 관계를 조사했다. 다음은 실험 참가자에게 제시한 문제 중 하나다.

지금까지 세계 곳곳에서 사용되는 고대의 발명품이 있습니다. 사람들은 그것을 이용해 벽 너머를 볼 수 있습니다. 그것은 무엇일까요?

그 대답은 쉬웠다(실험 참가자의 75퍼센트가 '창문'이라고 정확하게 대답했다). 그럼 이 문제는 어떤가?

어린 소년이 침실에서 전등을 끄고 방이 깜깜해지기 전에 침대에 들어갈 수 있었다. 침대는 전등 스위치와 전등에서 3미터 정도 떨어져 있고 전등을 끌 수 있는 전선, 끈, 기타 장치를 사용하지 않았다면 어떻게 그렇게 할 수 있었을까?

이 문제가 다소 까다롭다 해도 걱정할 필요 없다. 실험 참가자의 단 30퍼센트만 정답(아직 낮이었기 때문이다)을 말했다! 연구자들은 또한 어휘와 작업 기억(의식 내에서 정보를 관찰하고 조작하는 능력)을 통해 **집중적 사고 능력**convergent thinking을 측정하고, "모든 인간이 한 손의 손가락을 다섯 개가 아니라 여섯 개 가지고 태어난다고 가정할 때 생각할 수 있는 결과나 영향을 모두 열거해보라"는 식의 문제를 내서 **확산적 사고 능력**divergent thinking도 평가했다.

그다음 그들은 참가자들에게 컴퓨터 화면에서 보는 일련의 카드를 설명하게 하는 방식으로 '틀 깨기' 능력을 검사했다. 참가자들은 여러 장의 카드를 본 다음 검은색 하트가 네 개 있는 변형된 카드(정상적인 카드에서 스페이드와 클럽은 검은색이고 하트와 다이아몬드는 붉은색이다－옮긴이)를 맞닥뜨렸다. 이 변형된 카드를 본 많은 참가자들은 스스로 상정한 문제의 틀을 깨지 못했다(그들은 이 과제가 정상적인 카드를 식별하는 것이라는 생각에 매여 있었다). 그래서 그들 중 다수는 카드의 기존 색깔이나 형태를 유지하려고 애쓰면서 검은색 하트 카드를 '스페이드 4'나 '하트 4'로 묘사했다. 한 참가자는 변형된 카드를 여러 차례 잘못 설명한 뒤 매우 답답해하면서 이렇게 토로했다. "검은색 하트 4 같아요. 근데 그럴 리가 없잖아요!"

　통찰적 문제 해결에 능숙한 사람들은 어휘, 작업 기억, 상상력, 변형된 카드 과제에서 틀을 깨는 능력이 더 좋았다. 하지만 주로 수학적, 논리적 분석이 요구되는 분석적 문제 해결과 비교할 때 통찰적 문제 해결은 확산적 사고 과제에서 범주를 유연하게 넘나드는 능력, 그리고 변형된 카드 과제에서 틀을 깨는 능력과 독특한 연관성을 보였다. 이런 발견은 통찰적 문제 해결이 지식과 기억만 활용하는 것이 아니라 습관적인 틀을 깨고 시각이나 사고 전략을 바꾸는 능력도 필요하다는

점을 보여주는 다른 여러 연구 결과와 일치한다.[37]

뇌가 예기치 않은 깨달음의 순간을 어떻게 만들어내는지를 연구해온 코니어스와 비먼은 통찰이 어떻게 정신적 장애물이나 교착 상태를 돌파하는지 보여주었다. 그들은 통찰이 정확히 뇌의 어느 영역에서 언제, 어떻게 일어나는지를 밝히기 위해 뇌 영상 기술과 뇌전도 기술을 포함한 다양한 방법을 이용했다.[38] 통찰 과정을 포착하기 위해 그들은 사노프 메드닉 Sarnoff Mednick이 제시한 영향력 있는 창의성 연상 이론에 기초한 원격 연상 검사RAT, Remote Associates Test를 실시했다.[39] 이 검사에서 참가자들은 서로 관련이 없어 보이는 세 단어(예컨대 물고기, 광산, 돌진)를 연결하는 한 단어를 찾아야 한다. 이 과제를 잘 수행하려면 해답에 이르는 과정이 바로 명확하게 보이지 않기 때문에 개념 재구성 능력이 필요하다. 창의적인 사람들은 이러한 서로 동떨어지고 명확하지 않은 것들 사이의 연관성을 더 잘 찾아내는 능력을 보여주었다.[40]

코니어스와 비먼은 통찰 과정의 각 단계에 따라 두뇌의 다른 영역이 활성화된다는 것을 밝혔다. 통찰력 있는 사람들은 문제를 풀기 전 마음이 이완된 상태에서 주의를 외부에 더 많이 집중한다(시각 피질 전반이 더 활성화된다).[41] 이것은 창의적이고 통찰력 있는 사람들이 선천적으로 주변 환경을 예리하게 관찰하는 성향이 있다는 견해와 일치한다(7장을 보라). 그러나 통찰력 있는 사람들은 통찰적인 문제를 풀어야 한다는 말을 들으면 사고방식을 재빨리 바꾼다. 이때 내적 성찰과 정신적 융통성에 중요한 영향을 미치는 두뇌 영역이 활성화된다.[42] 이것은 통찰력 있는 사람들이 통찰적인 문제를 풀 때 그들의 두뇌가 유연하게 주의 대상을 바꾸어 무의식에서 비롯되는 비상식적인 잠재적 해결책에 집중할 준비를 한다는 것을 보여준다.

두뇌가 통찰을 수행할 준비를 갖춘 뒤 실제로 섬광 같은 통찰이 찾아오기 직전에, 뇌에서는 수많은 변화가 일어난다. 통찰 직전에는 시각 입력 자료가 잠시 감소한다. 정신이 의식적 자각에 아주 가까운, 무의식적으로 활성화된 해결책을 추구하면서 외부 세계가 차단되고 시각 피질의 활동이 거의 정지하는 것이다. 통찰의 순간, 즉 참가자들이 RAT 문제의 해답을 떠올렸을 때, 연구자들은 참가자들의 우측 측두엽의 신경 활동이 급격히 증가하는 사실을 발견했다.[43] 코니어스와 비먼에 따르면, 이 우뇌 영역이 "서로 동떨어진 어휘적 또는 의미적 관계를 넘나들며 정보를 통합하도록 촉진함으로써 이전에 알지 못했던 관련성을 보도록 도와준다"고 말한다.[44]

이렇게 생각해보자. 가끔 해답에 아주 가까워졌을 때 필사적으로 해답을 찾기 위해 미간을 찡그린 채 두 눈을 가늘세 뜬 적이 있을 것이다. 이처럼 시각 피질 활동이 잠시 중단되면 우리의 의식은 내면으로 주의를 돌려 임박한 해답에 집중한다. 이렇게 하여 주의를 분산하는 요인이 감소하고 해결책이 보내는 '소리'가 커질 때 마침내 해결책이 떠오르는 것이다. 외부 세계를 처리하는 두뇌 영역의 활동이 중단되어 어두워지면 갑자기 의식에 섬광 같은 깨달음이 나타난다.

우뇌 전방 측두엽이 통찰에 도움을 주는 것으로 보이는 것과 달리 좌뇌 전방 측두엽은 때로 통찰을 방해한다. 사실 좌뇌 측두엽 치매가 있는 사람들은 이전에 없었던 창의적, 예술적 관심과 기량을 갑자기 보여주는 경우가 있다.[45] 이것은 무의식적 역량을 동면 상태로 만들었던 의식적 지식이나 언어 기반 개념적 지식의 일부가 치매 탓에 훼손되면서 일어날 수 있다. 다른 연구에 따르면, 일반적으로 말이 서툰 서번트savant(일반인보다 지적 능력이 떨어지나 특정 분야에서 탁월한 능력을 보이는 사람 - 옮긴이)가 음악, 미술, 날짜 계산, 속셈, 기계 조작 능력과 시공간 지각 능력 등에서 보여주는 남다른 기량은 종종 좌뇌 전방 측두엽의 기능 장애와 관련된다.[46] 많은 서번트의 지능 지수가 평균 이하이기 때문에 이것은 의식적 추론과 별개로 작동하는 무의식의 놀라운 능력을 설명해주는 또 다

른 증거다.[47]

통찰력 자극하기

코니어스와 비먼이 언급한 대로, 많은 예술가와 과학자들이 통찰의 순간 이후 '깨달음의 내용이나 방식에 대해 엄청나게 놀라는 긍정적인 감정' 등 감정의 강도가 크게 고조되었다고 보고한다.[48] 아인슈타인은 일반상대성 이론을 깨달은 순간을 "내 인생에서 가장 행복한 순간"이라고 했고, 버지니아 울프는 "창조적인 힘이 일순간에 온 우주에 질서를 부여하다니 얼마나 기이한가"라고 말했다. 반면 분석적인 해결책은 대개 이와 같은 긍정적인 감정의 분출이 동반되지 않는다.[49]

그렇다면 통찰의 순간 직전에는 어떨까? 전통적인 관점에 따르면, 긍정적인 기분일 때 주의의 범위가 확장되고 통찰을 경험할 가능성이 커진다.[50] 하지만 최근 연구에 의하면 그렇게 단순하지는 않다. 일부 연구들은 실제로 중요한 것은 (긍정적 감정이든 부정적 감정이든) 감정의 세기가 아니라 동기의 강도motivational intensity라는 것을 말해준다.[51] 동기의 강도가 낮으면 주의의 범위가 넓어지는 반면, 동기의 강도가 높으면 감정이 긍정적이든 부정적이든 상관없이 관심 대상에 주의를 집중한다. 따라서 깊은 통찰력을 자극하고 싶을 때 긍정적인 기분을 들게 한다고 해서 효과가 있을 것 같지 않다.

실제로 긍정적 감정과 부정적 감정을 동시에 결합하는 것이 창의성을 촉진하는 데 도움이 된다는 것을 시사하는 연구 결과도 나왔다. 토드 카시단Todd Kashdan과 로버트 비스워스 디너Robert Biswas-Diener가 쓴 유쾌한 책 《다크사이드》는 긍정적 감정과 부정적 감정 모두를 활용하는 '온전한 자아'가 되는 것이 최선의 성공과 만족에 유익하다는 것을 보여준다.[52] 창의성 분야에서 이런 관점을 뒷받침하는 한 연구에서는 강렬한 긍정적 감정과 부정적 감정을 경험한 사람들이 두 감정 중 하나만 강렬하게 경험한 사람보다 창의성 잠재력 검사에서 점수가 더 높았다.[53]

추가로, 카네기멜론대학교의 크리스티나 퐁Christina Fong은 연구를 통해 긍정적 감정과 부정적 감정을 동시에 경험하는 '양가감정'이 통찰이 일어나게 하는 핵심적인 주의 상태인 특별한 연상에 대한 민감성을 높인다는 점을 밝혔다.[54] 퐁은 승진을 예로 설명한다. 직장에서 승진하면 기분이 아주 좋지만 동시에 친구나 동료를 잃게 된다는 생각에 씁쓸해질 것이다. 그녀는 양가감정을 경험하는 사람들이 자신의 환경을 이례적이라고 인지할 가능성이 높은 탓에, 이례적인 관계에 높은 민감성을 보인다는 점을 발견했다. 이러한 최근 연구들은 예기치 않은 환경을 경험하는 것이 창의성에 중요하다는 주장(6장을 보라)과 일치하며, 또한 창의적인 사람들은 마음뿐만 아니라 감정도 어수선하다는 사실을 시사한다.

어쩌면 이것이 경조증, 의기양양한 상태, 우울증 상태가 수반되는 양극성 장애를 지닌 사람 중 일부가 높은 창의성을 보이는 이유인지도 모른다.[55] 이런 가능성에 관한 연구가 더 필요하고[56] 양극성 장애를 절대로 낭만적으로 생각해서는 안 되지만, 긍정적 감정이든 부정적 감정이든 강렬한 감정이 창의적 통찰로 이어질 수 있다는 점은 매우 명확해지고 있다.

통찰을 자극하는 또 다른 방법은 말 그대로 뇌를 자극하는 것이다. 흥미로운 일련의 연구에서 신경과학자들은 두뇌 자극이 통찰적 문제 해결에 미치는 영향을 살펴보았다.[57] 한 연구에서 호주의 신경과학자 앨런 스나이더Allan Snyder와 동료 연구자들이 종종 '불가능한 문제'로 불리는 문제를 참가자들에게 제시했다. 직접 시도해보기 바란다.

그었던 길로 되돌아가거나 손을 떼지 않고, 4개의 직선을 이용해 9개 점을 모두 연결하시오.

이 문제가 어려운 것은 당신만이 아니다. 한 세기 동안의 심리학적 연구에 기초할 때 이 문제의 예상 정답률은 0퍼센트다.[58] 스나이더와 동료들은 28명의 참가자에게 이 문제를 제시했지만 뇌 자극 전에는 예상대로 아무도 풀지 못했다.

연구자들은 좌뇌 전방 측두엽 피질의 흥분도를 낮추고 동시에 우뇌 전방 측두엽의 흥분도를 높이기 위해 경두개 직류 자극술tDCS, transcranial direct current stimulation을 이용했다. 여기서 연구진의 생각은 좌뇌 전방 측두엽의 언어 지배력을 잠재우면,[59] 우뇌 측두엽이 동떨어진 관계와 아이디어를 더 잘 통합할 수 있다는 것이다. 10분간의 tDCS 시술 이후 40명 이상의 참가자가 이 문제를 정확하게 풀었다. 연구진은 대조군에 속한 11명의 참가자에게도 전극을 붙였지만 30초 후에 전류를 끊었다. 실제로 tDCS를 시술한 사람들과 똑같은 경험을 한 대조군 참가자들은 아무도 이 문제를 풀지 못했다. 연구진은 실험실에서 8개월 동안 수집한 결과를 모아서 그와 같은 결과가 우연히 발생할 확률은 10억분의 1보다 작다고 추정했다.

왜 그럴까? 좌반구의 지배력을 줄이고 우뇌 전방 측두엽의 활동성을 높이는 방법을 활용한 뇌 자극이 틀을 벗어난 사고를 촉진하고, 주어진 엄격한 경계 안에서 사각형을 바라보는 경향을 감소시켰다.

참가자 중 한 사람은 열 살 때 머리를 다쳤기 때문에 연구에서 제외되었다. 그런데 그는 문제를 푸는 시간에 참여한 뒤에야 그 사실을 연구진에게 밝혔다. 그는 연구에 참여할 수 없었지만 그 문제를 푸는 데 관심을 보였다. 놀랍게도 그는 그 문제를 쉽게 풀더니 연구자들이 그에게 준 다른 어려운 통찰력 문제도 풀었다. 당황한 연구자들은 이 사람이 어떻게 지구에서 아무도 풀 수 없을 것 같은 문제를 풀 수 있었는지 밝히려고 시도했다. 그러다가 연구진은 깨달음의 순간을 경험했다. 연구진은 그에게 11년 전 의료 기록을 보내달라고 요청했다. 연구진들은 참가자가 좌뇌 측두골에 생긴 특수 골절로 인해 좌뇌에 다발성 손상을 입었다는 신경과 전문의의 진료 기록을 보고 대경실색했을 것이다!

이해하겠지만, 통찰적인 문제 해결은 어느 한 가지의 사고방식으로 귀결할 수 없다. 오히려 다양한 사고 과정을 활용한다. 실제로 가장 위대한 통찰은 내면 세계와 외부 세계 사이의 교차점에서 일어난다.

창의적 통찰: 1만 시간의 법칙을 넘어

창의성은 단순한 지식과 전문성을 넘어선다. 문제를 해결하는 능력뿐만 아니라 문제를 발견하는 능력이 요구되며, 따라서 지겨울 정도로 진부한 공식에 의존하는 능력 이상이 필요하다.

전문성과 지식이 창의적 과정에 매우 중요하고 직관의 정확성을 높일 수 있는 것은 분명하다.[60] 유명한 심리학자 앤더스 에릭슨K. Anders Ericsson은 오랜 시간 의도적인 훈련을 통해 어떤 분야의 기술을 익히면, 즉 피드백으로부터 배우고 자신의 한계를 극복하기 위해 끊임없이 노력한다면 정보를 더 빠르게 처리하고 새로운 정보를 한 번에 저장하며 그 분야에서 더 쉽고 유연하게 추론하는 데 도움을 주는 새로운 정신 구조를 형성할 수 있다는 것을 보여주었다.[61] 어떤 분야에 대한 지식 기반을 탄탄하게 구축하면 우리는 긴밀하게 연결된 네트워크를 가동하게 되어 더 효율적으로 정보에 접근할 수 있다.[62]

에릭슨의 전문성 이론이 점차 대중화되면서 대중들 사이에 음악, 체스, 미술, 무용, 육상 등 많은 분야에서 대가와 초보자를 구분하는 가장 **중요한** 차이점이 의도적인 훈련이라는 통념이 생겼다.[63] 하지만 창의적 재능을 이해하는 데 전문적 수행 능력이라는 틀을 적용하면 많은 문제가 발생한다. 먼저, 심리학자들은 지식과 창의성 사이의 관계를 '뒤집힌 U자' 곡선으로 가장 잘 설명할 수 있다고 말한다. 어느 정도의 지식은 유익하지만 지식이 지나치게 많으면 유연성이 손상될 수 있다는 것이다.[64] 아울러 한 사람의 경력에서 가장 창의적으로 기여하는 시기는 일반적으로 그 분야에서 그의 지식이 정점에 이르기 이전이다.[65] 창의적 글쓰기의 경우에 적정 수준의 학교 교육을 받은 후 추가로 학교 교육을 받으면 미래에 걸작을 쓸 가능성이 낮아진다.[66]

분명한 것은 1만 시간이 정해진 법칙이 아니라 평균적인 시간이라는 사실이다.[67] 사람들이 세계 무대에서 활약하는 데 필요한 지식을 습득하는 기간이 얼마나 걸리는지는 천차만별이고,[68] 단순한 훈련의 양보다 훈련의 질이 더 중요하다. 전문적 수행 능력에 관한 많은 연구를 검토한 결과에 따르면, 의도적인 훈련의 양만으로는 전문적 수행 능력의 차이를 충분히 설명하지 못한다.[69] 특히 창의성과 관련해 의도적인 훈련의 효과는 비행 중 응급사태에 대처하기처럼 예측 가능성이 낮은 활동보다 달리기처럼 예측 가능성이 높은 활동일 경우 더 강하게 나타났다.

창의적 천재들은 단순한 전문가가 아니다. 그들은 자신이 하는 일을 점점 더 잘해나가는 것이다. 체스 경기선수가 오랜 시간이 지나면서 어떻게 체스 경기의 대가가 되는지 쉽게 상상할 수 있지만 소설가, 작곡가, 화가가 오로지 연습을 통해 어떻게 위대한 창의성을 발휘하는지는 훨씬 불명확하다. 본질적으로 창의적 영역은 복잡하고 계속 변화한다.[70]

창의적 분야의 목표와 방법은 자주 변화하며 발전한다. 새로운 아이디어가 창의적이라고 평가받으려면 독창적이고 유용하며 놀라운 것이어야 하기 때문이다.[71] 전문적 수행 능력에 기반한 접근법이 이러한 역동적인 틀을 충분히 설명할 수 있을까? 아마 불가능할 것이다.

6장

경험에 대한 개방성

"

미지의 세계에 대한 두려움을 호기심으로 대체함으로써
가능성의 무한한 흐름에 자신을 활짝 열 수 있다.
우리는 두려움이 삶을 지배하도록 내버려두거나,
호기심 가득한 어린아이처럼 경계를 지나 안전지대를 넘어
우리 앞에 놓인 삶을 받아들일 수 있다.

"

앨런 와츠Alan Watts

작가 윌리엄 S. 버로스William S. Burroughs는 마니아들에게 고전으로 평가받는 마약 문화 소설 《네이키드 런치》를 발표할 즈음, 자신이 '컷업 기법cut-up technique'이라고 부른 새로운 글쓰기 방법을 실험하고 있었다. 정확히 명칭 그대로였다. 버로스는 한 쪽의 글에서 무작위로 몇 줄을 잘라낸 다음 재배열해 새로운 문장을 만들었다. 이런 시도의 목적은 그와 독자의 마음을 전통적이고 직선적인 사고방식에서 해방시켜 새로운 시각으로 사물을 볼 수 있게 하는 것이었다.

버로스와 같은 비트 세대Beat Generation(패배의 세대라는 뜻으로 1920년대 대공황 시대에 태어나 제2차 세계대전을 겪은 세대다. 기존 문화를 거부하며 무정부주의적인 개인주의 성향이 짙다-옮긴이)는 낡은 신념 체계를 해체하고 세상을 바라보는 새로운 방식을 추구했다. 순응이 미국 문화를 규정하는 특징이었고 개방성은 반역 행위로 치부되는 전쟁 이후 1950년대 미국에서 비트 세대는 지적 탐색, 미술과 음악 향유, 관습에서 자유로운 태도, 깊은 영적 탐구를 찬양했다. 미국이 1960년대 반문화의 파괴와 자유 정신에 젖어들자, 집단의식은 새롭고 낯선 것에 마음을 활짝 연 것 같았다.

1952년 작가 존 클렐런 홈스John Clellon Holmes는 처음으로 비트 세대를 세상에 소개하고 이 운동의 특징을 '벌거벗은 정신, 궁극적으로는 벌거벗은 영혼'이라고 묘사했다. 비트 세대는 이른바 1920년대 잃어버린 세대Lost Generation(제1차 세계대전 후 환멸을 느낀 미국의 지식인과 예술 분야 청년을 일컬으며 헤밍웨이와 피츠제럴드가 해당된다-옮긴이)가 환생한 것 같았다. 하지만 홈스 자신은 이렇게 말했다. "오늘날의 거친 아이들은 길을 잃지 않았다. 그 대신 그들은 호기심이 많고, 사상을 믿기보다는 그것을 탐색하고 즐기는 데 더 큰 자질을 가진 세대다."

비트 세대의 대표적인 인물 잭 케루악이 쓴 소설은 모험과 반항의 선언문이 되었고 새로운 경험에 대한 개방적인 정신을 완벽하게 구현했다. 케루악과 여러 비트 작가들의 등장은 창의성의 본질적 법칙, 즉 다른 관점으로 생각하기 위해선 새롭고 특이한 경험이 필요하다는 것을 분명하게 보여준다. 실제로 개방적이고 탐구적인 사고방식을 키우는 것이 창의적 작업을 수행하기 위한 최선책일 깃이다. 케루악의 맡처럼, "최고의 스승은 경험이다."

"다른 관점으로 생각하려면 새롭고 특이한 경험이 필요하다."

예술가는 물론이고 모든 분야의 혁신가들에게도 새로운 경험은 독창적인 작품을 만들어낼 수 있는, 현실 세계에 기반한 중요한 소재를 제공한다. 경험에 대한 개방성, 곧 내면 세계와 외부 세계를 지적으로 탐색해보려는 욕구는 창의적 성과를 낼 수 있는 가장 강력하고 한결같은 단 하나의 성격 특성이다.[1] 성격 특성의 5요인(심리학에서 인간 성격을 결정하는 5가지 요인으로 외향성, 친화성, 불안정성, 개방성, 성실성이 포함된다-옮긴이) 중 하나인 경험에 대한 개방성은 창의성에 절대적인 필수 요소다. 개방성이 높은 사람들은 대체로 상상력, 호기심, 인지력, 창의력, 예술성, 사고력, 지적 능력이 높다.[2] 그들은 사상, 감정, 감각, 환상과 같은 자신의 내면 세계를 탐구하고, 아울러 외부적으로는 주변 환경에서 새로운 정보를 찾고 그 의미를 이해하려는 욕구가 강하다.

성격 특징으로서 개방성은 참여하고 탐색하는 성향으로 정의하지만 그보다 훨씬 더 복잡하고 다면적인 특징을 보인다. 경험에 대한 개방성은 많은 형태로 나타난다. 예컨대 수학·과학·기술 분야의 복잡한 문제를 풀기 좋아하거나, 배움의 욕구가 강하거나, 중대한 질문을 던지고 삶의 더 깊은 의미를 찾고 싶어 하거나, 음악과 미술에 정서적으로 강하게 반응한다. 미래를 내다보는 첨단기술 사업가, 세계 여행가, 영적 구도자, 온갖 분야의 독창적인 사상가는 대체로 대단히 개방적인 성격 특징을 보인다.

카우프만이 박사 논문을 쓰기 위해 수행한 연구에 따르면, 최소한 세 가지 주요한 인지적 참여 형태가 개방적 성격의 핵심을 구성한다.[3] **지적 관여**Intellectual engagement는 진리를 탐구하고, 문제 해결을 좋아하고, 다양한 아이디어를 다루고 싶은 욕구를 보인다. **정서적 관여**affective engagement는 인간 감정의 온전한 깊이를 탐색하고, 의사결정을 할 때 직감이나 감정, 공감, 연민에 따르기를 선호한다. 마지막으로 **심미적 관여**aesthetic engagement는 공상과 예술을 탐색하려는 욕구를 보이며, 아름다움에 감정적으로 몰입하는 경향이 있다. 카우프만은 지적 관여가 학문 분야의 창의적 성취와 관련이 있고, 정서적·심미적 관여는 예술적 창의성과 관련되어 있다는 사실을 밝혔다.

그는 이 연구를 통해 '개방적' 성격의 놀라운 점을 하나 더 발견했다.[4] 창의적인 성취는 인지 능력보다 배우고 발견하려는 욕구와 훨씬 더 중요하게 관련된나는 점이다. 그는 상상, 감정, 아름다움에 대한 인지적 관여가 상당히 높은 사람들이 지능 지수가 높거나 확산적 사고방식(한 가지 문제에 여러 잠재적 해결책을 탐색하는 능력)을 가진 사람들보다 예술 창작에서 중대한 성취를 보일 가능성이 더 크다는 점을 밝혔다. 종종 지적 관여가 지능 지수보다 창의적 성취의 더 나은 예측 지표가 되기도 한다.

카우프만과 동료들은 예술과 과학 분야의 창의성을 살펴보면서 경험에 대한 개방성이 지능 지수, 확산적 사고방식, 그외 다른 성격 특성처럼 전통적으로 창의성과 관련이 있다고 여겨졌던 다른 요인들보다 전반적인 창의적 성취와 더 높은 상관관계가 있음을 밝혀냈다. 아울러 이런 결과는 다양한 형태의 탐색 욕구가 창의적 성취를 예측하는 **가장 중요한** 단 하나의 개인적 요인임을 시사한다.

사실 경험에 대한 개방성은 생각과 감정에 관여하려는 욕구와 동기를 불러일으켜 진리와 아름다움, 새로움, 참신함을 추구하게 한다. 아울러 탐색 행위는 위대한 예술적·과학적 혁신의 원재료를 제공하는 경우가 많다. 이런 관여는 뇌가 낯선 상황과 새로운 정보에 반응하는 방식을 통해 신경학적 차원에서 시작된다. 경험에 대한 개방성이 표출되는 개별적인 형태들을 통합하는 것은 새로운 정보를 찾으려는 강한 욕구와 동기다. 이런 내적 요인은 각 개인의 신경생리학적 차원에 뿌리를 두고 있으며 개인 성격의 핵심을 형성한다.

탐색을 촉진하는 신경 조절 물질

탐색 욕구는 뇌의 모든 신경 전달 물질 중 가장 잘 알려진 도파민의 기능에 따라 결정된다. 널리 알려져 있듯이, 도파민은 학습과 동기부여에 강력한 역할을 한다. 안타깝게도 도파민에 대한 오해가 많다. 흔히 도파민은 '섹스, 마약, 로큰롤' 신경 전달 물질로 간주된다.[5] 이 물질에 대한 대중적인 설명이 많이 있지만 도파민은 반드시 쾌락이나 만족과 관련된 역할만 하는 것은 아니다.

도파민의 주요 역할은 우리가 어떤 것을 **원하게** 만드는 것이다. 커다란 보상이 기대될 때 우리 뇌에서 도파민 분비량이 급증하지만 우리가 얻은 것을 실제로 좋아하거나 즐길지는 보장하지 않는다. 콜린 드영은 도파민 분비가 "탐색하려는 동기를 높이고 탐색에 유용한 인지적·행동적 과정을 촉진한다"고 설명한다.[6] 드영은 도파민을 "탐색을 촉진하는 신경 조절 물질"이라고 불렀다.

가장 폭넓은 차원에서 설명하자면, 도파민은 행동과 사

고 두 측면에서 새로운 것을 탐색하고 유연하게 참여하는 성향인 '심리적 가소성psychological plasticity'을 촉진한다.[7] 가소성은 소비자의 요구를 충족하기 위해 새로운 앱을 찾거나, 다음 인생 경로를 고민하는 것처럼 불확실한 것에 관여해 미지의 것을 탐색하고 긍정적인 가능성을 찾음으로써 보상을 얻게 해준다. 가소성이 촉진되면 인지적·행동적 관여와 탐색이 활발해지고 흔히 개인적 성장을 향한 열정도 강해진다. 물론 개방적인 관여가 긍정적인 결과를 낳는다는 보장은 없다. 하지만 대부분의 창의적인 사람들에게는 관여가 혁신의 자양분을 제공한다면 그 자체로 충분하다. 사실 심리적 가소성이 고도의 아이디어 창출 능력, 일상의 창의적 활동, 공식적으로 인정받는 창의적 성취와 관련된다는 연구 결과도 있다.[8]

가소성은 경험에 대한 개방성과 외향성의 조합으로 이루어지며, 도파민은 탐색 동기의 원천이다. 진화론적으로 보면 이것이 타당한 이유를 이해하기 쉽다. 탐색 욕구, 새로운 환경에 적응하는 능력, 불확실성 속에서 번영하는 능력은 모두 생존에 중요한 이점이 되기 때문이다.[9]

그럼에도 경험에 대한 개방성과 외향성 사이에는 중요한 차이점이 있다. 외부적 보상에 고도로 민감하게 반응한 것과 강하게 관련된 성격인 외향성은 수다스러움, 사교성, 긍정적 감정, 확고한 자기주장, 흥분 추구와 같은 특징으로 나타난다. 외향적인 사람들은 대체로 초콜릿, 사회적 주목, 사회적 지위, 성적 파트너, 코카인 같은 원초적 '욕구' 보상을 찾고 추구할 가능성이 크다. 하지만 실제로 외향성에 중요한 도파민은 수많은 다른 인지적 측면과 강하게 연관된 뇌 영역의 신경 돌기를 통해서도 분비된다. 경험에 대한 개방성이 높은 사람들은 욕구를 보상받을 가능성이 아니라 새로운 정보를 발견할 가능성을 통해 활력을 얻는다. 그들을 가장 흥분시키는 것은 지식을 탐색할 때 느끼는 전율이다.

이러한 인지적 탐색 동기는 우리를 무언가에 몰두하게 하고 활력을 높이며, 창의적 표현 욕구에 영향을 미친다. 우리는 이런 특성이 예술과 과학의 다양한 분야에서 발휘되는 것을 계속 목격한다. 어쨌든, 위대한 창의적 성취가 인간 경험의 특정 측면을 탐구하려는 욕구에 의해 촉발되지 않은 경우를 상상하기란 쉽지 않다.

"도파민은 발명의 어머니다."

도파민이 발명의 어머니라고 해도 과장은 아닐 것이다.[10] 이 신경 전달 물질은 인지적 탐색을 촉진할 뿐 아니라 꿈을 비롯한 창의성을 촉진하는 수많은 과정과도 관련된다. 낮에 하는 공상과 밤에 꾸는 꿈은 모두 더 깊은 창의성에 접근하도록 도와주는 소중한 도구다. 경험에 대한 개방성이 높은 사람들은 경험에 대한 개방성이 낮은 사람들보다 꿈을 더 자주 꾸고, 생생한 꿈을 꾼다.[11] 그 이유는 도파민 분비량이 더 많기 때문일 가능성이 있다.

한 가지 흥미로운 가능성은 우뇌에 도파민이 급증하면 경험에 대한 개방성과 꿈꾸기에 도움이 될 수 있다는 점이다.[12] 꿈은 창의적 통찰에 영감을 주고, 창의적인 통찰을 많이 하는 사람들일수록 우뇌가 더 많이 활성화된다.[13] 개방성이 높은 사람들의 뇌 도파민 시스템이 밤낮으로 작동해 창의적인 통찰에 영감을 주는 것이다.[14]

창의성과 관련된 또 다른 중요한 인지적 과정은 '잠재적 억제'다. 이것은 우리가 주변의 어떤 대상을 이전에 얼마나 자주 보았고, 그것을 현재 목표나 필요와 상관없는 것으로 분류했는지와 상관없이, 놀랍고 신기하게 여기며 반응할지를 결정하는 두뇌의 여과 기제다. 하버드대학교의 저명한 창의적인 성취자들이 잠재적 억제 기제가 **감소되어** 있을 가능성이 일곱 배 더 높은 것으로 밝혀졌다.[15] 그들이 언뜻 보기에 관련 없는 정보를 걸러내는 일을 다른 사람들보다 더 어려워한다는 뜻이다. 하지만 웬걸, 무관한 것처럼 보였던 정보가 실제로 관련이 있는 것으로 밝혀졌다! 관련 연구에서 카우프만은 잠재적 억제 기제가 감소된 사람들은 자신의 직관을 더 많이 신뢰하며 그들의 직관이 실제로 옳다는 사실을 발견했다.[16] 잠재적 억제 기제 감소는 '어수선한 마음' 개념과 직접 연결된다. 주변 정보를 자동으로 거르고 분류하는 것보다 더 많은 정보를 찾고 주시하는 성향을 반영하기 때문이다.

이런 성향의 단점은 창의적인 사람들이 다른 사람들보다 주의가 산만해지기 쉽다는 점일 것이다. 다르야 자벨리나 Darya Zabelina는 감각 필터가 느슨한, 즉 뇌가 주변 환경에서 얻는 관련 없는 정보를 많이 걸러내지 못하는 사람들은 감각 통문sensory gating(주변 정보를 받아들일지 여부를 조절하는 뇌의 기능-옮긴이)이 강한 사람들보다 더 창의적이라는 점을 발견했다.[17] 자벨리나는 고도로 창의적인 사람들은 덜 창의적인 사람들보다 시계 초침 소리나 멀리서 들리는 대화와 같은 주변 소음에 더 민감하다는 점을 관찰했다. 그녀는 "감각 정보가 새어 들어오는 탓에 창의적인 사람들의 뇌는 일반 사람들보다 더 많은 정보를 처리합니다"라고 설명한다.[18]

이러한 별난 특징은 찰스 다윈, 프란츠 카프카Franz Kafka, 마르셀 프루스트 등 소리에 매우 민감했던 여러 저명한 창작자들의 기질이었다. 프루스트는 블라인드를 늘 치고 지내는 것도 모자라서 원치 않는 빛과 소음을 막기 위해 침실 문틈을 코르크로 막았고, 글을 쓸 때 귀마개를 끼었다. 그런가 하면 카프카는 글을 쓰려면 은둔자의 고독이 아니라 "죽은 자의 고독"이 필요하다고 말했다.

때론 창의적인 작업에 방해가 될 때도 있지만 이런 주의 산만은 창의적 사고에 특별히 도움이 되는 것 같다. 감각 과민증은 뇌가 주의를 기울이는 범위를 넓히고 주변의 미묘한 부분을 감지하도록 도와줌으로써 창의성에 기여하는 것 같다. 더 많은 정보를 받아들이면 동떨어져 보이는 정보들 사이의 새롭고 이례적인 관련성을 찾아낼 가능성이 높아진다.

이런 연구 결과는 정신 질환과 창의성 논쟁에서 깊은 의미가 있다. 도파민 생성은 잠재적 억제 감소나 창의성은 물론 정신 질환과도 관련된다. 분명히 말하자면 정신 질환은 창의성의 필요 조건도, 충분 조건도 아니다. 그럼에도 이 둘 사이에는 미묘한 관련성이 분명히 존재하는 것 같다. 극단적으로 개방적인 마음에서 온갖 공상의 나래가 펼쳐질 가능성이 더 높기 때문이다.[19] 창의적인 사람들과 정신병적 증상을 보이는 사람들의 뇌 특정 영역에서 도파민 수용체의 발현에 변형이 일어나는 것 같다는 사실이 이런 생각을 뒷받침한다.

스웨덴의 한 연구에서는 건강하고 매우 창의적인 성인의 도파민 시스템이 조현병 환자의 뇌에서 발견되는 도파민 시스템과 어느 정도 비슷하다는 사실이 발견되었다. 양쪽 모두에서 감각 인지와 운동 기능과 관련되며 창의적 사고에 중요한 역할을 하는 시상thalamus에 있는 도파민 D2 수용체 밀도가 더 낮았다. 이것은 창의성과 정신병리학이 잠재적으로 관련이 있음을 시사한다.[20]

시상의 D2 수용체 밀도가 낮다는 것은 뇌로 들어오는 자극을 덜 걸러서 시상에서 다른 뇌 영역으로 전달되는 정보량이 늘어난다는 의미다. 이것은 심각한 정신 질환 증상에 시달리지 않는 사람들이라면 창의적 사고력 강화로 이어지며 창의적 성과를 결정하는 몇몇 인지적 과정의 토대가 충분히 될 수 있음을 시사한다.

이 연구의 주 저자인 프레드릭 울렌Fredrik Ullén은 이렇게 말했다. "틀에서 벗어난 사고는 틀이 약간 손상되어 있을 때 더 쉬워질지도 모릅니다."[21]

도파민이 과도하게 분비되면 감정, 감각, 공상의 유입량이 많아지고, 그에 따라 작업 기억, 비판적 사고, 성찰과 같이 창의성에 중요한 기능들에 상당한 지장이 초래될 수 있다. 하지만 도파민이 너무 적게 분비되면 창의력을 발휘할 동기나 영감이 줄어들 수 있다.

도파민과 별도로, 창의적 사고력이 뛰어난 사람들과 정신 질환이 있는 사람들의 두뇌 활동이 유사하다는 연구 결과도 발표되었다. 한 연구에 따르면 '정신분열 성향'이 심한 사람들은 자기 의식, 자아 감각, 내밀한 개인적 기억을 되살리는 것과 관련한 뇌의 설전부precuneus region를 비활성화하거나 억제하는 데 비슷한 곤란을 겪는다.[22] 여기서 정신분열 성향이란 정상 수준의 경험에 대한 개방성과 상상력에서부터 극단적으로 표출되는 마술적 사고인 아포페니아apophenia(실제로 존재하지 않는 패턴을 인지하는 성향)와 정신 질환까지 폭넓게 이르는 연속적인 성향을 의미한다.

실제로 우리는 모두 이 정신분열 성향 스펙트럼 중 어느 한 부분에 위치한다. 정신분열형 특징이 있다고 해서 정신분열증이 되는 것은 아니다. 심각한 정신분열증이 있는 사람들의 생물학적 친척 중에 심리학적으로 건강한 사람들은 일반 사람들에 비해 특이하게 창의적인 직업과 취미를 갖고 있는 경우가 많다.[23] 이와 비슷하게, 스웨덴인 120만 명 이상을 상대로 수행한 최근 연구에 따르면 자폐증 환자의 형제자매와 정신분열증 환자의 1차 친족(부모, 형제자매, 자녀) 중 과학과 예술 분야 직업에 종사하는 사람이 일반 인구보다 상당히 더

많다.[24]

정신 질환이 있는 사람의 친척들은 정신 질환의 해로운 측면은 피하면서도 창의력을 높이는 특성을 공유할 수 있다. 정신분열형 특징, 특히 특별한 인지 경험이나 충동적 비순응성과 같은 '양성' 특징들이 일상적인 창의적 성과뿐만 아니라 '개인주의적이고, 통찰력 있고, 관심사가 폭넓고, 성찰적이고, 기지가 넘치고, 비관습적인' 창의적 성격 특징을 보인다는 연구 결과가 이를 뒷받침한다.[25]

정신분열형은 또한 의식의 몰입 상태나 몰두와 관련이 있다.[26] 앞서 살펴보았듯이, 몰입은 현재의 과제에 완전히 몰두하는 정신 상태다. 몰입 상태일 때 창작자와 그의 세계는 하나가 된다. 주의를 분산하는 외부 자극은 의식에서 물러가고 창작의 정신이 활짝 열려서 창작 행위에 맞춰지게 된다. 예컨대, 극작가가 컴퓨터 앞에 앉아서 밤새 새로운 장면을 쓰느라 해가 뜬 줄도 모르거나, 영화 제작자가 촬영한 영상을 편집하느라 컴퓨터 앞에서 몇 시간을 보낼 때 이런 일이 일어난다.

몰입은 예술가의 경험에서 본질적인 요소다. 바너비 넬슨Barnaby Nelson과 데이비드 롤링스David Rawlings가 음악, 시각 예술, 연극, 문학 분야에 일하는 100명의 예술가를 대상으로 수행한 연구에 따르면, 창작 과정에서 더 많은 몰입을 경험했다고 말한 사람들은 정신분열형 특징과 경험에 대한 개방성도 더 높았다.[27] 연구자들은 이 연구 결과를 잠재적 억제와 연결 지으면서, 누설되는 감각 여과 장치(뇌가 감각 입력을 선별하거나 우선순위를 정하여, 관련된 자극에 집중하고 불필요하거나 부수적인 정보를 무시하는 능력-옮긴이)가 정신분열형, 경험에 대한 개방성, 몰입, 몰두의 공통적인 특징이라고 주장한다. 잠재적 억제 기능이 감소된 사람들이 경험한 것처럼, 유입된 정보를 무관한 것으로 미리 분류하지 못하면 '앞선 사건들에 의해 영향을 받거나 규정되지 않고 그 정보를 직접적으로 경험'할 수 있다. 달리 말하면, 잠재적 억제 수준이 더 높은 사람들에 비해 엄청나게 많은 정보가 인식 영역으로 유입되어 탐색되는 것이다. 넬슨과 롤링스가 설명하듯이, "창의적 과정에 깊이 몰입하도록 자극하는 것은 바로 이러한 새로운 인식, 그리고 이어지는 탐색과 발견 감각이며, 창의적 과정 자체가 일반적으로 경험을 강화하거나 고도화하는 방식으로 경험의 질을 바꿀 수 있다."

그렇다면 정신분열 성향이 깊은 몰두와 창의적인 성과로 이어지느냐, 아니면 정신 질환으로 이어지느냐는 무엇이 결정할까? 여기에는 수많은 요인이 개입된다. 정신 질환을 현실 세계에서 정상적으로 살아가기 극히 어려운 상태라고 규정할 경우, 상상과 현실을 구별하는 능력을 완전히 상실하면 정신 질환의 가능성이 확실히 높아질 것이다. 반면 상상력이 과도하더라도 현실과 상상을 구별하는 능력을 갖추고 동기부여, 외상 후 성장, 회복 탄력성, 지지적 환경 등의 도움을 받아 일상생활을 잘해나간다면, 과도한 상상력을 결코 정신 질환이라고 할 수는 없을 것이다.

정신분열형 스펙트럼에서 이루어지는 정신적 과정은 지적 호기심, 작업 기억, 인지적 유연성 같은 보호적인 정신 특성과 상호작용할 수 있다.[28] 실제로 신경 질환이나 정신 질환 병력이 없는 사람들을 대상으로 수행한 연구에 따르면, 가장 창의적인 사고를 하는 사람들은 대부분 힘든 기억 과제를 수행하기 위해 주의 실행 능력을 사용하는 동시에 상상력 네트워크의 두뇌 활동이 계속 활성화될 수 있는 사람들이었다.[29]

누가 알겠는가. 어느 시점에서 가장 엉뚱하거나 '정신 나간' 것처럼 보이는 아이디어가 다른 맥락에서는 뛰어난 통찰이나 연결 고리의 재료가 될지 모른다. 다시 말하지만 창의성은 새로운 연결 고리를 만들어내는 것이다!

경험에 대한 개방성의 지적·정서적·심미적 측면들 사이에서 균형을 잘 맞추면 놀랍고 새로운 연결 고리를 만들어서 창의성이 정신 질환으로 넘어가지 않을 가능성이 높아질 것이다. 실제로 최고 수준의 창의성을 발휘하려면 경험에 대한 개방성의 지적 측면과 더 많은 공상 사이에서 균형을 이루는 것이 특히 중요하다.

인지적 탐색의 지적·상상적·심미적·정서적 영역 간에 건강한 균형을 이룰 때 얻는 이점은 비단 창의적 작업에만 유효하지 않다. 경험에 대한 개방성의 다양한 영역을 통합하면 최고 수준의 개인적 성장도 이룰 수 있다.

새로운 빛 속에서 보기

잊을 수 없을 만큼 충격적인 사건을 겪으면 우리는 세상과 그 속에 있는 자신의 위치에 관한 가장 깊이 뿌리박힌 신념을 재고하게 된다. 새로운 장소나 낯선 정신적 풍경을 경험하는 여정 역시 우리의 시각을 새롭게 한다. 이처럼 익숙한 것이 흔들릴 때 우리는 세상을 새로운 방식으로 보게 된다(9장을 보라).

정신적으로 충격을 주는 일이든, 황홀한 일이든, 경험의 범위를 넓혀주고 습관적인 사고방식에서 벗어나게 해주는 모든 인생 경험은 인지적 유연성과 창의성을 높여줄 수 있다.[30] 심리학자 시모네 리터Simone Ritter는 이 가설을 입증하려고 실험 대상자들을 가상현실 세계 속에서 걷게 했다. 그들은 여기서 물리법칙에 어긋나는 이상한 일들을 경험한다. 예컨대, 그들은 실제 속도보다 더 빠르게 걷는 것처럼 느끼고 병이 위로 떨어지는 장면을 본다. 그 후 연구진은 실험대상자들에게 인지적 유연성 검사를 위해 "무엇이 소리를 만드는가?" 같은 질문에 최대한 많이 대답하게 했다(대답을 많이 할수록 인지적 유연성 점수가 높다). 초자연적인 가상현실 세계에 적극적으로 참여한 대상자들은 (물리법칙에 부합하는) 정상적인 가상현실 세계에 참여한 사람들과 초자연적이고 예상치 못한 사건이 나오는 영상을 단순히 시청한 사람들에 비해 인지적 유연성 점수가 더 높았다. 연구진의 결론은 무엇이었을까? 새롭고 혁신적인 방식으로 생각하길 원한다면 당연히 그럴 것으로 생각하는 방식을 위배하는 경험을 직접 해야 한다는 것이다.

그렇다고 태국으로 배낭여행을 떠나거나 트라우마를 겪어야만 창의적인 사고력이 높아진다는 뜻은 아니다. 더 단순한 방법으로 익숙한 창작 방식에서(혹은 진부해진 창작 방식에서도) 벗어날 수 있다. 창의력을 표출할 새로운 출구를 찾거나 완전히 다른 표현 수단을 시도해보라. 작가라면 악기를 배우고, 무용가라면 그림을 배워보자. 직장에서 집으로 돌아갈 때 다른 길로 가보거나, 다른 관심사나 배울 만한 가치를 지닌 새로운 사람들을 찾아보라. 평범한 일상에 조금만 변화를 주어도 창의적인 삶에서 큰 보상을 얻을 수 있다.

더 넓은 문화적 맥락에서도 마찬가지다. 낯선 것이 어떻게 창의적 성과를 낳는지 역사를 통해서도 실제로 확인할 수 있다. 심리학자 딘 키스 사이먼턴은 1997년 연구를 통해 다양한 문화적 배경에서 뛰어난 창의적 성과가 나타나기 전에 이민의 시기가 있었다는 사실을 발견했다.[31] 왜 그럴까? 이민자들은 기존 문화에 새로운 사상, 문화, 관습을 가져와 (이민자 자신뿐만 아니라) 그 문화에 속한 모든 사람에게 더 다양한 경험을 전달하고, 그 결과 창의적인 사고방식이 촉발되었기 때문이다.

습관과 전통이 창의성을 죽인다면 낯선 것은 위대한 아이디어와 혁신을 낳는다. 알다시피, 습관과 진부함은 창의적 사고를 심각하게 저해하며(고루하고 따분한 것에서 어떻게 새로운 연결고리를 만들 수 있겠는가?), 가장 혁신적인 아이디어 창출에는 새롭고 참신하고 특이한 것이 도움을 준다. 심지어 전문적인 영역에서도 자신이 선호하는 표현 방식이나 연구 분야에 너무 익숙해지면 유연하고 혁신적으로 사고하기 어려워진다. 연구가 보여주듯이, 창의성은 아웃사이더의 사고방식에서 유익을 얻는다.

"창의성은 비주류적 사고방식에서 유익을 얻는다."

전문성은 모든 창의적인 분야에서 탁월함의 중요한 측면이지만 노련한 프로가 되는 데 따르는 한 가지 위험은 자신의 관점에 너무 빠져서 다른 해결책을 찾아보기 어렵다는 것이다. 전문가들은 특정한 방식으로 사물을 보는 데 너무나 익숙해져 있는 탓에 변화에 유연하게 적응하기 어려울 수 있다. 그래서 어떤 분야에 처음 들어온 사람들이 패러다임을 완전히 혁신하고 전환하는 아이디어를 내는 경우가 많다.[32]

새로운 경험에 열려 있고, 세상을 적극적으로 다른 관점에서 보려고 노력함으로써 익숙함의 악영향에 대응하고, 인지적 유연성을 높일 수 있다. 경험에 대한 개방성은 새로운 패턴을 인식하고 서로 무관해 보이는 정보들에서 연결 고리를 찾으려는 능력과 욕구인 **통합적 복합성**integrative complexity과 일맥상통한다. 실제로 외국 문화 속에 살면서 적응하면 통합적 복합성이 향상되어 창의적 사고력이 크게 증진되기도 한다.[33]

작가 제프 콜빈Geoff Colvin은 《재능은 어떻게 단련되는가?》에서 전문성의 실패에 대해 이렇게 쓴다.

웨스턴 유니온은 왜 전화기를 발명하지 못했을까? US스틸은 왜 고철을 원료로 사용하는 소규모 제철 공장인 미니밀을 만들지 못했을까? IBM은 왜 개인용 컴퓨터를 발명하지 못했을까? 나열하자면 많겠지만, 기술이나 산업에 대해 필요한 모든 것을 알고 있었던 기업들은 정작 사업을 완전히 재편할 창의적이고 획기적인 발명품을 내놓지 못했다.[34]

한 분야의 지혜가 언뜻 보기에 관련이 없는 다른 분야로 도입될 때 가장 탁월한 혁신이 일어난다. 딘 키스 사이먼턴은 가장 성공적인 오페라 작곡가들이 창작할 때 여러 장르를 섞을 뿐만 아니라 오페라가 아닌 다른 장르도 작곡한다는 점을 발견했다.[35] 작곡가들은 여러 장르에 걸치는 교차 훈련을 통해 한 장르에만 과도하게 숙달되지 않도록 하는 것 같다. 사이먼턴은 이렇게 말했다. "체스 대가들이 체스와 함께 체커와 바둑도 연습함으로써 실력을 향상시키는 것과 비슷하다."[36]

교차 훈련의 중요성은 과학 분야에서도 잘 입증되었다. 사이먼턴은 과학 천재들에 관해 광범위한 연구를 통해 가장 창의적인 과학자들이 보통 한 가지 분야의 한 가지 과제만 연구하지 않는다는 사실을 발견했다. 고도로 창의적인 과학자들은 느슨하게 관련된 많은 활동에 참여해 폭넓은 '프로젝트 네트워크'를 형성하는 경향이 있다.[37] 또한 과학 분야 외에 창의적인 취미 활동과 관심사를 갖기도 한다.[38] 대표적인 예가 갈릴레오Galileo가 미술, 문학, 음악에 심취한 것이다.[39] 음악가의 아들이었던 갈릴레오는 예술을 사랑했고, 많은 사람이 그의 과학적 연구가 그의 인문학 탐구에 깊은 영향을 받았다고 말한다.

아마도 역사상 최초의 박식가인 아리스토텔레스의 관심사와 지적 공헌은 윤리학, 의학, 수학, 정치학, 법학, 농학, 연극을 망라했다. 아리스토텔레스는 모든 사람은 "천성적으로 지식을 갈구한다"는 자신의 유명한 말을 그대로 구현했다. 레오나르도 다빈치Leonardo da Vinci는 그림, 조각, 건축, 수학, 발명, 음악, 해부학, 지도학, 생물학, 글쓰기 등을 섭렵해 전형적인 '르네상스 인간'으로 지금까지 자리매김하고 있다. 영국 역사가 에드워드 카Edward Carr는 다빈치를 '많은 분야에 대해 많은 것을 아는' 족속 중 한 사람이며 점차 멸종되어가고 있다고 묘사했다.[40]

이런 족속 중 더 현대적인 인물로는 경계를 넘나드는 탐구로 재산을 모은 제임스 H. 사이먼스James H. Simons가 있다. 억만장자 수학자이자 헤지펀드 매니저이며 세계 100대 부자로도 이름을 올린 그의 뛰어난 경력 이면에 있는 비밀은 외부자의 사고방식과 만족할 줄 모르는 지적 호기심이었다.[41]

열정적인 자선가이자 과학 천재인 사이먼스는 불과 3년 만에 MIT에서 수학 박사 학위를 받고, 이어서 캘리포니아대학교 버클리 캠퍼스에서 다른 세 개 학문 분야의 박사 학위를 받았다. 20대 중반에 그는 워싱턴 D.C.의 미국 국가 안전 보장국에서 암호를 해독했고 나중에 학계로 돌아가 MIT와 하버드대학교에서 수학을 가르쳤다. 그 후 사업계로 뛰어들어 이름도 걸맞게 르네상스 테크놀로지Renaissance Technologies라는 세계 최대 규모의 헤지펀드 회사를 설립해 큰 성공을 거두었다.

사이먼스는 다양한 관심사, 진로 변경, 열정적인 프로젝트 수행 덕분에 자신이 추구한 각각의 분야에서 성공을 거두었다. 그는 추구하는 분야마다 다른 영역과 관심 분야의 지혜를 통합했다. 지식을 갈구하는 마음과 개방적인 정신 덕분에(그는 대학 친구와 함께 오토바이를 타고 보고타를 여행한 후 아버지에게 콜롬비아에 투자하라고 설득한 적도 있다) 평생 수학, 과학, 금융 분야에서 혁신을 이루었다.

사이먼스는 아웃사이더의 이점을 살려 글로벌 시장 예측에서 엄청난 성공을 거두어 헤지펀드 사업에서 막대한 재산을 모았다. 〈블룸버그〉가 언급하듯이 "르네상스 테크놀로지의 성공, 그리고 사이먼스가 창출한 부의 핵심에는 그의 수학적 사고방식이 있다." 이 수학 천재는 주식시장 예측에 필요한 정보를 얻기 위해 수학 공식과 과학 이론을 주목하고, 금융시장을 이해하기 위해 뛰어난 과학 인재를 르네상스 테크놀로지에 합류시켰다. 사이먼스가 금융시장 예측을 위해 도입한 이론, 아이디어, 이종교배 계산법이 무엇이든(그는 아직 비밀을 누설하지 않고 있다) 그 방법은 주효했다. 이 기업은 시장을 상당히 정확하게 예측해, 때로는 다른 주요 헤지펀드 회사를 멀찍이 따돌리기도 했다. 지칠 줄 모르는 호기심으로 가득한 사이먼스는 태양 흑점과 달 위상 주기가 시장에 미치는 영향 같은 것을 조사하기도 했다.[42]

이제 76세가 된 이 박식가는 공익을 위해 자신의 시간과 재산을 수학과 과학의 발전에 투자하기로 했다. 사이먼스는 2007년 〈블룸버그〉와의 인터뷰에서 이렇게 말했다. "내가 동시에 너무 많은 일을 벌이고 있는 것은 확실하죠. 근데 그렇게 하면 인생이 흥미진진해집니다."[43]

7장

마음 챙김

"

인생 지침서.
주의를 기울이라.
경탄하라.
그것에 대해 말하라.

"

메리 올리버Mary Oliver

작가 지망생 마리나 키건Marina Keegan은 3학년 때 예일대학교의 앤 패디먼Anne Fadiman 교수의 1인칭 작문 수업을 신청하며 자신의 창작 과정의 핵심으로 삼은 특이한 습관에 대해 이렇게 묘사했다.

"대리석 무늬 공책에서 시작되었지만, 그 후로 내 워드프로세서의 스크린 속에서 계속 발전했다. 나는 이것을 흥미로운 것이라고 불렀다. 여기에 약간 중독된 것 같다는 사실을 인정해야겠다." 키건은 이어서 덧붙였다. "나는 수업 시간에, 도서관에서, 잠들기 전에, 그리고 열차 안에서 조금씩 추가한다. 웨이터의 손짓부터 택시 운전사의 눈, 나에게 일어난 이상한 일, 무언가를 표현하는 방식까지 모든 것을 기록한다. 내 인생에서 흥미로운 것이 32쪽에 걸쳐 빼곡하게 담겨 있다."[1]

이 '흥미로운 것' 중 많은 내용이 그녀가 에세이와 소설을 쓰는 영감의 원천이 되었다. 많은 평론가가 "자기 세대의 목소리"라고 평가한 키건의 글은 인간 본성과 주변 세계에 대한 그녀의 엄청난 호기심에서 비롯되었다. 패디먼은 이렇게 썼다. "그녀는 삶의 모든 측면을 이용해 '당신은 삶의 의미를 어떻게 찾는가?'라는 질문에 대답하려 했다."

키건은 안타깝게도 예일대를 졸업하고 3일 만에 22세의 나이로 세상을 떠났다. 사망 후 〈예일 데일리 뉴스〉에 실린 그녀의 졸업 에세이 《외로움의 반대편The Opposite of Loneliness》이 입소문을 타면서 인터넷에서 파장을 일으켰고, 빛나는 젊은 지성인의 죽음에 대한 애도가 곳곳에서 이어졌다.

작가로서 너무나 짧은 경력이었지만, 이 젊은 작가는 문학의 대가들이 보여주는 숙달된 기량, 곧 인간 내적·외적 경험의 모든 영역을 관찰하고 그것을 예술로 승화시키는 능력 면에서 놀라운 발전을 보여주었다. 키건은 헨리 제임스가 작가 지망생들에게 조언했던 대로, "아무것도 놓치지 않는 사람"이 되었다. 제임스는 1884년 〈롱맨스 매거진〉과의 인터뷰에서 작가란 새로운 경험을 찾고 흥미로운 것을 수집하는 사람이라고 말했다. 또한 자신의 경험에서 의미와 패턴을 찾음으로써 예술가가 된다고 말했다. 그는 이렇게 설명했다. "보이는 것에서 보이지 않는 것을 추측하고, 사물의 의미를 추적하고, 패턴을 통해 전체 그림을 판단하는 능력, 전반적인 삶을 완전히 체감하여 삶의 모든 구석구석을 알아가는 것, 바로 이런 것들이 모여 경험을 구성한다고 말할 수 있을 것이다."[2]

몇 세대 후 조앤 디디온은 젊은 작가들에게 어디를 가든 노트를 갖고 다니라고 조언하면서 귓가에 들리는 대화, 지나가는 생각이나 광경, 삶의 편린에서 얻는 영감의 순간을 놓치지 말라고 했다. 그녀는 에세이 《노트를 항상 갖고 다니는 것에 대해On Keeping a Notebook》에서 이렇게 기록하는 훈련의 궁극적인 목표는 작업 활동에 대해 정확한 기록을 남기는 것이 아니라 '나로서 존재한다는 것이 어떤 느낌인지' 더 잘 알기 위해서, 즉 관찰 내용이 관찰자로서의 자신에 대해 무엇을 드러내주는지 발견하기 위해서라고 설명했다. 그녀는 이렇게 썼다.

가끔 나는 노트에 기록해두는 이유에 대해, 망상에 젖은 채 관찰한 것을 써서 쌓아두면 무언가 경제적 이득이 있을 거라고 상상한다. 충분히 보고 적어두면, 언젠가 세상의 경이로움이 고갈된 것 같은 어느 날 아침에 내가 해야 할 일, 곧 쓰는 일을 형식적으로 반복하는 어느 날, 더 이상 아무것도 남아 있지 않은 아침, 내가 노트를 열기만 하면 그곳에 모든 것이 있을 것이다. 잊혀진 쎄파에 쌓인 이자가 세상 밖으로 나갈 수 있는 통행료가 될 것이다. (…) 나는 노트 쓰기가 다른 사람에 관해 기록하는 것이라고 상상하지만 사실은 그렇지 않다. (…) 내 관심사는 항상 체크무늬 실크 드레스를 입은 말 없는 소녀다. 내가 어떤 사람이었는지 잊지 말아야 한다. 항상 그것이 핵심이다.[3]

하지만 수많은 방식으로 펼쳐지는 삶에 예민하게 주의를 기울이는 기량이 필요한 것은 작가만이 아니다. 의미 있는 예술적·과학적 성과는 대부분 예술가와 그의 세계 속에 있는 탐구 대상 사이의 긴밀한 상호작용에서 비롯된다. 예술가의 관찰은 예술의 근본적인 질문, 즉 "인간이란 무슨 의미인가?"라는 질문에 대답하는 수단이 된다.

배우, 음악가, 기업 혁신가, 과학자 역시 간단하지만 엄청나게 어려운 일, 곧 주의를 기울이는 행위를 통해 주변 세계에서 영감을 얻는다. 영감은 외부 세계와 생각, 아이디어, 감정이 자리한 내면 세계에 집중하는 것에서 비롯된다. 물론 말하기는 쉽다. 얼마나 자주 시간을 내어 웨이터가 손을 활기차게 움직이는 방식을 정확하게 포착하는가? 아니면 지하철을 타러 가면서 스쳐 지나가는 광경에 얼마나 자주 주목하는가?

화가 조지아 오키프가 엄청난 관심과 주의를 기울여 작품의 세밀한 부분까지 관찰했던 방식을 생각해보자. 오키프는 자신이 그린 각각의 꽃에 믿기 어려울 정도로 집중했고, 영혼을 담아 묘사한 작품은 관객들이 완전히 새로운 시각으로 꽃을 보게 만들었다. 뉴멕시코주 고원지대 타오스에 사는 화가는 이렇게 설명했다.

> 어떤 면에서 아무도 꽃을 보지 못합니다. 정말로 꽃은 너무 작고 우리는 시간이 없죠. 보려면 시간이 필요합니다. 친구를 사귀려면 시간이 필요한 것과 같죠. 내가 꽃을 본 그대로 정확하게 그리면 아무도 내가 본 것을 보려고 하지 않을 것입니다. 나는 꽃이 작으면 작게 그릴 테니까요. 그래서 나는 혼자 말합니다. "나는 내가 본 걸 그릴 거야. 꽃이 나에게 다가온 그대로." 하지만 나는 꽃을 크게 그릴 겁니다. 그러면 관객이 놀라서 천천히 그것을 보겠지요. 나는 바쁜 뉴요커들도 시간을 내서 내가 본 꽃을 보게 만들 겁니다.[4]

삶의 세밀한 부분과 순간의 의미를 기록하고 만들겠다는 이런 충동, 곧 오키프가 말한 대로 "내가 본 것을 그리겠다"는 마음은 아마 예술의 모체가 될 것이며, 그 시작은 지나가는 삶의 순간마다 깨어 있는 것이다. 달리 밀하면 마음 챙김에서 시작한다.

앞으로 보듯이, 창의적 관찰은 주변 세계에 주의를 기울이는 것과 내면의 풍경에 집중하는 것 사이에서 균형이 필요한 기술이다. 곧 지금 순간에 아무런 판단 없이 집중하며 깨어 있는 마음 챙김과 마음 방랑 사이의 균형이 필요하다.

주의를 집중하는 기술

꽃을 보길 원하는 사람들에게 꽃은 항상 있기 마련이다.
— 앙리 마티스Henri Matisse

퓰리처상을 수상한 〈워싱턴 포스트〉 기자 진 웨인가튼 Gene Weingarten은 2007년에 진행된 유명한 사회 실험에서 우리가 일상생활에서 얼마나 많은 것을 놓치고 있는지 놀라울 정도로 명확하게 보여주었다. 실험 내용은 이렇다. 평범한 외모의 남자가 혼잡한 아침 시간에 야구모자를 쓰고 흰색 티셔츠 차림으로 워싱턴 D.C. 지하철 역에 있는 쓰레기통 옆에 서 있었다. 그는 바이올린 케이스를 열어 악기를 꺼내고, 행인들이 돈을 넣을 수 있도록 빈 케이스를 열어두었다. 43분 동안 클래식 음악 여섯 곡을 연주했고 그동안 1,000명 이상이 지나갔다.

그 사람은 평범한 거리의 악사가 아니었다. 그는 유명한 연주가이자 이전에 음악 신동이라고 불렸던 조슈아 벨Joshua Bell이었다. 그는 가장 어려운 바이올린 곡으로 알려진 바흐Bach의 샤콘느를 47억 원짜리 스트라디바리우스로 연주했다. 몰래 카메라에 촬영된 영상을 보면, 혼잡한 시간에 지하철에서 연주할 동안 1분이라도 멈추어 서서 연주를 구경한 사람은 고작 일곱 명뿐이었다. 하지만 조슈아 벨 옆을 지나간 아이들은 모두 멈추어 서서 연주를 구경하려고 했고, 그때마다 부모의 손에 이끌려 서둘러 지나갔다. 며칠 전만 해도 콘서트 애호가들은 보스턴 공연에서 조슈아 벨이 똑같은 악기로 연주하는 걸 보려고 티켓 값으로 13만 원 넘는 돈을 지불하며 공연을 매진시켰다.[5]

극단적인 예이긴 하지만, 이 실험은 우리가 얼마나 자주 주변 세계를 빠르게 지나치고 때로는 아름다운 광경을 놓치는지 보여준다. 그리고 이 실험은 중요한 질문을 던진다. 삶의 지금 순간에 진정으로 주의를 기울인다면 얼마나 많은 것을 경험할 수 있을까?

하버드대학교의 선구적인 심리학자 엘렌 랭어Ellen Langer는 마음 챙김을 현재의 순간에 주의를 기울이는 행위라고 설명한다. '마음 챙김의 어머니'라고 불리기도 하는 랭어는 1970년대 명상에 관한 중요한 연구를 수행해 주의 깊은 의식 훈련이 인지 기능을 크게 개선할 수 있다는 점을 처음으로 보여주었다. 그녀는 이렇게 설명한다. "마음 챙김은 새로운 것을 적극적으로 알아차리는 단순한 과정입니다. 사람들은 자신이 항상 깨어 있다고 생각하지만 사실은 그렇지 않습니다."[6]

랭어는 《마음 챙김을 통한 창의성 향상Mindful Creativity》에서 창의적인 일을 수행하는 것 자체가 마음 챙김 훈련이라고 말한다. 또한 이렇게 말했다. "글을 쓰거나, 사진을 찍거나, 그림을 그리려고 생각하는 주제에 대해 무언가 새로운 것을 인지할 때가 창의적인 순간이다. 어떤 주제에 대해 새로운 점을 인지함으로써 우리는 그것에 대해 참신한 무언가를 보게 된다. 전에 안다고 생각했던 것이 다르게 보인다. 모든 것은 다른 관점에서 보면 다르게 보이기 마련이다."[7]

마음 챙김은 '지금, 여기'에 마음을 단단히 고정하고, 진기함과 놀라움에 마음을 열고, 주변 환경에 민감해지는 것이다.[8] 반면 **마음 놓침**Mindlessness은 우리를 "로봇 같은 사람"으로 만든다고 랭어는 말한다. 경직되고 습관적으로 생각하고 불확실성을 두려워하게 된다는 것이다.

순수한 마음 챙김 상태가 항상 좋고 마음 놓침 상태가 늘 나쁘다는 말이 아니다. 예컨대, 의도적인 마음 챙김은 활동에 완전히 몰두해 시간 가는 줄도 모르는 몰입 상태를 방해할 수 있다.[9] 또한 마음 놓침 상태처럼 보이는 많은 경우 오히려 믿기 어려울 정도로 창의성에 도움이 될 수도 있다.[10] 앞서 보았듯이 무의식적 처리 과정은 통찰을 촉진하고 창의성의 난관을 뚫고 나갈 수 있도록 도와준다.

그럼에도 주의 집중과 관찰이라는 넓은 의미의 마음 챙김 역시 창의적 영감과 통찰적 문제 해결에 도움이 될 수 있다. 소설에 나오는 뛰어난 탐정 셜록 홈스를 생각해보자. 그는 난제를 풀기 위해 한 걸음 물러나 깊이 숙고하면서 단서들을 조합해 사건의 진상을 파악한다. 《생각의 재구성》의 저자 마리아 코니코바Maria Konnikova는 홈스를 '마음 챙김의 대가'라고 부른다.[11]

코니코바는 홈스가 '유니태스킹unitasking(멀티태스킹의 반대말로 한 번에 하나씩 일을 처리하는 것-옮긴이)' 기술에 숙달했다고 말한다. 사건 의뢰를 받으면 그는 가죽 의자에 앉아 눈을 감은 채 상황에 대한 통찰이 떠오를 때까지 아무 말도 하지 않고 완전히 집중할 뿐이다. 홈스가 주변 환경을 예리하게 관찰하는 사람이 아니었다면 복잡한 문제를 그렇게 깊고 넓게 수사하지 못했을 것이다. 코니코비는 이렇게 쓴다. "그가 생각에 접근하는 방식은 인지심리학자들이 마음 챙김이라는 용어를 통해 의미하려는 것을 그대로 보여준다."[12] 창의적 문제를 이렇게 해결하는 방식은 점점 흔치 않게 되었다. 창의적인 삶을 사는 동안 시간을 내서 가죽 의자에 느긋하게 앉아 아이디어나 문제를 깊이 숙고하는 사람이 얼마나 흔하겠는가?

마음 챙김이 육아, 일, 식사, 섹스에 이르는 온갖 것에 적용되는 대중적인 유행어가 되다 보니 보통 마음 챙김을 관찰이라는 측면에서 생각하지 않는다. 마음 챙김의 의미에 대한 대중적 생각에는 랭어가 말한 '일상적인 마음 챙김', 곧 주변 세계를 관찰하는 행위가 빠져 있다. 하지만 깊은 관찰 능력은 핵심적인 주의 집중 기술일 뿐만 아니라 분명한 창의적 이점이기도 하다.

마음 챙김이 주는 많은 장점에 관한 탄탄한 연구가 급증하면서 최근 마음 챙김이 유행하게 되었다. 하지만 마음 챙김은 새로운 것이 아니다. 고대 심신 훈련의 기원은 2500여 년 전 초기 불교 사상에까지 거슬러 올라간다. 1970년대부터 랭어 같은 과학자들이 명상을 면밀히 연구하기 시작하면서 마음 챙김은 서구 과학계와 의학계에 대중화되었다. 1979년 이 분야의 선구자 존 카밧 진Jon Kabat-Zinn이 메사추세츠대학교

의료 센터에서 8주짜리 마음 챙김에 기반한 스트레스 완화 프로그램을 개설했다. 현재 명상, 요가, 신체 지각body awareness 을 결합한 이 프로그램은 가장 연구가 많이 이루어진 마음 챙김 훈련이다. 카밧 진이 자주 언급하는 마음 챙김의 정의는 '판단하지 않고 매 순간 전개되는 현재의 경험에 의도적으로 주의를 기울이는 것'이다. [13] 명상이 마음 챙김을 수련하는 가장 흔한 훈련법이지만 카밧 진은 마음 챙김에 필요한 별도의 공식적인 훈련법은 없다고 강조한다.

카밧 진은 캘리포니아대학교 버클리 캠퍼스의 그레이터 굿 사이언스 센터Greater Good Science Center에서 있었던 대담에서 이렇게 말했다. [14] "가부좌를 틀고 앉았는지는 사실 중요하지 않습니다. 순간순간이 진정으로 중요한 삶인 것처럼 사는 것이 마음 챙김입니다."

주의를 산만하게 하거나 판단하지 않고 현재의 순간을 관찰하는 능력은 삶에서 기쁨과 만족을 추구하는 모든 이에게 필수적인 기술이지만, 특히 창의적인 사상가에게는 자신의 내면과 외부 세계를 있는 그대로 증언하는 것이 더욱 중요하다. 명상은 이런 주의 집중력을 키우는 데 유용한 도구가 될 수 있다. '서양 최초의 요가 수행자' [15]로 인정받는 헨리 데이비드 소로를 따라 예술가, 기업가, 사상가들은 심리적 평안과 창의적 영감을 얻기 위해 마음 챙김을 매일 훈련했다. 이런 흐름 속에서 명상 훈련은 창의적인 도구의 중요한 일부가 되었다.

선불교에서 영감을 받아 세련된 디자인을 선보인 비틀스의 〈화이트 앨범〉, 마운틴 발디 선 센터Mt. Baldy Zen Center에서 작업한 레너드 코헨Leonardo Cohen의 2001년 앨범 〈텐 뉴 송스〉, 아마도 가장 유명한 데이비드 린치David Lynch의 〈멀홀랜드 드라이브〉는 명상 훈련의 도움으로 탄생한 무수한 창작물 중의 일부에 지나지 않는다. 《선심초심》의 저자인 선사 스즈키 순류Shunryū Suzuki에게 배운 스티브 잡스도 명상이 자신의 창의성이 샘솟는 주요 원천이라고 말했다.

잡스는 전기 작가 월터 아이작슨에게 말했다. "조용히 앉아서 관찰하면 내 마음이 얼마나 요동치는지 보인다. 마음을 진정시키려고 노력하면 더 나빠질 뿐이다. 하지만 시간이 지나면 마음이 고요해지고, 이때 더 미묘한 것을 들을 수 있는 여지가 생긴다. 직관이 꽃을 피우기 시작하고 사물을 더 명확하게 볼 수 있고, 현재에 더 집중하게 된다. 마음의 속도가 느려지고, 그 순간 광대한 시야를 갖게 된다. 이전에 보았던 것보다 훨씬 더 많은 것을 보게 된다."

잡스가 말하듯이, 명상은 질주하는 생각들을 잠재우고 창의적인 무의식의 고요한 지혜에 다가갈 수 있게 해준다. 하루에 두 번씩 20분 동안 자신의 만트라를 조용히 반복하는 대중적인 명상법인 초월 명상TM, Transcendental Meditation을 연구한 정신과 의사 노먼 로젠탈Norman Rosenthal은 새롭게 명상을 접한 많은 사람들이 이 훈련을 시작한 후 '창의성이 꽃피는' 경험을 했다고 보고했다. "새로운 각도에서 사물을 보고, 새로운 방향을 효과적으로 추구하고, 세계와 자신을 혁신하거나 변화시키는 능력이 크게 향상되었다"는 것이다.[16]

디제이이자 음반 발매 가수인 모비Moby는 2년 정도 명상을 수련한 뒤 마음속의 부정적인 생각과 소음이 줄어들면서 삶의 질이 더 높아지고 창의성이 개선되었다고 말했다. 그는 로젠탈에게 명상을 통해 실패의 두려움을 극복하고 더 순수한 창의력을 발휘할 수 있었다고 말했다. 좋은 명상은 "두려움을 없애고 (…) 창작의 기쁨을 계속 유지하게 해준다. 명상을 하면 창작을 하는 이유가 더 솔직하고 즐겁고 건강해진다"고도 말했다.[17]

1970년대 이후 진행된 많은 연구는 마음 챙김이 많은 인지적, 심리학적 이점과 관련된다는 점을 보여주었다. 그중 상당수는 창의성과 통찰력 있는 문제 해결에 직접적이거나 간접적으로 도움이 된다. 이런 이점에는 과업 집중도와 지속적인 주의력 향상, 공감, 연민, 내적 성찰, 자기소설, 기억력 향상, 학습 능력 개선, 긍정적 감정, 정서적 평안, 스트레스, 불안, 우울, 수면 문제의 완화 등이 포함된다. 최근 연구에서는 특정 유형의 명상을 창의적 사고와 **직접적으로** 관련시킨다. 마음 챙김에는 많은 이점이 있지만 그중에서도 창의성에 가장 소중한 몇 가지를 중점적으로 살펴보자.

주의 산만

창의적인 사람에게 명상의 가장 유용한 쓸모는 원치 않는 주의력 분산을 막아준다는 것이다. 수많은 알림 메시지와 멀티태스킹의 세계에서 주의력을 유지하는 것은 점점 더 어려운 과제가 되고 있다. 자리에 앉아 주의를 흩트리지 않고 장시간 중요한 과제에 집중하는 것이 고역스러울 때 의미 있는 창의적 작업 수행은 점점 더 힘들어진다. 초월명상의 대가 데이비드 린치는 아이디어를 떠올리기 위해 생각과 감정의 깊은 원천으로 뛰어드는 과정을 "대어 낚기"라고 말했다. 그는 2007년 같은 제목의 책(국내에는 《데이빗 린치의 빨간방》으로 출간되었다-옮긴이)에서 이렇게 썼다. "작은 물고기를 잡고 싶으면 얕은 물에 머물면 된다. 하지만 대어를 잡고 싶으면 더 깊이 들어가야 한다."[18]

문자, 이메일, 뉴스, 소셜 미디어를 끊임없이 바라보면 외적으로는 현재 순간에, 내적으로는 사고의 흐름에 집중할 능력이 손상되어 상상 활동을 활용하거나 린치가 말한 대로 '더 깊이 들어가기'가 어려워진다. 린치는 명상이 우리의 직관적 능력을 이용하고, 창의성이 간직된 무의식에 뛰어들 수 있는 최고의 도구이자 해결책이라고 주장한다. 그는 이렇게 썼다. "더 깊은 곳에 있는 물고기가 더 힘이 있고 순수하며, 거대하고 심오하다. 그리고 매우 아름답다."

우리 모두 자신이 마음 표면의 얕은 물에 갇혀 있다는 느낌에 공감할 것이다. 디지털 기기의 요구에 대응하느라 스트레스가 쌓이고 잠도 부족한 멀티태스커가 되어 일하고 살아간다면 이런 대어를 발견하기 어려울 것이다.

신경학자 리처드 데이비슨Richard Davidson은 오늘날 우리가 사는 방식이 "국가적 주의력 결핍"을 유발하고 있다고 말했고,[19] 연구자 린다 스톤Linda Stone은 현대인들이 "지속적인 부분적 주의력continuous partial attention(경고, 전화, 문자, 이메일과 같은 다양한 디지털 자극에 의해 현재 작업에서 주의가 끊임없이 부분적으로 빼앗기는 상태-옮긴이)" 상태로 살아간다고 경고한다. 우리는 대부분 이런 상태를 잘 안다. 눈앞의 과제에 집중하다가도 알림, 경고, 전화, 메시지, 이메일, 그 외 다양한 디지털 자극

탓에 끊임없이 주의력이 분산된다. 스톤은 이렇게 말한다. "지속적인 부분적 주의력 상태가 쌓이면 스트레스를 유발하는 생활방식, 위기 관리 모드 작동, 숙고와 의사결정, 창의적 사고 능력의 손상으로 이어진다. 하루 24시간 쉴 새 없이 실행 모드로 돌아가는 세상에서 지속적인 부분적 주의력이 지배적인 상태가 되면 상황에 압도되고 과잉 자극에 시달린다는 느낌이 들고, 무언가 제대로 성취하지 못해 허전한 기분이 들게 된다."[20]

오늘날 미국인들은 하루 평균 11시간 동안 디지털 기기와 접촉하며 지내며,[21] 평균적인 스마트폰 사용자는 6분 30초마다 자신의 기기를 확인한다(하루에 150번 확인하는 셈이다).[22] 우리와 기기의 관계는 점점 중독성을 띠고 있다. MRI 연구를 통해 강박적인 인터넷 이용자와 마약 중독자의 두뇌 변화가 비슷하다는 사실이 밝혀졌고, 2011년 연구에서는 24시간 동안 기기를 사용하지 못한 학생들과, 약이나 담배를 끊은 중독자들 사이에 비슷한 금단 현상이 확인되었다.[23] 하버드대학교에서 수행한 연구는 페이스북에 자신에 관한 정보를 공개하면 두뇌의 주요 보상 회로가 활성화되는 것을 확인했는데, 이 회로는 코카인이나 다른 마약을 흡입했을 때도 활성화된다.[24]

기기를 이용할 때 두뇌가 얻는 피드백은 고도의 강화 자극이다. 지금 하는 일에 얼마나 집중하고 있든 상관없이, 예컨 대 소설의 첫 장을 쓰거나 기타를 연습하거나 간단한 이메일 을 쓸 때에도 기기의 작은 진동을 무시하기가 **엄청나게** 어려 울 수 있다. 최근 인지심리학자들은 스마트폰 진동음을 들을 때 집중력이 크게 방해받는다는 사실을 확인했다.[25]

주의를 분산하는 일상적인 자극이 아무리 작더라도 계속 누적되면 우리의 창의성과 행복을 방해할 수 있다는 점을 고 려할 필요가 있다. 앞서 보았듯이 두뇌가 다양한 연상 작용을 일으키고 아이디어를 부화시키려면 휴지기가 필요하다. 인지 신경학자 대니얼 레비틴Daniel Levitin은 "우리의 두뇌는 과거 그 어느 때보다 더 분주하다"고 경고한다. 바로 그 때문에 우리가 생각하고, 느끼고, 행동하는 방식에 심각한 타격을 입을 수도 있다.[26]

주의를 분산하는 디지털 기기의 유혹에 저항하기란 극히 어렵지만, 어쩌면 우리의 창의적 역량은 그런 저항 능력에 달 려 있는지도 모른다. 주의를 분산하는 자극에 굴복하는 한, 가장 풍부한 아이디어와 비전이 살아 있는 정신적 공간을 활 용하는 능력은 손상된다. 그뿐 아니라 우리의 **외부**에 있는 것 들과 깊이 교감하는 능력도 손상된다. 멀티태스킹, 문자 메시 지, X(엑스), 게임, 인터넷 서핑, 그 외에 끝이 없는 자극들은 우리의 주의력을 좀먹고 주변에 일어나는 일을 정확히 인지하지 못하게 한다.

이런 이유로 마음 챙김은 예술가들과 삶의 질을 개선하길 원하는 모든 사람에게 특별히 소중하다. 실행 기능을 향상할 수 있는 강력한 도구인 명상 덕분에 우리는 집중력을 강화하고, 자신이 필요하고 원할 때 더 유연하게 내면 세계와 주변 세계에 주의를 기울일 수 있다.

마음 챙김 훈련과 두뇌

마음 챙김의 상태는 두뇌의 구조와 기능을 바꾸어 창의성의 소중한 자산인 주의와 자기조절 같은 실행 기능을 높인다. 특히 장시간 앉아서 힘든 창의적 과제에 집중할 때 동기를 부여하는 데 도움을 준다.

상당히 많은 연구에 따르면, 마음 챙김 훈련은 핵심적인 주의 실행 기술을 향상시킨다.[27] 가장 소중한 이점 중 하나는 이 훈련이 주의력 분산과 충동을 피하면서 중요한 결정에 집중하는 능력인 인지 통제력을 높인다는 것이다. 2014년 연구는 마음 챙김에 기반한 인지 치료가 주의력 결핍 과잉행동 장애ADHD가 있는 성인의 인지 통제력을 높여 충동성과 부주의성을 낮춘다는 사실을 밝혔다.[28] 물론 우리는 나쁜 것을 없앨 때 좋은 것까지 사라지기를 원하지 않는다. ADHD가 있는 사람들은 상상력 네트워크가 과도하게 활성화되는 경향을 보인다.[29] 관건은 그들이 주의력을 유연하게 발휘하는 중요한 기술을 습득해 필요할 때 외부 세계에 주의를 집중하도록 도와주고, 아울러 그들의 과도한 상상력을 유익하게 사용하도록 지원하는 것이다.[30]

마음 챙김 훈련은 주의력 장애를 겪지 않는 사람들도 감정과 행동을 조절하고 집중하는 능력을 크게 개선할 수 있다. 한 연구에 따르면, 학생들에게 시험을 보기 전 간단한 마음 챙김 훈련을 시행한 결과 주의를 분산하는 생각을 식별하게 되어 독해 능력과 작업 기억 능력이 개선되었다.[31] 전반적으로 이 훈련을 통해 주의력을 분산하는 마음 방랑이 감소해 미국 대학원 입학 시험 점수가 평균 16점 향상되었다.

마음 챙김의 유익을 얻기 위해 반드시 능숙한 명상가가 될 필요는 없다. 단 한 번의 짧은 명상 훈련만으로도 정신 기능에 긍정적인 영향을 줄 수 있다.

마음 챙김에 기초한 스트레스 완화MBSR 프로그램 8주 과정을 이수한 명상 초보자와 한 달간의 명상 수행 과정을 이수한 숙련된 명상가를 대상으로 더 광범위하게 연구를 진행한 결과, 주의력의 세 가지 측면인 **경계**alerting(정신의 경계 상태를 유지하는 것), **지향**orienting(특정 방향으로 주의를 돌리고 제한하는 것), **갈등 감시**conflict monitoring(경쟁적인 여러 반응에 우선순위를 정하는 능력)가 상당히 개선되었다.[32]

그렇다면 조용히 앉아서 호흡이나 만트라에 집중할 때는 신경학적으로 어떤 변화가 일어날까? 과학자들은 명상과 관련된 인지 능력 향상의 기초가 되는 신경생물학과 두뇌 구조의 변화를 밝혀내기 시작했다. 2011년 하버드대학교에서 수행한 연구는 마음 챙김 훈련 프로그램으로 유발된 긍정적 변화와 관련된 중요한 신경 물질 몇 가지를 찾아냈다. 연구에 따르면 단 8주간의 MBSR 훈련으로 실행 기능, 특히 주의와 감정 조절 기능과 관련된 뇌 영역에서 회백질 밀도가 증가했다.

우선, 연구진은 전대상 피질ACC, anterior cingulate cortex에서 회백질 밀도가 증가한 것을 확인했다. 전두엽에 위치한 ACC는 자기조절, 사고, 감정, 이성적 숙고, 문제 해결과 관련된다. 흥미롭게도 높은 수준의 미디어 멀티태스킹은 ACC의 밀도 감소와 관련이 있다.[33] 게다가 연구진은 기억, 학습, 감정을 관장하고 상상력 네트워크에서 중요한 역할을 하는 변연계 내 작은 영역인 해마에서도 회백질이 증가한 것을 확인했다. ACC의 활동 증가와 아울러, 정서적 반응 억제는 물론 위험과 공포 처리에 관련된 복내측시상하핵 전전두엽피질ventromedial prefrontal cortex의 활동 증가는 창의성의 방해 요소로 잘 알려진 불안을 감소시키는 것과 관련된다.[34] 20분의 명상 후 이 두 영역이 더 많이 활성화되면서 불안감이 상당히 감소하는 느낌을 일으키는 것으로 나타났다.

같은 하버드대학교 연구진은 이후에 진행한 또 다른 연구에서 8주간의 명상 과정을 거친 경우에도 역시 기억, 자아감, 공감, 스트레스와 관련된 두뇌 영역이 상당히 변화되는 것을 확인했다. 2014년에 명상가 300명 이상의 두뇌를 조사한 21건의 뇌신경 영상을 검토한 연구에서 마음 챙김 훈련에 일관되게 영향을 받은 ACC와 해마를 포함한 핵심적인 두뇌 영역 여덟 곳을 찾아냄으로써 앞선 연구 결과의 타당성을 강화했다. 검토된 연구들은 명상 훈련이 전두극 피질frontopolar cortex(메타 인식 관련 영역), 감각 피질과 섬sensory cortices and insula, 해마(기억 형성과 공고화, 학습 관련 영역), 전방 중간 대상 피질과 안와 전두피질anterior and mid-cingulate and orbitofrontal cortex(자기조절과 정서 조절 관련 영역)을 포함한 핵심적인 두뇌 영역들을 일관되게 바꾼다는 점을 보여주었다.

연구진은 이런 뇌 영역에서 백질과 회백질의 부피가 증가한 것을 관찰했다.[35] 이는 해당 영역이 전반적인 뇌 기능에 더 큰 영향력을 갖게 되었을 가능성을 보여준다.[36] 이 분야의 연구는 아직 초기 단계이지만, 명상이 실질적으로 인지와 행동에 중요한 영역에 두뇌 물질을 재형성하면서 두뇌 구조에 상당한 변화를 일으킨다는 것을 시사한다.

마음 챙김과 마음 방랑 사이의 중도

집중력과 자기통제력 개발은 누구에게나 대단히 중요하다. 하지만 창의성과 관련해서는 주의할 점이 있다. 창의성은 집중력 및 자기통제력과 전혀 다른 차원인 상상력 네트워크와 공상이 관련되기 때문이다.

창의성은 미래에 관한 생각, 숙고, 내성, 기억 공고화와 같이 내면에 더 초점을 맞춘 자유로운 상상력 네트워크 과정과 외적 집중 간의 균형이 필요하다. 주의 집중은 창의적 사고의 입구가 될 수 있지만, 최고의 창의성은 마음 챙김과 마음 방랑이라는 두 가지 마음 상태를 활용하며, 무엇보다 필요할 때 둘 중 하나의 관여 방식에서 다른 관여 방식으로 쉽게 바꾸는 능력에서 나온다.

명상의 전통적인 목적이 현재의 순간에 온전히 집중하기 위해 마음에서 잡다한 소리를 비우는 것이지만, 창의적인 사람들의 목적은 상당히 다르다. 긍정적이고 건설적인 공상은 창의적 사고에 종종 큰 도움이 될 뿐 아니라 감정은 창의적 작업의 영감이자 연료일 때가 많다(3장을 보라). 이런 이유로 어떤 예술가들은 창의력의 원천이 마를까 두려워 명상을 피하는 경우도 있다. 이런 생각은 옳지 않다. 명상은 외부 세계에 대한 주의력을 강화할 뿐만 아니라 내면 세계에 접근하는 것을 도와주기도 한다.

앞서 언급했듯이, 외부에 주의를 집중하는 것은 유용한 인식 방식이지만 이런 마음 챙김이 항상 필요한 것은 아니다. 인지 유연성과 창의성을 최고로 발휘하려면 마음 챙김과 마음 방랑 간의 균형을 이루는 것이 최선이다. 달리 말하면 우리의 목표는 중도의 길을 만드는 것이다.

"우리의 목표는 중도의 길을 만드는 것이다."

소승불교에서 '중도'라는 개념은 상반된 두 극단 사이의 공통 영역으로, 살고 행동하고 다른 사람을 대하는 균형 잡힌 방식이며 고통에서 벗어나는 길로 여겨졌다. 이 중도는 종종 중립이나 수동성으로 오해하기도 하지만 사실은 조화와 효율성을 극대화하기 위해 상반된 요소를 중재하는 방법이다. 최고 수준의 창의적 잠재력을 끌어내기 위해 마음 챙김과 마음 방랑 사이의 중도를 구축하는 것은 가장 독창적인 아이디어와 비전을 끌어내는 개방저이고 상상력이 넘치는 마음에 접근하는 한 가지 방법이다.

불교 전통에서 명상의 중요한 목표 중 하나는 자아 또는 자기 자신을 넘어서는 것이다. 전통적인 마음 챙김 명상 훈련은 자아에 대한 집중을 거두고 주의력을 조절하는 두뇌 영역을 강화함으로써 자아에 초점을 맞추는 강박적인 정신적 잡음(명상가들이 '원숭이 마음'이라고 부르는 것)을 누그러뜨리는 데 확실히 도움을 줄 수 있다. 호흡에 계속 집중하고 주의를 분산하는 생각을 없애는 방식으로 훈련하는 마음 챙김 명상은 실행 네트워크 기능 강화와 관련 있다고 알려져 있다. 하지만 마음 챙김과 다른 유형의 명상 역시 상상력 네트워크의 주요 중심부가 상대적으로 비활성화되기도 한다.[37]

상상력 네트워크는 자기참조적 사고와 내적 성찰에 매우 중요하다. 선과 마음 챙김 명상을 포괄하는 주의 집중FA, focused-attention 명상과 같은 일부 명상 유형은 이런 두뇌 네트워크의 활동을 억제함으로써 창의성에 바람직하지 않은 영향을 미칠 수 있다. 현재의 순간에 주의를 온전히 집중하기 위해 마음 방랑을 억제할 때, 마음 챙김은 최고의 창의적 잠재력에 도달하는 것을 방해할 수 있다. 캘리포니아대학교 심리학자 조너선 스쿨러Jonathan Schooler의 연구에 따르면, 당면 과제에 대한 집중력 증가와 창의적 문제 해결 시험의 낮은 점수 사이에 상관관계가 있다.[38] 스쿨러는 쉬운 과제(그래서 과제 외에 다른 생각을 떠올릴 수도 있다)를 수행하는 사람들이 바로 이어서 실시한 창의적 사고 시험에서 주의 집중이 더 요구되는 어려운 과제를 수행하는 사람들보다 더 나은 점수를 받았다고 밝혔다.

마음에서 성가신 생각과 감정을 비우는 것은 긍정적이지만, 의도치 않은 결과도 일어날 수 있다. 뉴욕대학교 마음 챙김 연구자 조란 요시포비치Zoran Josipovic는 이런 식으로 마음이 비워지면 "한 사람의 경험이 현재의 감각적 인식으로 축소되어 자아를 세계 속의 행위자로만 수용할 뿐, 자신의 상태와 내용을 아는 사람으로 받아들이지 못한다"라고 설명한다.[39]

그렇다면 마음 챙김의 강도 높은 집중과, 스쿨러가 묘사한 '현재에 매이지 않는 마음의 자유' 사이의 균형은 어떻게 이룰 수 있을까? 창의성을 위한 이상적인 명상 훈련은 이 균형을 이루는 명상이다. 이를테면 마음 챙김 두뇌와 마음 방랑 두뇌 모두를 지원하고 자기초점적 사고방식과 타자초점적 사고방식을 모두 강화하는 것이다.

여기서 고려해야 할 중요한 사항은 명상 훈련을 할 때 불가피하게 떠오르는 생각을 다루는 방법이다. 생각을 더 크게 자각하도록 권장하기보다 생각을 없애려는 명상 유형(예컨대, 마음 챙김 명상과 같은 전통적인 유형)은 본질적으로 개방적이고 유동적이고 유연한 창의적 마음 상태에 크게 도움이 되지 않는다. 창의성 향상과 관련해 우리의 목표는 마음에서 생각을 비우는 것이 아니다. 그보다는 떠오르는 생각에 온전히 집중하면서 한가한 마음 방랑과 외부에 초점을 맞추는 주의력 사이를 유연하게 오가는 것이다.

"우리의 목표는 떠오르는 생각에 온전히 집중하는 것이다."

다양한 명상 유형이 각기 다른 인지 기술 개발에 도움이 되기 때문에 자신이 도움을 얻고 싶은 인지 유형에 맞추어 명상 훈련법을 바꿀 수 있다. 이제 창의성을 최대한 활용할 수 있는 명상 훈련법이 무엇인지 자세히 살펴보도록 하자.

명상은 창의성을 높일 수 있을까?

특정 명상 유형은 외부에 주의를 집중하는 능력을 강화하면서 동시에 상상력 네트워크 활동을 지원한다. 예컨대, 주관적 경험에 대한 주의를 강조하는 개방적 관찰 명상은 상상력 네트워크의 활성화와 기능적 연결성을 향상하는 것으로 밝혀졌다. 마음 챙김을 연구하는 신경학자 리처드 데이비슨은 이 명상법을 "시시각각 다가오는 경험의 내용에 반응하지 않고 관찰해 감정적, 인지적 패턴의 속성을 인식하는 것"이라고 설명한다.[40] 반면, 마음 챙김 명상같이 전통적인 초점 주의 명상은 호흡과 같은 하나의 대상에만 온전히 집중하고 떠오르는 다른 생각이나 감정을 그대로 흘려보낸다. 이 방법은 앞서 살펴보았듯이 실행 기능 향상과 관련이 있다.

네덜란드 인지심리학자 로렌자 콜자토Lorenza Colzato는 이 두 가지 유형의 명상법이 창의적 사고에 미치는 영향을 조사했다. 콜자토는 하나의 특정 초점에 주의를 기울이지 않고 생각과 감정을 받아들이는 개방적 관찰 명상이 호흡과 같은 하나의 대상에 주의 집중을 유지함으로써 마음 방랑을 줄이는 초점 주의(마음 챙김) 명상보다 창의성 증진에 더 효과적일 수 있다고 가정했다.[41]

콜자토의 연구 대상자들은 약 2년 동안 개방적 관찰 명상이나 초점 주의 명상을 수련한 사람들이었다. 명상 시간이 끝난 후 그들은 가령 벽돌과 같은 한 가지 물건의 용도를 최대한 많이 생각해 내는 확산적 사고 측정 시험을 치렀다. 개방적 관찰 명상을 수행한 후 이 유형의 명상을 경험한 참가자들은 상당히 더 나은 점수를 기록했다. 반면 초점 주의 명상을 수련한 참가자들은 지능 지수와 관련이 있는 **수렴적** 사고 시험(이를테면, 어떤 문제에 대한 하나의 정답을 제시하는 것)에서 더 나은 점수를 보여주었다.

이 두 가지 유형의 명상이 떠오르는 생각을 다루는 방식을 보면 이런 결과를 잘 이해할 수 있다. 개방적 관찰 명상은 명상자의 내적 독백을 탐색하고 그에 참여하여 한 가지 문제에 다양한 창의적 해답을 찾도록 도와주는 반면, 초점적 주의 명상은 주의를 분산하는 생각을 비워냄으로써 명상자가 바라는 하나의 해결책을 발견하도록 주의를 집중하게 한다. 콜자토는 창의적 사고는 느슨한 하향식 **인지** 통제를 통해, 다시 말하면 '느슨한 지침' 속에서 하나의 생각에서 다른 생각으로 이동하면서 유익을 얻는다는 이론을 세웠다. 주관적 경험을 강조하는 개방적 관찰 명상은 이와 같은 자유롭게 흐르는 사고를 촉진하는 반면, 초점 주의 명상은 정반대로 진행된다.

또 다른 연구에서는 개방적 관찰 명상과 비슷하게, 상상력 네트워크를 광범위하게 활성화하는 비지향적 명상을 발견했다. 이 명상은 넓은 상상력 네트워크 영역은 물론 기억 인출과 감정 처리와 연관된 두뇌 영역까지 효과적으로 활성화한다는 것이 밝혀졌다.[42] 이 명상은 짧은 만트라를 반복해 읊조리면서 편안하게 그것에 집중하는 것이다. 명상자는 만트라에 집중하는 동시에 자연스럽게 일어나는 생각, 이미지, 감정, 기억, 감각이 자유롭게 나타나고 지나가게 한다. 이 기법은 초월명상, 아켐 명상Acem meditation(1966년 노르웨이에서 개발한 비종교적 명상법으로서 만트라를 비롯한 특정한 소리를 마음속에서 반복하며 긴장 이완, 스트레스 감소, 개인적 성숙을 목표로 한다-옮긴이), 이완 반응 명상relaxation response meditation 등 몇몇 대중적 명상 방식의 핵심이다. 명상자들은 만트라에 집중하고 자신의 생각이 떠돌아다니는 것을 인식하면 주의를 부드럽게 현재의 순간으로 되돌린다. 마음이 떠도는 것을 어느 정도 허용하는 이런 방식의 명상이 집중적 수련 또는 편안히 앉아 있는 방식보다 상상력 네트워크를 더 많이 활성화하는 이유를 쉽게 이해할 수 있다.

이 연구 결과는 명확하다. 두뇌의 상상력 네트워크를 활성화하려면 건설적인 마음이 떠돌게 하면서 동시에 주의력을 개선하는 개방적 관찰 또는 비지향적 유형의 명상을 수련하라는 것이다.

추가 연구에 따르면, 이러한 명상 수련을 통해 창의성을 증진하는 또 하나의 핵심적 방법은 상상력 네트워크의 활성화와 확산적 사고 촉진과 더불어 관찰 기술을 향상시켜주는 것이다. 네덜란드 심리학자 마타이즈 바아스Matthijs Baas와 동료들은 다양한 유형의 명상 수련을 통해 길러진 특정한 마음 챙김 기술들이 각각 창의성 향상에 어떤 영향을 주는지 조사했다. 바아스는 마음 챙김 전체가 아니라 특정 마음 챙김 기술들이 창의성의 동인이 된다는 가설을 세웠다. 그가 구체적으로 조사한 네 가지 마음 챙김 기술은 **관찰**(내적·외적 현상을 능숙하게 인식하고 주의를 기울이는 능력), **의식적 행동**(하나의 활동에 전심으로 참여하는 능력), **묘사**(판단하지 않고 대상이나 사건을 언어로 표현하는 능력), **비판단 수용**(낙인이나 판단 없이 현재 상황을 받아들이는 능력)이다.

이러한 네 가지 마음 챙김 능력 중 개방적 관찰 명상을 통해 길러지는 관찰 기술만이 창의성 증진과 일관된 관련성을 보였다. 묘사와 비판단 수용은 창의성과 약한 관련성만 보였고, 반면 초점 주의 명상을 통해 주로 길러지는 의식적 행동은 오히려 창의성과 **상반된** 관련성을 보였다. 의식적 행동은 마음 방랑을 제한하기 때문에 창의적 아이디어 창출을 방해하는 것인지도 모른다.

하지만 창의성의 관찰 측면에 능숙한 사람들은 인지적 유연성에서 높은 점수를 보이는 경향이 있어, 다양한 사고방식 사이를 유연하게 오가면 한 가지 문제에 여러 접근법과 해결책을 고려할 수 있다. 관찰이 창의성의 중요한 동인인 이유는 두 가지다. 첫째, 관찰은 '경험에 대한 개방성'이라는 성격 영역과 강하게 관련이 있다. 이 두 가지의 특징은 새로운 것과 탐색에 대한 욕구이기 때문이다(6장을 보라). 다른 마음 챙김 기술들보다 특히 관찰은 우리의 내적·외적 풍경의 내용을 기록하는 능력과 관련이 있다. 바아스의 연구 팀은 이런 결론을 내린다. "지금의 순간을 살아가는 삶에서 비롯되는 의식적 자각 상태만으로는 창의성을 불러일으키는 데 충분하지 않다. 창의적인 사람이 되려면 마음의 눈에 스치는 현상을 주의 깊게 관찰하고, 인식하고, 주목하는 능력을 갖추고 있거나, 이를 훈련해야 한다."[43]

> "관찰은 창의성의 중요한 동인이다."

눈을 활짝 열고 살아가면 확실히 창의적인 성취와 개인적 만족을 이룰 수 있지만, 동시에 많은 고난과 고통을 겪을 수도 있다. 다음 장에서 보듯이, 좋든 나쁘든 모든 경험을 민감하게 받아들이는 것은 개인적 성숙과 창의성 증진에 꼭 필요한 부분이다.

8장

민감성

"

어떤 분야든 진정으로 창의적인 사람은 바로 이런 존재다.
비정상적일 정도로 인간적 차원 이상의 민감성을 타고난 사람이다.
그에게는 (…) 살짝 건드리는 것이 강타이며 소리는 소음이요,
불행은 비극이며 기쁨은 황홀경이요, 친구는 연인이요,
연인은 신이며, 실패는 곧 죽음이다. 아울러 이 지독할 정도로
예민한 유기체는 불가항력적으로 창조하고, 창조하고,
또 창조해야만 하는 존재다. 따라서 음악, 시, 책, 건축, 또는
의미 있는 무언가를 창조하지 않으면 숨이 끊어지고 만다.
그는 창조해야 하고 창작물을 쏟아내야만 한다.
알 수 없는 이상한 내적 절박함을 따라
창조하지 않으면 그는 사실상 살아 있는 것이 아니다.

"

펄 S. 벅Pearl S. Buck

음악 프로듀서 퀸시 존스Quincy Jones는 젊은 시절의 마이클 잭슨Michael Jackson과 음반 녹음 작업을 하던 일을 떠올리며 이렇게 말했다. "마이클은 수줍음이 너무 많아, 그가 나를 등지고 소파 뒤에 앉아 노래를 부르는 동안 나는 손으로 눈을 가리고 앉아 있어야 했다. 그러고도 조명까지 꺼야 했다."[1]

관객을 열광시키는 그의 무대 공연을 본 사람이라면 마이클 잭슨이 심하게 수줍어하고 예민한 사람이었다는 사실을 절대로 짐작하지 못할 것이다. 어렸을 때부터 무대 위에서 에너지, 힘, 카리스마를 유감없이 발휘해온 '팝의 제왕'이었지만 그의 개인 생활은 감당하기 힘들 정도로 예민한 감수성, 고독, 불편함으로 이어졌다. 잭슨은 가슴 아파하며 말했다. "나로 사는 것이 아프고 힘듭니다."[2]

잭슨의 전기 작가 J. 랜디 타라보렐리J. Randy Taraborrelli는 개인의 성격에 내포된 여러 모순을 이해하려고 애쓰다가 결국 거의 포기했다. 그는 이렇게 썼다. "마이클 잭슨과 대화를 나누면서 그를 분석하려고 하면 마치 전기를 분석하는 것 같습니다. 분명 존재하는데 어떻게 작동하는 건지 전혀 실마리를 잡지 못합니다."[3]

잭슨에게 사실상 유일하게 의미 있었던 것은 음악이었다. 이 가수는 오프라 윈프리Oprah Winfrey와의 인터뷰에서 이렇게 고백했다. "나는 세상에 음악과 사랑, 화합을 선사하는 도구로 선택받은 사람이라고 느낍니다." 잭슨은 자신의 민감성과 고통을 작품에 쏟아부음으로써 삶의 의미를 발견하고 종종 그를 덮쳤던 외로움과 고립에서 벗어날 방법을 찾았다.

잭슨은 많은 공연예술가에게서 나타나는 성격적 모순을 보여준다. 그들은 터무니없을 정도로 '괴짜'이고 개방적이지만 고도로 민감하기도 하다. 심리학자 미하이 칙센트미하이는 창의적인 공연예술가들에게 개방성과 민감성은 공존할 뿐만 아니라 그들의 성격에서 핵심을 형성하는 상반된 성격적 요소라고 지적했다. 이런 역설은 공연자들이 왜 대담하고 카리스마적이면서도 정서적으로는 연약한지를 설명하는 데 도움을 준다.

칙센트미하이는 이렇게 썼다. "창의적인 사람들은 개방성과 민감성 탓에 자주 고통과 아픔을 접하기도 하지만 엄청난 즐거움을 느끼기도 한다. 한 분야의 선두에 홀로 서 있을 때는 쉽게 노출되고 취약해진다."[4]

존재감과 카리스마로 무대와 스크린을 빛내는 가장 역동적인 배우와 음악가 중 일부는 무대 뒤에서는 내향적이고 예민했다고 알려져 있다. 예컨대, 오드리 헵번Audrey Hepburn은 사랑받는 연기자이자 고도로 예민한 사람이기도 했다. 그녀는 영화에서 카리스마를 발산했지만 스크린 밖에서는 내성적이었고, 그녀의 섬세함과 취약함은 작품과 삶에 깊이를 더해주었다. 영화 〈뉴욕의 연인들〉에서 헵번과 함께 작업한 영화 감독 피터 보그다노비치Peter Bogdanovich는 그녀를 "정말 대단한 배우"라고 말했다. 보그다노비치는 자서전에서 헵번의 매우 연약한 정서에 무척 놀랐다고 회고한다. "그녀는 (…) 취약함과 민감함을 어떻게든 받아들인 다음, 잘 정리해 무언가로 만들어 스크린에서 전달했다."

외향적으로 보이는 공연예술가들 역시 매우 민감하다는 사실은 헤비메탈 로커들의 복잡한 성격에서도 확인할 수 있다. 심리학자 제니퍼 O. 그라임스Jennifer O. Grimes는 세계에서 가장 크고 거친 음악 축제 오즈페스트Ozzfest를 포함해 세 곳의 대규모 메탈 록 페스티벌을 찾아가 무대 뒤 조용한 대기실에서 다양한 밴드에 소속된 21명의 음악가를 대상으로 심층 인터뷰를 진행했다. 그라임스가 이 면담에서 발견한 것은 음악가들이 대부분 개방성과 민감성, 그리고 내향성과 외향성의 모순된 성격을 보인다는 것이었다.

무대 위의 음악가들은 외향성의 전형처럼 보인다. 대담하고 시끄럽고 거칠다. 하지만 무대 뒤에서 그라임스는 그들의 전혀 다른 성격을 보았다. 그들은 '균형감을 찾기 위해' 혼자 시간을 보내며 재충전하거나 독서, 악기 연주, 글쓰기 같은 혼자만의 활동이 필요했다. 그녀가 대화를 나눈 음악가들은 무대 위에서 '무아지경에 빠져서' 공연과 관련 없는 외부 자극을 '무시'할 수 있게 된다고 말했다. 그들 중 다수는 주변 환경에 고도로 예민하며 소리, 빛, 냄새 같은 감각적 자극을 강렬하게 느낀다고 말했다. 그들은 자주 공상에 잠기고 판타지에 심취하는 경향이 있었고, 과도한 자극으로 흥분했을 때 음악을 듣거나 창작하면 재충전된다고 말했다. 면담한 음악가들이 모두 특이한 지각 작용을 경험한다고 말했다. 그들은 '하나의 벨 소리를 구성하는 무수한 음향과 음색이 합류하는 소리를 듣는' 것처럼 고도의 감각적 민감성을 보여주는 풍부한 지각을 경험했다.[5]

고도로 민감하게 세상을 받아들인다는 것은 곤경이면서

도 자산이 될 수 있으며, 종종 홀로 더 많은 시간을 보내야 할 수 있다. 그라임스는 이렇게 쓴다. "사람들은 때로 압도적인 자극을 '차단'하려고 하고, 때로는 더 큰 강렬함과 집중을 바라기도 한다. 한 피험자는 주변을 지각하는 감수성이 너무 과도해서 주변 환경을 편안하게 받아들이려면 의식적으로 노력해야 한다고 말했다."[6]

피험자들은 모두 음악이 자신을 표현하고 다른 사람과 소통하며 개인적 성취감을 찾는 방법이라고 말했다. 또한 예술 창작이 내적 자아와 외부 세계를 연결하는 중요한 통로라는 데에도 대체로 동의했다. 하드록 음악가들치고는 매우 섬세한 말이 아닌가! 그라임스의 연구 결과는 고도로 창의적인 사람들의 외적인 모습 이면에 깊이와 복잡함과 모순이 겹겹이 쌓여 있다는 점을 보여준다.

음악가들뿐 아니라 모든 유형의 창작자들은 매우 예민한 경향이 있고, 민감한 사람들은 매우 창의적인 경우가 많다. 하나의 속성이 다른 속성에 어떤 영향을 미치는지 쉽게 이해할 수 있다. 고도로 창의적인 사람들과 매우 민감한 사람들은 주변 환경에서 더 많은 것을 관찰하고, 받아들이고, 느끼고, 처리한다. 퓰리처 수상 작가 펄 벅이 말했듯이, 고도로 민감한 사람들에게는 세상이 더 다채롭고 극적이며 비극적이고 아름답게 보인다. 민감한 사람들은 다른 사람들이 주변 환경에서 놓치는 사소한 것들을 포착하고, 다른 이들에게 그저 무질서해 보이는 것에서 패턴을 보고, 일상생활의 자질구레한 것에서 의미와 은유를 찾아낸다. 이런 유형의 성격이 창의적인 표현의 동력이 되는 것도 놀랍지 않다. 창의성을 어떤 식으로든 '점을 연결하는 것'으로 생각한다면 민감한 사람들은 더 많은 점을 보고 그것을 연결할 기회가 더 많은 세상을 경험한다고 볼 수 있다.

심리학자 일레인 아론Elaine Aron이 진행한 연구에서 민감성이 인간 성격의 근본적인 차원이라는 점이 확인되었다. 아론과 다른 연구자들은 고도로 민감한 사람들이 더 많은 감각 정보를 처리하고 자신의 내부와 외부 환경에서 벌어지는 일들을 더 많이 알아차리는 경향이 있음을 확인했다.

아론의 말에 따르면, 15~20퍼센트의 사람들이 고도로 민감하다고 여겨지지만,[7] 예술가와 창의적인 사상가의 경우 이 비율이 아마 훨씬 더 높을 것이다. 높은 수준의 민감성은 창의성뿐 아니라 영성, 직관, 신비로운 경험, 예술과 자연과의 교감 같은 중첩된 특성과도 상관관계를 보인다.[8]

아론과 다른 연구자들의 선구적인 연구 덕분에 심리학자들은 이제 주변 환경에 대한 민감성과 반응성을 인간과 동물의 중요한 성격 요인으로 보고 있다. 그 자신이 민감한 사람이었던 아론은 제롬 케이건Jerome Kagan의 유명한 연구에서 영감을 얻었다. 케이건은 유아의 10~20퍼센트가 반응성이 높은 신경계를 타고나서 환경 자극에 더 민감하다는 점을 밝혀냈다.[9] 심리학자 얀 크리스탈Jan Kristal의 초기 연구 역시 낮은 민감성 역치 또는 자극 민감성을 아동을 구분하는 아홉 가지 기본 특성 중 하나로 인식하고 범주화했다. 크리스탈은 "느리게 적응하는" 아이들이 많은 환경에서 민감하게 반응하며 사회적 위축과 같은 특성을 보인다고 말했다.[10]

크리스탈과 다른 연구자들이 관찰했듯이, 민감한 사람들은 고도로 민감한 성격 유형의 핵심을 형성하는 감각 처리 민감성SPS, Sensory Processing Sensitivity 덕분에 주변 환경의 미세한 변화를 더 많이 알아차리고 반응한다. 과민 성격 척도HSPS, Highly Sensitive Person Scale를 이용해 민감한 사람들을 조사했을 때 가장 널리 관찰되는 특징은 감정적 차원뿐만 아니라 인지적 차원과 신체적 차원의 자극에도 더 민감한 반응을 보인다는 점이다. 아론은 이런 더 높은 감정적 반응성이 대상을 더 심층적으로 처리하는 데서 비롯되었을 것이라는 이론을 세웠다.

감각 처리 민감성을 지닌 사람은 이러한 반응성과 심도 깊은 처리 과정 때문에 긍정적이든 부정적이든 감정적으로 더 강하게 반응한다. 그 결과 새로운 상황에 직면하면 '잠시 멈추고 확인하고' 더 깊은 전략을 이용하고, 더 많은 시간을 들여 효과적인 행동 계획을 세우는 것과 같은 뚜렷한 반응을 보인다.[11] 민감성은 인지적 방향성뿐만 아니라 높은 면역체계 반응성과도 관련된다. 매우 민감한 사람들은 다른 사람들보다 신체적 차원에서 카페인, 약물, 통증에 더 민감한 반응을 보인다고 말한다. 근본적으로 민감성은 개인의 정신적 환경과 외부 환경에 이미 존재하는 것의 자극 강도를 강화한다. 기질적 성향으로서의 민감성은 축복인 동시에 저주일 수 있다. 민감성은 삶을 더 다채롭게 하지만, 같은 이유로 더 다사다난하게 만들기도 한다.

위대한 첼로 연주자 요요 마의 친구 마크 살즈먼Mark Salzman은 요요 마를 자신이 만난 사람 중 가장 즐거움이 넘치는 친구라고 말한다. 하지만 그는 요요 마가 항상 쾌활하지는 않다고 언급했다. 긍정적인 감정은 물론 부정적인 감정도 깊이 느낀다는 뜻이다. "요요 마는 주변에 일어나는 일에 대해 아주 민감하게 반응합니다. (…) 만약 슬퍼하는 사람들이 모인 방에 그를 데려다 놓으면 그는 그곳에 있는 어떤 사람 못지않게 슬퍼할 것입니다"라고 살즈먼이 말했다.[12]

요요 마가 느끼는 감정의 깊이는 우리가 그의 연주를 들을 때 받는 느낌을 분명하게 설명해준다. 요요 마의 콘서트에 참석한 많은 관객들은 살즈먼이 표현한 대로 '지극한 황홀감'에 싸인 채 공연장을 떠난다. 그는 이렇게 썼다. "함께 하는 사람에게 더 많이 마음을 기울이고 집으로 차를 타고 오는 길에 차창에 부딪히는 비를 더 또렷하게 느낀다. 그저 살아 있다는 것에도 더 감사하게 된다." 예술가들이 요요 마처럼 깊은 반응성을 작품에 쏟아부을 수 있을 때 이런 기질은 미술, 문학, 음악, 공연을 통해 세상을 더 풍요하게 만드는 진정한 재능이 된다.

언론인 앤드리아 바츠Andrea Bartz는 〈사이콜로지 투데이〉에 이렇게 썼다. "(고도로 민감한 사람들은) 강렬한 정서적 경험을 끊임없이 겪는 탓에 성별이나 인종 못지않게 업무 수행, 사회적 삶, 친밀한 관계를 비롯한 그들의 성격과 삶을 형성한다. 극도의 민감성과 거의 불가분의 관계인 감정의 가차 없는 등락 폭을 완화하는 법을 배운 사람들은 타고난 지각력을 더 날카롭게 바꿀 수 있다."[13]

민감한 사람들은 창의적 작업을 통해 자신의 에너지와 감정을 쏟아부어 자신의 경험으로부터 삶의 의미를 창출할 수 있다. 민감한 사람들의 날카로운 지각력은 우리 삶의 실존을 볼 수 있는 창문 역할을 하는 예술 작품으로 전환된다. 이러한 창이 가장 강력할 힘을 발휘할 때 우리 자신과 세계 속에서의 우리의 위치를 새로운 빛으로 볼 수 있다. 고도로 민감한 사람들에게 이러한 통찰과 관찰 내용을 표현하고 공유하려는 욕구가 너무 강해서, 예술 창작은 단순한 열정이 아니라 불가피한 일이 된다. 언론인 데버라 워드Deborah Ward는 자신의 창작 과정에 대해 이렇게 썼다. "창의성은 축적된 모든 감정적·감각적 자료가 나오는 압력 밸브다. 밸브가 열리면 내 안에서 흘러나온 에너지가 나이아가라 폭포에서 만들어지는 전기처럼 나의 작품 안으로 들어간다. 창작할 때 나는 거의 형용할 수 없는 평안과 만족감을 느낀다. 그렇다고 창작이 쉽다는 뜻은 아니다."[14]

당신은 고도로 민감한 사람인가

그렇다면 고도로 민감한 사람이라는 말은 정확히 무슨 의미일까? 자신이 그런 사람인지 어떻게 알 수 있을까?

1990년대 일레인 아론은 사람들이 '민감하다'라고 표현할 때 정말로 그것이 무슨 의미인지 궁금해졌다. 그녀는 역시 심리학자인 남편 아서 아론과 함께 '자신이 고도로 민감한 사람'이라고 밝히는 사람들을 상대로 인터뷰를 진행했다. 아론

부부는 내향적인 사람 또는 시끄러운 장소나 강렬한 감정이나 충격을 유발하는 오락물과 같은 것에 쉽게 압도당하는 사람을 찾는다는 광고를 내고 다양한 연령대와 직업군에 속하는 남자와 여자를 동수로 선발했다. 그런 후 각 사람과 3~4시간 동안 인터뷰하면서 유년기와 개인사, 현재의 사고방식과 삶의 문제를 포함한 다양한 개인적 주제에 대해 들었다.

많은 응답자가 동물이나 불의의 희생자 같은 약자에 대한 특별한 동정뿐 아니라 예술이나 자연과의 교감에 대해 말했다. 또한 많은 사람이 만물에서 신을 보는 것이나 장기간 명상 피정에 들어가는 것 같은 자신의 영성이 삶에서 중요한 역할을 한다고 말했다. 두 사람은 광고에서 내향적인 사람을 찾는다고 구체적으로 명시했는데도 선발된 사람 중에는 외향적인 사람이 적지 않다는 것을 알고 놀랐다.

이 인터뷰에 기초해 그들은 단지 자극에 압도당하는 여부 외에 다른 항목이 포함된 60가지 질문을 만들었다. 여기에는 풍부하고 복잡한 내면 생활을 하는지, 강렬한 사랑에 빠지는지, 생생한 꿈을 꾸는지, 미술과 음악에 깊이 감동하는지, 쉽게 놀라는지, 삶의 변화에 크게 영향을 받는지, 통증·배고픔·카페인에 특별히 예민한지 등 광범위한 질문들이 포함되었다. 고도로 민감한 사람HSP, Highly Sensitive Person이라고 알려진 평가 척도의 최종 버전에는 27개의 문항이 포함되었고, 이 문항들은 무작위로 선택한 표본뿐만 아니라 몇몇의 심리학과 학부생을 상대로 검증 과정을 거쳤다.

아론 부부는 질문 내용이 광범위했음에도 모든 항목이 하나로 수렴되는 것을 보고 깜짝 놀랐다. 달리 말하면, 하나의 질문에 높은 점수를 보이는 사람들은 다른 모든 질문에도 높은 점수를 보였고, 하나의 질문에 낮은 점수를 보이는 사람들은 다른 질문들에서도 낮은 점수를 보였다. 비록 27개 질문으로 구성된 마지막 평가 척도에서는 부정적인 감정이 더 자주 언급되지만, 질문 수가 더 많은 원래 척도에서 긍정적인 감정 (행복하다고 느낄 때 가끔 얼마나 강렬하게 느끼는가?)과 관련된 질문들은 여전히 부정적 영향을 주는 질문과 양의 상관관계를 보였다는 점도 주목할 만하다. 이것은 민감성이 긍정적인 정서와 부정적인 정서를 모두 포함하는 더 광범위한 정서 처리 과정과 관련된다는 견해와 일치한다.

HSP 평가 척도의 총점이 신경증과 관련성을 보였지만, 고도로 민감하다는 것은 신경증에 국한되지 않는 더 넓은 범위의 성격 특성처럼 보였다. 신경증과 부정적 정서를 감안해도 이 평가 척도는 여전히 '강렬한 사랑의 감정을 느낀다' 또는 '때로 강렬한 행복감을 경험한다'와 같은 질문들과 양의 상관관계를 보였다. 고도로 민감한 사람들이 모두 내향적인 사람이 아니라는 점은 흥미롭다. 고도로 민감한 내향적인 사람 못지않게 고도로 민감한 외향적인 사람도 많다는 점을 고려하면 이해되기도 한다. 실제로 헤비메탈 록 음악가들이 보여주었듯이, 내향적 특성과 외향적 특징의 공존은 창의적인 사람들의 핵심적인 역설 중 하나다.

아울러 HSP 평가 척도는 성격의 다양한 측면을 포착하는 것으로 보인다. 예컨대, 한 연구에서 이 평가 척도를 세 가지 기본 요인, 즉 쉽게 흥분하는 성향, 낮은 감각 역치, 심미적 민감성으로 세분할 수 있다는 점을 밝혔다.[15] 쉽게 흥분하는 성향과 낮은 감각 역치는 부정적 정서와 불안 성향과 관련되는 반면, 심미적 민감성은 행복과 경험에 대한 개방성과 양의 상관관계를 보인다.[16] 조너선 치크Jonathan Cheek와 동료 연구자들은 쉽게 흥분하는 성향과 낮은 감각 역치를 결합해 HSP 평가 척도에서 두 가지 명확한 요인인 '기질적 민감성'과 '풍요로운 내면 생활'을 찾았다.[17]

두 가지 주요 요인이 어느 정도인지 알고 싶으면 아래 질문에 답해보기 바란다.

기질적 민감성

1. 큰 소음이니 혼란스러운 상면 같은 강렬한 자극이 거슬리는가?

2. 주변에서 많은 일이 일어날 때 불쾌한 흥분 상태가 되는가?

3. 큰 소음에 불편함을 느끼는가?

4. 밝은 빛, 강한 냄새, 거친 천, 가까이서 들리는 사이렌 같은 것에 쉽게 당황하는가?

5. 강한 감각 자극에 쉽게 압도되는가?

6. 한 번에 많은 일이 진행되면 불쾌해지는가?

7. 쉽게 놀라는가?

8. 짧은 시간 안에 많은 일을 해야 할 때 당황함을 느끼는가?

9. 가끔 신경이 너무 날카로워져 잠시 혼자 있어야 하는가?

10. 삶에 변화가 생기면 동요하는가?

11. 분주한 날들을 보낼 때 침대나 어두운 방, 혼자 있을 수 있는 장소로 물러나 자극에서 벗어나고 싶어지는가?

12. 불쾌하거나 당황스러운 상황을 피하기 위해 삶을 정리하는 것이 중요한 우선순위라고 여기는가?

13. 사람들이 당신에게 한 번에 너무 많은 일을 시키면 짜

증이 나는가?

14. 경쟁하거나 감독을 받으면서 업무를 수행할 때 너무 긴
    장하거나 떨려서 평소보다 안 좋은 성과를 내는가?

15. 폭력적인 영화나 텔레비전 프로그램을 습관적으로 피
    하는가?

16. 다른 사람들의 기분에 영향을 받는가?

17. 카페인의 효과에 특별히 민감한가?

18. 매우 허기가 지면 집중력이 떨어지거나 우울해지는가?

19. 통증에 더 민감한 편인가?

풍요로운 내면 생활

20. 미묘하고 은은한 향기와 맛, 소리, 예술 작품을 감지하
    고 즐기는가?

21. 미술 작품과 음악에 깊이 감동하는가?

22. 주변 환경의 사소한 부분을 의식하고 있는 것 같은가?

23. 풍요롭고 복잡한 내면 생활을 하는가?

24. 사람들이 물리적 환경에 대해 불편해할 때, 더 편리하
    게 만들기 위해 무엇을 해야 하는지(전구 교체나 좌석 조
    정) 아는 편인가?

근래 들어 연구자들은 높은 민감성의 신경학적 기초를 이해하기 시작했다. 최근의 한 연구에서 베이징의 한 학교에 다니는 18명의 학생에게 자연스러운 장면과 인공적인 장면을 찍은 흑백 사진 16장을 보여주었다.[18] 연구진은 포토샵을 이용해 각 사진을 변경했다. 눈에 잘 띄는 울타리에 울타리 기둥을 추가하는 식으로 큰 변화를 주거나 일렬로 늘어선 건초 더미에 반 개의 건초 더미를 추가하는 식으로 미묘한 변화를 주었다. 그런 뒤 학생들을 기능적 자기 공명 영상 장치fMRI에 넣고 다양한 수준으로 변경한 72장의 사진을 보여주었다. 실험 참가자들의 과제는 영상 장치 안에서 각 사진이 이전 사진과 같은지 또는 다른지 판단해 버튼을 눌러 표시하는 것이었다. 그들은 더 민감한 학생일수록 사진의 변화를 더 빨리 알아차린다는 사실을 발견했다. 고도로 민감한 실험 참가자들은 사진 간의 더 미묘한 차이를 구별할 때 시각적 주의와 관련된 두뇌 영역이 더 많이 활성화되는 모습을 보여주었다. 이것은 이 피험자들이 장면의 미묘한 세부 사항을 더 잘 인식한다는 것을 보여준다.

또 다른 최근 fMRI 자료는 고도로 민감한 사람들이 정보를 다르게 처리한다는 견해를 뒷받침한다. 한 연구에서 HSP 평가 척도에서 높은 점수를 기록한 사람들이 중립적인 얼굴 사진에 비해 행복하거나 슬픈 얼굴 사진에 더 큰 반응을 보였다. 그들은 낯선 사람의 행복하거나 슬픈 표정 사진에 비해 같은 표정의 배우자 사진에 더 크게 반응했다.[19] 특히 그들은 공감과 자기 인식과 관련된 두뇌 영역이 더 활성화되는 모습을 보였다.

연구자들은 또한 자기 인식, 자기성찰, 그리고 의사결정을 도와주는 시시각각의 정서 조절에서 중요한 역할을 담당하는 두뇌 영역인 섬insula이 상당히 활성화되는 모습을 발견했다.[20] 최근 연구에서 섬 피질의 부피가 더 클수록 더 큰 평안을 누리며, 아울러 개인적 성장, 자기 수용, 삶의 목적, 자율성이 좋아지는 것으로 밝혀졌다.[21]

난초와 민들레

다른 모든 성격 성향과 마찬가지로, 민감성은 천성과 양육의 역동적인 상호작용으로 형성된다. 아동기는 민감성이 개인의 일평생에 걸쳐 어떤 양상을 띨지 결정되는 데 중요하다. 긍정적이고 북돋우는 환경에서는 자극에 대한 아이들의 반응성과 민감성이 지적 호기심과 학습에 대한 강한 흥미를 촉진하고 교사와 멘토에 대해 더 긍정적인 감정을 느끼게 한다. 하지만 민감성이 부정적인 아동 환경과 만나면 부정적 감정, 우

울, 행동 억제 성향을 유발할 수 있다.[22]

전통석으로 민감성은 바람직하지 못한 특성으로 여겨졌다. 고도의 반응성을 보이는 아동들에 대한 일련의 연구 결과, 일부 아동들은 과도한 스트레스 반응 탓에 적대적인 부모 양육이나 가난 같은 역경에 노출될 때 정신병리에 특히 취약해진다는 것이 밝혀졌다. 이런 생물학적 반응은 부적응적인 것으로 여겨졌으나 심리학자 W. 토머스 보이스W. Thomas Boyce와 브루스 엘리스Bruce Ellis는 이것을 받아들이지 않았다.

보이스와 엘리스는 완전히 다른 가설을 제안했다. 즉 반응성은 상황에 대한 생물학적 민감성이 강화된 형태이며, 다양한 환경에서 유리하기 때문에 자연선택 과정에서 선택되었다는 가설이다.[23] 민감성은 스트레스가 많은 환경에서 위협과 위험에 대한 경계심을 높이기 때문에 적응하는 데 이롭고, 스트레스가 없는 상황에서는 사회적 자원과 지원에 대한 개방성을 높일 수 있다. 따라서 자연선택 메커니즘은 유기체와 환경 사이에서 상황에 따라 적절하게 적응하도록 다양하게 발현되는 하나의 유전자형을 선택했을 것이다.

보이스와 엘리스는 '민들레 아이와 난초 아이'라는 스웨덴식 비유를 빌려, 토양이나 햇빛, 강우량에 상관없이 잘 자라는 민들레꽃처럼 거의 모든 환경에서도 생존하며 번성하는 아이를 민들레 아이라고 불렀다. 한편, 생존과 번성이 환경에 크게 좌우되는 아이들을 난초 아이라고 불렀다. 난초 아이는 민들레 아이보다 회복력이 낮아 힘든 생활 환경 속에서 자라면 더 힘들 수 있지만 그 과정을 잘 거친 아이들은 정말 아름다운 꽃을 피울 수 있다. 이들은 "난초는 방치되면 곧 시들어버리지만, 지지와 양육을 통해 섬세하고 아름다운 자태를 자랑하는 특별한 꽃이 된다"라고 썼다.

난초 가설은 다소 지나치게 단순한 설명이긴 하지만 최근의 많은 연구에서 입증되었다. 가장 놀라운 발견은 민들레 아이와 난초 아이가 도파민과 세로토닌과 관련된 유전적 돌연변이에서 흥미로운 차이를 보인다는 것이다. 각각의 유전적 돌연변이는 사람들 사이에 관찰된 행동 차이의 작은 부분만 설명할 뿐이고, 유전적 영향이 모두 똑같이 발현되는 것은 아니다. 그러나 이 새로운 연구는 유전자의 상호작용, 유전자와 환경의 상호작용이 인간 발달을 완전히 이해하는 데 중요하다는 것을 보여준다. 여기서 핵심적인 통찰은 우리의 유전자 중 다수가 모든 환경에서 긍정적이거나 부정적 결과에 직접 기여하지 않는다는 점이다. 그보다는 이 유전자들이 환경에 대한 민감성을 증가시키는 것과 관련되며, 그 결과 좋거나 나쁜 영향으로 나타날 뿐이다.

우울, 불안, 집중력 결핍을 비롯한 심리학적 문제와 관련된 유선자 중 일부가 지적 호기심, 긍정적 감정, 감정조절 능력을 비롯해 우리가 잘 살아갈 수 있도록 도와주는 자원과도 똑같이 관련이 있다.[24] 클랜시 블레어Clancy Blair와 아델 다이아몬드Adele Diamond가 설명한 대로, 인간 발달은 역동적이고 비선형적이며 확률적이다. 유전자나 환경 중 어느 한쪽에만 기초해 행동을 예측할 수 없다는 뜻이다. 우리는 천성과 양육 사이에 일어나는 지속적인 상호작용을 고려해야 한다.[25]

민들레와 난초 연구 결과가 우리에게 말해주는 것은, 특히 우호적인 양육 조건이라면 민감성도 선물이 될 수 있다는 점이다.

살아 있는 느낌

우리가 세계와 자신의 정체성에 대해 더 많이 알고 경험 속에서 의미를 추구하는 동안 우리의 자아는 끊임없이 성장한다.[26] 마이클 피초프스키Michael Piechowski에 따르면, 내적 변화 과정 자체가 창의적인 과정이다. 고도의 내면적 발달 과정을 통해 말 그대로 새로운 자아를 창조하기 때문이다.[27] 마찬가지로, 로사 오로라 차베스 이클Rosa Aurora Chávez-Eakle과 동료 연구자들은 "창의적 과정을 통해 병적인 것 같은 상태를 경험할 수 있는 자기 재조직화가 이루어진다. (…) 고도로 창의적인 사람은 지속적인 자기실현 상태에 있다. (…) 창의성은 삶을 가치 있게 만들고, 살아 있다는 강렬한 감각을 느끼게 해준다"라고 말한다.[28] 니체가 표현한 대로, 자신을 활발하게 창조하고 재창조하는 사람들은 진정으로 '자유로운 정신', 곧 자기 삶의 예술적인 창조자다.[29]

살아 있다는 감각은 폴란드 정신과 의사 카지미에 다브로프스키Kazimierz Dąbrowski의 중요한 이론에 멋지게 표현되어 있다. 환자, 화가, 작가, 영적 지도자, 앞선 발달 단계를 보이는 아동과 청소년을 대상으로 수십 년 동안 임상 및 전기 연구를 수행하면서 그는 일부 사람들이 다른 사람들에 비해 세계와 더 강렬하게 상호작용하는지 이해하고 싶은 관심이 생겼다.[30] 어떤 사람들은 왜 다른 사람들보다 더 깊이 사랑에 빠지고, 행복과 슬픔을 겪고 삶에 몰두할까? 어떤 아이들이 훨씬 더 높은 수준의 지적 호기심과 상상력을 보이는 이유는 뭘까?

다브로프스키는 이 질문들에 대한 해답을 과흥분성overexcitability이라고 보았다. 그는 내면 세계와 외부 세계에 대한 고양된 반응인 과흥분성이 더 높은 수준의 발달에 이르는 자기 변화 과정을 이끈다고 믿었다.[31] 다브로프스키와 공동 연구를 수행한 피초프스키에 따르면, 이러한 과흥분성은 경험의 강도를 높이고, "이를 통해 경험의 색깔, 질감, 통찰, 심상, 기류, 에너지가 흐르는 통로"라고 한다.[32] 과흥분성은 진정성 있고 자율적인 개인이 되는 데 매우 중요하다.

과흥분성은 내면의 정서적 긴장과 주변 환경과의 건설적 갈등으로 이어질 뿐 아니라 이런 갈등을 해결하는 수단이 되기도 한다. 이런 방식으로 경험의 강렬함과 민감성은 위험을 감수하고, 의미를 추구하고, 자신을 창의적으로 표현하고, 자기 계발 기회를 찾는 등 자신을 최대한 마음껏 표현할 가능성을 높여준다. 물론 강렬함과 민감성이 저절로 개인적 성장으로 이어지지 않는다. 실제로 삶의 어두운 면, 곧 희망이나 구원의 기미는 전혀 없이 추하고 잔인한 것에 집중하는 작가와 예술가들이 반드시 최고 수준의 개인적 성장에 이르지는 않는다. 그럼에도 다브로프스키는 세상을 강렬하게 경험하는 능력이 내적 변화 역량의 대단히 중요한 부분이라고 보았다.

창의적인 면을 발휘해본 사람이라면 다브로프스키가 말한 다섯 가지 유형의 과흥분성, 즉 정신운동적·감각적·지적·상상적·정서적 과흥분성 중 적어도 하나에서 자신의 성향을 쉽게 발견할 것이다. 정신운동적 과흥분성Psychomotor overexcitability은 신체적 에너지 과잉, 정서적 긴장 표출, 빠르게 말하기, 강박적 수다, 격렬한 신체 활동, 손톱 깨물기와 뜯기,

연필 두드리기, 일 중독 등으로 나타난다.[33] **감각적 과흥분성** sensual overexcitability은 촉각(섬유나 피부의 느낌), 후각(향수, 음식, 휘발유)에서 비롯된 단순한 감각적 쾌락, 그리고 심미적인 것(음악, 색깔, 단어 발음, 글쓰기 스타일, 그 밖의 아름다운 것들)에서 기쁨을 얻는 성향을 보인다. 감각적 과흥분성은 과식하는 성향, 음악회나 미술관 방문, 강한 성적 충동으로도 나타날 수 있다. 이런 높은 민감성은 아주 지독한 냄새, 맛없는 음식, 또는 셰릴 애커먼Cheryl Ackerman이 말한 대로 "양말 솔기가 정확히 일자로 되어 있지 않을 때" 강한 불쾌감으로 나타나기도 한다.[34]

상상적 과흥분성Imaginational overexcitability은 풍부한 상상력과 공상의 세계에 사는 능력이라고 말할 수 있다. 이것은 생생한 정신적 이미지, 풍부한 연상, 대화 시 은유 사용, 세밀한 꿈 또는 악몽, 그리고 공상, 시, 마술적인 이야기, 마술적 사고, 상상 속의 친구에 대한 관심 등으로 표현된다. 과도하게 흥분된 상상력은 미지에 대한 공포를 불러일으킬 수 있다. 에드거 앨런 포는 단편소설《심술궂은 악마Imp of the Perverse》에서 강렬한 상상력이 엄청난 불안을 유발하는 과정을 묘사한다.

우리는 벼랑 끝에 서서 심연을 내려다본다. 점점 메스껍고 현기증이 난다. 우리가 느끼는 첫 충동은 위험을 피해 뒤로 물러나는 것이다. 그러나 무슨 이유인지 그 자리에 머문다. 서서히 메스꺼움과 현기증과 공포가 뒤섞여 무어라 말할 수 없는 느낌이 든다. 감지할 수 없지만 점차 이 느낌은 형체를 갖추는데 (…) 이야기 속의 정령이나 악마보다 훨씬 더 무시무시하지만 그것은 생각일 뿐 (…) 아득히 높은 절벽에서 곤두박질할 때 느낄 수 있는 감각에 대한 상상일 뿐이다.[35]

실제로 고도의 상상적 과흥분성은 극심한 불면증, 불안, '최종적인 미지의 것', 곧 죽음에 대한 두려움과 연결된다.[36] 하지만 이것은 가장 위대한 미술, 시, 문학의 창작과도 관련된다.

내적인 성찰, 독립적이고 성찰적인 사고 몰입, 지적인 도전 과제를 해결하는 즐거움은 **지적 과흥분성**intellectual overexcitability의 일반적인 지표다. 이런 유형의 과흥분성은 호기심, 진리와 지식을 추구하는 욕구, 이론과 분석에 대한 선호, 개념 통합, 비판, 다독 성향, 예리한 관찰, 심도 있고 통찰적인 질문 등으로 나타난다. 지적 과흥분성은 지능 지수와는 다르다. 지능 지수는 일반적인 인지 능력과 관련되지만 지적 과흥분성은 지적인 세계에 참여하려는 **열망**과 관련된다.

마지막으로 정서적 과흥분성emotional overexcitability은 많은 예술가들에게 나타나는 특징과 행동을 포함한다. 강렬한 느낌과 정서, 깊은 관계, 자신과 타인에 대한 연민과 책임이 이런 유형의 민감성의 특징이며 문학, 음악, 인간의 정서적 풍경을 탐색하는 그 밖의 다른 예술에 자양분을 제공한다. 이런 성향의 잠재적 표현 양상으로는 깊고 의미 있는 관계, 강한 정서적 기억, 타인의 감정에 대한 공감과 연민, 수줍음, 우울, 안전 욕구, 새로운 환경에 대한 적응 곤란, 비판적 자기평가, 얼굴 붉힘, 다한증, 가슴 두근거림 등이 있다.[37] 피초프스키는 정서적 민감성에 대해 이렇게 썼다.

(정서적 민감성이) 뛰어난 상상력과 지적 능력에 합쳐지면 우울하고 파괴적인 자기비판에 빠질 수 있다. 병적이거나 신경증적인 상태가 될 수도 있다. 반대로, 창의적인 자기실현이라는 목표를 향해 온 정신을 집중할 수도 있다.[38]

이러한 과흥분성을 가장 강력하게 뒷받침하는 근거가 대단히 창의적인 성인에 관한 여러 연구에서 제시되었다.[39] 이 연구들은 고도로 창의적인 사람들이 높은 수준의 여러 과흥분성을 보인다는 증거를 제시했다. 이 연구 결과는 경험에 대한 개방성이 공인된 창의적 성취는 물론 일상적인 창의성을 예측하는 강력하고도 일관된 표지임을 보여주는 연구와 일맥상통한다.

여러 과흥분성과 이것을 유발하는 민감성은 개인의 성장에 중요한 기여 요인이 될 수 있다. 다브로프스키가 **긍정적 해체**positive disintegration라고 부른 과정을 통해 개인 내면의 정신적 풍경은 분열되고 해체된다. 이것은 하위의 성격(순응적이고 불안정함)이 상위의 성격(창의적이고 열정적이며 진실함)으로 대체될 때 일어난다.

긍정적인 정서와 부정적인 정서 모두 긍정적인 해체 과정에 매우 중요한 역할을 한다. 신경증이나 내적 갈등처럼 우리가 흔히 부정적인 것으로 생각하는 정서적 경험조차 인격 성장에 기여하기도 한다. 내적 갈등과 씨름하고 그로부터 배움을 얻는다면 이런 갈등도 정서 발달, 창의성, 풍요로운 내면 생활의 발판이 된다.

이런 해체 과정은 삶의 모든 연령대 또는 단계에서 일어날 수 있다. 개인이 자기성장을 위해 더 의식적인 노력과 자기 인식을 기울일 때 더 높은 인격 발달과 창의성이 가능해진다. 우리는 배우고 성장하고 변화함으로써 더 높은 수준의 의식과 진정성에 이르며 이때 더 나은 행동, 선택, 방향으로 살아갈 수 있다. 민감성, 강렬한 경험, 내적 갈등은 우리가 더 나은 수준으로 성장하여 한층 더 깊은 자기 인식과 연민에 이르는 데 꼭 필요하다.

인격 발달의 후반기에서 진정한 자아를 찾으려는 욕구가 나타난다.[40] 개인은 더 이상 외부의 권위를 수동적으로 받아들이지 않고, 자기 내면의 목소리에 귀 기울이고 자신의 기준에 따라 판단하기 시작한다. 사람들은 '더 높은 자아'로 올라가는 과정을 통해 로버트 그린이 거짓 자아false self라고 부른 것, 곧 "특정 가치를 고수해야 한다는 사회적 압력뿐만 아니라 어떤 사람이 되어야 하고 무엇을 해야 하는지에 대해 자신의 생각을 따르길 원하는 부모와 친구 등 타인으로부터 내면화한 모든 목소리"를 자주 의식하게 된다.[41] 이런 목소리들을 잘 알게 되면 그것에서 벗어나는 데 도움이 된다. 조지프 캠벨Joseph Campbell이 말한 대로다. "삶의 보물을 발견하려면 심연 아래로 내려가야 한다. 걸려 넘어진 곳에 자신의 보물이 있다."

인격 발달 여정의 상위 단계에는 무엇이 있을까? 자신의 사소한 관심사에 몰두하기보다 자아실현과 다른 사람을 돕고 세상의 문제를 해결하려는 욕구가 나타난다. 이 단계에서 사

람들은 보편적인 연민, 인류에 대한 봉사, 영원한 가치의 실현
을 추구한다.

인격 발달의 최고 단계는 자신의 삶을 이끌어가는 '인격적
이상'을 실현하는 것, 즉 삶의 신조로 삼아온 이상이 고취되
어 실현되는 것이다.[42] 이 단계에서는 존재와 당위 사이의 간
격이 더 이상 존재하지 않기 때문에 내적 갈등은 일어나지 않
는다.[43] 인격적 이상이라는 개념은 로버트 그린이 말한 진정한
자아 개념과 비슷하다. "진정한 자아는 내면 깊은 곳에서 들
려오는 목소리이며 (…) 이 목소리는 자신의 유일무이한 독특
성에서 나오며, 자신을 초월하는 듯한 감각과 강렬한 욕구를
통해 전해진다"고 그는 묘사했다.

비범한 내적 변화를 이룬 사람들은 문제를 해결하고, 정서
적 문제를 극복하고, 자신과 타인을 받아들이고 다른 사람에
게 받은 호의를 돌려주는 창의적인 방법을 찾아낸다. 그들은
끊임없이 자신의 삶에 새로운 의미를 부여하고 진정한 자아를
발견하려고 노력한다. 그리하여 진정한 자아는 계속 찾고 창
조하는 대상이 된다. 또한 내면 세계가 외부 현실을 결정하고,
각자는 개인적·집단적 현실을 구축하며, 우리의 삶은 서로 연
결되어 있고, 우리의 선택에 따라 세계는 전쟁 또는 평화로 나
아간다는 것을 깨닫는다. 달리 말하면 '내면의 평화가 세계

평화의 토대이며 우리에게 필요한 모든 것이 우리 안에 있다'
는 것을 깨닫는다. 이러한 놀라운 삶을 살아온 사람들을 검토
한 후, 피초프스키는 이런 결론을 맺었다. "우리가 자신의 현
실을 만들며, 그 현실을 구축하는 데 필요한 모든 '자원'이 내
적 자아 안에 존재한다는 그들의 깨달음을 받아들인다면 우
리는 궁극적 의미의 창의성에 도달한 것이다."[44]

자아 실현의 모범은 엘리너 루스벨트Eleanor Roosevelt다. 그
녀는 '독립을 위해 애쓰고, 지독한 두려움을 극복하고, 대중
연설가, 작가, 정치가로서의 재능을 개발하고, 이타적인 목표
를 향해 흔들림 없이 헌신'했다.[45] 루스벨트는《민주주의의 도
덕적 기초The Moral Basics of Democracy》에서 개인적 성장의 중요
성을 이렇게 언급한다. "법률과 정치는 국민이 내면적 진보를
이룬 결과물일 뿐이며, 사실 국민이 성공적인 민주주의의 토
대를 놓는다. 국민이 각자 개인적 발전을 이루어야만 민주주
의가 발전한다."[46]

변화의 원천은 거의 무궁무진하다. 1년 동안 이탈리아, 인
도, 인도네시아를 여행하고 그 경험을 기록한 베스트셀러《먹
고 기도하고 사랑하라》의 저자로 유명한 엘리자베스 길버트
는 어떻게 하면 자신처럼 자아 발견의 여정을 떠날 수 있느냐
는 질문을 자주 받는다. 그녀는 이렇게 대답한다.

나는 "신을 찾고자 하는 사람은 남편을 버리고 인도로 가라"고 주장하며 모범을 보이는 사람은 결코 되고 싶지 않다. 그것은 나의 길이었고, 그게 전부였다. 나는 내 인생을 해결하기 위한 개인적인 처방전으로서 나의 여정을 만들어 갔다. 변화의 여정은 다양한 형태를 띨 수 있으며 집을 떠나지 않고도 시작되는 경우가 많다.[47]

긍정적 해체 과정을 통한 의식적인 개인의 발전은 스위스계 미국인 정신과 의사이자 임종 연구자인 엘리자베스 퀴블러 로스Elisabeth Kübler-Ross가 '아름다운 사람들'의 탄생에 관해 내놓은 유명한 묘사와 비슷하다.

우리가 아는 가장 아름다운 사람들은 패배를 알고, 고통을 알고, 분투를 알고, 상실을 알고, 어두운 심연으로부터 빠져나오는 길을 찾아낸 이들이다. 이들은 감사할 줄 알고, 민감하며, 삶을 이해하고 있어 연민과 온유와 애정 깊은 관심을 나타낸다. 아름다운 사람들은 저절로 생기지 않는다.[48]

상실, 분투, 고통, 패배를 아는 것은 긍정적 해체 과정에서 대단히 중요하며, 개인적 성장, 창의성, 깊은 변화의 촉매제 역할을 한다. 내적·외적 고난과 도전은 회피하거나 부인할 무엇이 아니라 우리를 아름답게 만들어준다. 니체가 시적으로 말한 대로, "춤추는 별을 낳으려면 자신 안에 혼돈을 품고 있어야 한다."

극도의 민감성은 종종 삶을 힘들게 할 때가 있지만, 심리학자 섀런 린드Sharon Lind는 과흥분성이 "엄청난 기쁨, 놀라움, 연민, 창의성을 가져다주기도" 한다는 점을 기억하라고 호소한다.[49] 만약 힘든 경험을 극복하고 최대한 활용할 수 있다면 우리는 한층 더 나은 위치에서 의미 있는 일을 수행하고 더 다양한 정체성을 발전시킬 수 있다.

9장

역경을
유익한 기회로 바꾸기

"

예술가는 자신의 열정과
절망을 통해 자라는 법이다.

"

프랜시스 베이컨Francis Bacon

프리다 칼로Frida Kahlo의 가장 유명한 자화상 작품은 그녀가
벌거벗은 채 피를 흘리며 병원 침대에 누워 있고 달팽이, 꽃,
뼈, 태아가 여러 혈관으로 그녀와 연결된 모습을 묘사한 그림
이다. 〈헨리 포드 병원〉이라는 제목의 이 1932년 초현실주
의 작품은 칼로의 두 번째 유산을 강렬하게 예술적으로 표현
한다. 그녀는 일기에 이렇게 썼다. "그림은 고통의 메시지를 담
고 있다."[1] 이 화가는 고통을 예술로 승화시키는 작업의 진정
한 대가였다. 그녀의 작품을 제대로 이해하려면 작품의 동기
가 된 고통에 대해 어느 정도 알 필요가 있다.

칼로는 여러 번의 유산 경험, 어린 시절 겪은 소아마비, 그
밖의 수많은 불행을 여러 자화상에 상징적으로 담아냈다. 그
녀는 거의 죽을 뻔한 사고를 당한 후 열여덟 살에 처음 그림을
그리기 시작했다. 버스와 전차가 충돌하면서 철제 난간이 그

녀의 엉덩이를 관통해 반대편으로 튀어나오는 사고를 겪은 것이나. 이로 인해 척추와 골반 골절을 비롯한 다발성 손상을 입었고, 평생 만성 통증에 시달리게 되었다. 칼로는 이듬해 건강을 회복하던 중에 첫 자화상을 완성했다.

칼로에게 그림은 무의미해 보이는 고통에서 의미를 만들어내는 자신만의 방식이 되었다. 이 화가의 가장 깊은 어둠이 작품의 동기와 영감이 되었고, 그림은 삶이 그녀에게 던져준 고난을 헤쳐나갈 수 있는 길을 제공했다. 고통과 트라우마는 칼로의 원초적이고 정직하며, 깊은 감정을 표현하는 자전적 작품 이면에 작용하는 힘이었다.

역경에서 탄생한 예술은 세계에서 가장 뛰어난 창의적 인물들의 삶에서 거의 보편적으로 나타나는 주제다. 신체적·정신적 질병과 싸우거나, 어린 시절 부모를 잃거나, 사회적으로 거부당하거나, 가슴이 찢어지는 고통을 겪거나, 버림받거나, 학대를 당하거나 그 밖의 다른 형태의 트라우마를 겪은 예술가들에게 창의성은 시련을 기회로 바꾸는 행위인 경우가 많다.

다른 예술 형태 중 특히 우리가 듣는 음악, 우리가 보는 연극과 그림은 인간의 고통 속에서 의미를 찾아내려는 시도인 경우가 많다. 예술은 인생의 가장 작은 슬픔의 순간에서부터 하늘이 무너지는 듯한 비극까지 모든 것을 이해하려고 한다. 우리는 고통을 경험하고 이를 해결하려고 씨름한다. 인간 삶의 어두운 면을 이해하려고 개인적, 집단적으로 노력하는 과정에서 다른 사람의 고통과 고독을 진실하게 보여주는 칼로의 자화상 같은 예술 작품을 만나면 깊은 감동을 느낀다.

살아오면서 우리를 죽이지 못하는 것은 우리를 더 강하게 만든다는 말을 숱하게 들어왔다. 니체가 처음 언급한 후 대중 문화가 받아들인(미국 가수 켈리 클락슨Kelly Clarkson과 칸예 웨스트Kanye West를 생각해보라) 이 말은 우리의 문화적 상상력에 가장 깊이 뿌리박힌 구절일 것이다. 진부하긴 하지만 이 표현은 인간 심리의 근본적인 진실, 곧 극단적인 역경을 겪으면 우리의 힘이 드러난다는 진실을 표현하기 때문에 보편적인 관용구가 되었다. 많은 사람이 여러 차례 시련의 시기를 거친 뒤 원래 상태를 회복할 뿐만 아니라 진정으로 풍요로운 삶을 살게 된다.

역경을 이기고 성공을 거두는 감동적인 이야기는 많은 사람들의 사랑을 받는다. 고군분투 끝에 강한 존재로 성장하는 여정은 조지프 캠벨이 말한 "영웅의 여정"에서 중요한 부분이며, 시련을 극복하고 위업을 달성해 자수성가한 미국인 이야기의 핵심이기도 하다. 또한 어느 문화권에서나 이런 이야기는 흔히 볼 수 있다. 역사와 대중문화의 수많은 이야기는 역경을 극복하고 본래 상태로 회복하는 것을 넘어 이전보다 훨씬 더 나은 사람이 된 용감한 인물들의 절절한 사연을 들려준다. 그렇게 살아남은 자는 자신이 깨달은 새로운 지혜와 연민을 다른 사람에게 전해줄 수 있다.

이런 이야기의 원형은 고대 그리스와 로마 철학자들에서 그 기원을 찾을 수 있다. 그들은 좋은 삶이란 우리가 불가피하게 직면하는 분투와 도전이 포함된 것이라고 여겼다. 특히 스토아 철학은 우리의 모든 꿈과 욕구를 순식간에 산산조각 낼 수 있는 변덕스럽고 본질적으로 예측할 수 없는 세상을 어떻게 대처하느냐는 문제에 집중했다. 스토아 철학의 가장 유명한 지지자였던 로마 정치가 마르쿠스 아우렐리우스Marcus Aurelius는 패하고 있던 전쟁터에서 역경을 극복한 이후에 얻는 힘에 대한 궁극적인 선언서 《명상록》을 썼다. 그는 이렇게 말했다. "행동을 가로막는 것이 그 행동을 진척시킨다. 길을 막는 장애물이 길이 된다."[2]

이런 생각은 20세기 중반 유럽 사상가들이 제2차 세계대전의 만연한 고통과 환멸을 붙들고 씨름하던 무렵 실존주의 사상에서 갑자기 재등장했다. 홀로코스트 생존자 빅터 프랭클Viktor Frankl은 《죽음의 수용소에서》를 통해 인간의 근본적인 욕구는 "어떤 조건에서도 삶의 잠재적 의미를 찾는 것"이라는 이론을 제시했다. 가족 중 일부가 강제수용소에서 처형당하는 상상하기 힘든 고통의 순간에서도, 프랭클은 삶의 가장 참혹한 상황조차 삶의 목적과 힘을 찾을 수 있는 기회라고 말했다. 또한 삶이 견딜 수 없게 되는 것은 결코 환경 탓이 아니라 삶의 의미와 목적이 없기 때문이라고 말했다. 그는 "우리가 상황을 바꿀 수 없을 때 자신을 바꾸어야 하는 도전에 직면하게 된다"라고 썼다.[3]

불교 전통에는 이런 격언이 있다. "연꽃은 진흙에서 핀다."[4] 하나의 상징인 연꽃은 진흙 속에서 핀다. 연꽃은 더러운 흙 속에 뿌리를 내리고 성장한다. 이 은유가 의미하듯이, 우리는 고통에서 연민을 배우고, 상실에서 이해를 배우고, 힘든 싸움을 이겨낸 후에 자신의 힘과 아름다움을 발견하게 된다. 정확히 말하자면 우리가 성장하려면 이런 고투가 필요한 것으로 여겨진다. 그레고리 데이비드 로버츠Gregory David Roberts가 소설《샨타람》에서 썼듯이 "내 뜻이 잘 전달될지 모르겠지만, 때로 우리에겐 마음이 무너지는 고통이 필요합니다."[5]

작고한 배우 겸 코미디언 로빈 윌리엄스Robin Williams는 1988년 잡지 〈롤링 스톤〉과의 인터뷰에서 자신의 이혼과 아버지의 죽음을 비롯한 인생의 역경 속에서 어떻게 감사하는 법을 배웠는지 밝혔다. 그의 인생에서 가상 힘든 시기를 겪은 후, 윌리엄스는 힘들 때 한 친구가 감사한 것을 찾아보라고 조언했다고 말했다. "불교식 감사 카드를 써보라고 하더군요. 불자들은 자신을 힘들게 하는 모든 것이 협력해 우리의 마음을 가다듬고 새로운 힘을 내게 만든다고 믿거든요."[6]

시련을 이기고 성공하는 이런 이야기는 이상주의나 진부한 자기계발 조언과는 거리가 멀다. 역경을 통한 성장이라는 개념은 고대와 현대의 지혜일 뿐만 아니라 최근의 심리학 연구에서도 강조된다. 지난 20년 동안 심리학자들은 과학계에서 외상 후 성장posttraumatic growth이라는 용어로 알려진 이 현상을 연구하기 시작했다. 이 용어는 1990년대 심리학자 리처드 테데스키Richard Tedeschi와 로런스 캘훈Lawrence Calhoun이 다양한 유형의 트라우마와 삶의 어려움을 극복하면서 엄청난 변화를 경험한 사람들의 사례를 설명하기 위해 만들었다.[7] 현재 300개 이상의 과학적 연구에서 이와 같은 내용이 확인되며, 트라우마 생존자 중 최대 70퍼센트가 어느 정도 긍정적인 심리적 성장을 이루었다고 보고하는 연구도 있다.[8]

"트라우마 생존자 중 최대 70퍼센트가
긍정적인 심리적 성장을 경험한다."

우리를 죽이지 못하는 것은 우리를 더 강하게 만들 뿐만 아니라 더 창의적으로 만든다. 위대한 예술적 성취는 지독한 고통에서 비롯되는 경우가 많다. 결코 트라우마를 미화하거나 창의성을 얻는 수단으로 추구해서는 안 되지만, 역경은 예술가의 내적 삶과 정서 상태를 이해하는 강력한 힘이 될 수 있다. 한 편의 예술 작품이 어떤 식으로든 고통을 승화시키는 데 성공하면, 우리의 숨을 멎게 하는 위대한 작품이 될 수 있다. R&B 음악의 대부인 레이 찰스Ray Charles는 〈월광 소나타〉를 들을 때 자신이 베토벤의 어둠을 얼마나 강렬하게 경험했는지 말했다. 찰스는 〈롤링 스톤〉과의 인터뷰에서 이렇게 이야기했다. "이 사람이 겪고 있는 고통이 그대로 느껴지더군요. 이 곡을 쓸 때 그는 정말 외롭고 또 외로웠을 겁니다."[9]

상실에서 창의적인 무언가를 얻을 수 있다. 이 둘의 관계는 이중적이다. 이를테면 역경을 겪는 사람들은 창의적인 배출구를 추구할 가능성이 더 크고, 다른 한편으로 창의적인 성향의 사람들(경험에 대한 개방성이 높고 민감한 성격)은 다른 사람들과 다른 일을 하는 탓에 상처받기 쉬워 살면서 더 많은 역경을 경험할 가능성이 있다. 심리적 질환들은 매우 창의적인 사람들이 겪는 다소 일반적인 역경의 형태이며, 창의적인 영감과 자기표현 충동을 유발할 수 있다. 미국 시인 앤 섹스턴Anne Sexton은 이런 말을 했다. "시가 나에게 손을 내밀어 팡기에서 벗어나게 했다." 한편, 버지니아 울프는 어머니를 잃은 상실감을 극복하기 위해 소설《등대로》를 썼다. 그녀는 이렇게 말했다. "상실을 표현함으로써 나는 상실을 설명하고 상실의 상처를 다독였습니다."

트라우마와 창의성의 관련성을 보여주는 또 다른 증거는 '고아 효과orphanhood effect'다. 이것은 놀라운 업적을 세운 사람들이 다른 사람들에 비해 부모를 여읜 비율이 현저하게 높고, 이 비율이 우울증과 자살 충동 증상으로 정신과 치료를 받은 사람들의 비율과 비슷하다는 것을 설명한다.[10] 탁월한 예술가 중에서 이런 사례를 찾기는 어렵지 않다. 트루먼 커포티의 어머니는 그가 열여섯 살 때부터 알코올 의존자였고, 그가 성인이 되었을 때 자살했다. 기타 연주자 제리 가르시아 Jerry Garcia는 어렸을 때 아버지가 아메리카강에서 익사하는 것을 보았다. 에드워드 올비Edward Albee, 조지프 콘래드Joseph Conrad, 서머싯 몸, 레프 톨스토이Leo Tolstoy, 윌리엄 워즈워스 같은 작가들 모두 어린 시절에 고아가 되었다. 이런 사례는 계속 이어진다.

거듭 말하지만 트라우마는 창의성의 필요 조건도, 충분 조건도 아니다. 모든 형태의 트라우마 경험은 그 여파로 어떤 형태의 창의적 성장이 이루어지든, 비극이며 심리적으로 파괴적인 영향을 준다. 이런 경험을 통해 얻는 것도 있지만 상실의 아픔이 오래 지속될 수 있다. 사실, 잃는 것과 얻는 것, 고통과 성장은 흔히 동시에 일어난다. 하지만 많은 예술가가 트라우마와 싸우려고 노력하는 가운데, 프랭크가 말한 대로, "고통의 의미를 발견하는 순간 고통은 더 이상 고통이 되지 않는다"는 점을 깨달았을 것이다.[11] 창의적인 작업은 이런 의미를 탐색하고 표현하는 길이 된다.

창의적인 작업에 역경이 반드시 필요한 것은 아니며, 극도의 고통을 겪는 예술가라는 통념은 말 그대로 통념일 뿐이라는 점을 기억해야 한다. 매우 창의적인 사람의 이미지를 자신의 고통을 예술로 승화시키는 어둡고 자기파괴적인 영혼으로 묘사하는 것은 창의적인 성과가 부정적인 삶의 경험 못지않게 긍정적인 삶의 경험에 의존하는 실제 상황과는 다르다. 음악 저널리스트 폴 졸로Paul Zollo가 오노 요코Ono Yoko에게, 살면서 경험한 모든 비극이 어떤 식으로든 그녀의 마음을 열어주거나 더 나은 예술가로 만들었는지 물었다. 그녀는 훌륭한 예술에 역경이 꼭 필요하다는 생각을 분명하게 부정하며 이렇게 말했다. "비극은 온갖 모습으로 다가오는 것 같습니다. 누구도 예술가들에게 훌륭한 예술가가 되기 위해 비극을 좇

으라고 권유해서는 안 됩니다."

하버드대학교 의대와 매클레인 병원에서 외상 후 성장과 창의성에 관한 광범위한 연구를 수행한 심리학자 마리 포지어드Marie Forgeard는 힘든 일이 닥치면 우리는 자신의 신념과 인생 계획을 재점검할 수밖에 없고 이 과정에서 힘과 창의적인 잠재력이 생긴다고 설명한다.

포지어드는 이렇게 말한다. "당연시했던 것들을 재검토하고, 새로운 것에 대해서 생각할 수밖에 없다. 역경의 충격이 너무 커서 그 일이 없었다면 절대 고민하지 않았을 문제에 대해 생각할 수밖에 없다."

상실을 통해 얻다

외상 후 성장은 다양한 형태로 나타난다. 삶에 더 감사하고, 인생의 새로운 가능성을 발견하며, 더 만족스러운 인간관계를 맺고, 영적 생활이 더 풍요로워지고, 자기보다 더 위대한 존재와 연결되며, 개인적인 힘을 자각하게 된다.[12] 예컨대, 암 투병은 가족에 대한 감사를 새롭게 깨닫는 계기가 되고, 임사 체험은 삶의 영적인 측면에 더 많은 관심을 갖는 기회가 될 수 있다. 심리학자들은 트라우마 경험 역시 공감과 이타심을 더 키우고 타인의 유익을 위해 행동하는 동기를 부여할 때가 많

다는 점을 확인했다.[13]

그렇다면 우리는 고통을 겪고 어떻게 우리의 본래 상태를 회복할 뿐만 아니라 더 나은 삶을 살 수 있게 되는 걸까? 왜 어떤 사람들은 트라우마에 압도당하는 반면 어떤 사람들은 그것을 극복하고 더 나은 삶을 살까? 테데스키와 캘훈은 외상 후 성장이 어떤 형태든 상관없이, 어떤 사람들에게는 "매우 뜻깊은 발전의 경험"이 될 수 있다고 설명한다.[14]

노스캐롤라이나대학교의 두 연구자는 지금까지 가장 많이 수용되는 외상 후 성장 모델을 만들었다. 이 모델에 따르면, 사람들은 자연스럽게 세계에 관한 신념과 가정을 만들고 의존하는데, 트라우마 후 성장이 일어나려면 트라우마 사건이 이런 신념을 밑바닥에서부터 흔들어야 한다. 테데스키와 캘훈의 설명에 따르면, 트라우마가 우리의 세계관과 신념과 정체성을 산산조각 내는 것은 마치 지진이 일어난 것과 같다. 트라우마의 엄청난 충격으로 사고와 신념의 가장 근본적인 구조가 완전히 바스러져 산산이 조각난다. 말 그대로 통상적인 인식이 완전히 흔들리고 무너져서 자신과 세계를 다시 구축해야 한다. 더 많이 무너질수록 이전의 자아와 가정을 포기하고 완전히 다시 시작해야 한다. 그들은 "심리적 지진 같은 사건들은 이해, 의사결정, 의미 부여의 길잡이였던 도식적인 구조를 격렬하게 흔들고 위협하고 산산이 부술 수 있다. 안전이 위대로워지고, 성체성과 미래가 위협당한다"라고 썼다.[15]

지진 후 파괴된 도시의 물리적 재건은 트라우마 이후 개인이 경험하는 인지 과정과 재구조화에 비유할 수 있다. 자아의 가장 근본적인 구조가 흔들리고 무너지면 어쩌면 창의적인 새로운 기회를 추구할 수 있게 된다.

'재건' 과정은 다음과 같은 양상을 보인다. 심각한 질병이나 사랑하는 사람의 죽음과 같은 트라우마 사건 이후, 사람들은 그 사건을 처리하기 위해 고도로 집중한다. 그들은 끊임없이 벌어진 사건에 대해 생각하고 강한 정서적 반응을 보이는 경우가 많다. 슬픔, 비탄, 분노, 불안은 트라우마에 대한 일반적인 반응이며, 성장은 대개 이런 힘든 정서를 대체하면서 일어나는 것이 아니라 이런 감정들과 함께 일어난다는 것을 유의할 필요가 있다. 성장 과정은 극도로 힘든 상황에 적응하고 트라우마와 그로 인한 부정적인 심리적 영향을 이해하기 위한 방편으로 볼 수 있다.

부정적인 생각과 감정을 계속 곱씹는 '반추'가 트라우마 사건 후에 자연스럽게 일어난다. 언뜻 생각하기에 이해하기 힘들지 모르지만 이런 반복적인 생각은 힘든 일을 극복하고 더 나은 삶을 살기 위한 대단히 중요한 과정이다. 부정적인 감정을 숙고할 때 우리는 그것을 이해하고 삶 속에 잘 받아들임으로써 삶의 의미와 목적 의식을 계속 공고히 하려고 열심히 노력한다. 역경을 겪고 난 후, 우리의 마음은 더 이상 지탱하지 못하는 기존 신념 체계를 적극적으로 해체하고 새로운 의미 구조와 정체성을 만든다. 아마도 가장 근본적인 차원에서 트라우마는 우호적이고 예측 가능한 세계에 대한 우리의 신념을 뒤흔든다. 통제 가능하다는 환상은 산산이 깨지고 이제 그것을 버려야 한다. 그 환상은 세계가 변덕스럽고, 예측할 수 없으며, 인간의 통제를 벗어난 것 같다는 우리의 새로운 경험과 더 이상 맞지 않기 때문이다.

반추는 자동으로 끼어드는 부정적인 생각들을 반복하는 것으로 시작되는 경우가 많지만 시간이 지나면 트라우마 사건과 그 영향을 생각하는 방식이 점점 정리되면서 신중해지고 통제할 수 있게 된다. 이때부터 반추는 의미 찾기 과정을 시작한다. 의미 찾기는 외상 후 성장, 특히 창의적 성장의 본질적인 요소다.

재건은 믿기 힘들 정도로 힘든 과정이다. 앞서 보았듯이 성장 과정은 깊게 자리 잡은 목표, 정체성, 가정에서 분리되어 벗어나는 과정이 필요할 뿐만 아니라 새로운 목표, 계획, 의미를 새로 만들어가야 하기 때문이다. 재건은 격렬하고 몹시 고통스럽고 완전히 녹초가 되는 과정일 수 있지만 새로운 삶의 문이 열릴 수도 있다. 트라우마를 극복한 사람들은 자신을 건강하게 잘 사는 사람으로 여기고 새로운 힘과 지혜를 받아들이기 위해 자신의 정체성을 바꾼다. 그 결과 내적 자아에 진정으로 충실하며 자신만의 인생 길을 걷는다고 느끼는 방식으로 자신을 재구축할 수 있다.

트라우마 생존자들에게 공통으로 나타나는 특징을 일컫는 핀란드어가 있다. 바로 시수sisu다. 시수는 지독한 역경에 맞서는 비범한 결단, 용기, 단호함을 말한다. 최근 여러 해 동안 핀란드의 사회심리학자 에밀리아 라흐티Emilia Lahti는 시수를 과학적으로 연구했다. 라흐티는 시수가 이른바 '행동적 사고방식', 즉 도전과제에 직면할 때 현재의 한계를 넘어 미래의 가능성을 볼 수 있게 해주는 흔들림 없고 담대한 사고방식에 기여한다고 주장한다.

새로운 가능성

그렇다면 역경 이후 창의적인 성장은 어떻게 이루어지는가?

포지어드는 어째서 갈등이 창의성의 영감과 동기가 되는지, 그리고 창의적 행동이 어떻게 트라우마와 극심한 도전을 겪은 사람들의 마음을 치유하는지를 연구해왔다. 외상 후 성장과 창의성의 관련성을 연구하는 소수의 연구자 중 한 사람인 그녀는 유명한 예술가들과 수백 명의 일반인을 대상으로 역경이 미치는 영향을 조사했다.

포지어드는 역사상 유명한 창작자들의 삶을 연구하면서 고통이 창의적 작업의 자양분이 되는 패턴을 확인했다. 많은 예술가가 상실과 정신 건강 문제를 포함한 역경과 싸우며 자신의 고통을 창의성의 동기와 영감으로 삼는 것처럼 보였다. 앞서 언급했듯이, 유명한 창작자, 특히 예술 분야의 창작자들은 일반인들보다 훨씬 더 힘든 인생 역경(어린 시절 부모 사망, 정서 불안, 사회적 거부, 신체적 질병 등)을 겪은 것으로 밝혀졌다.[16] 포지어드는 인생 역경과 높은 창의성의 일치가 우연이 아니라고 생각하고, 어떤 사람들에게는 역경이 실제로 창의적 성취의 열쇠일 것이라는 가설을 세웠다.

포지어드는 먼저 300여 명의 사람들에게 삶에서 가장 힘든 경험을 말해달라고 했다. 이야기의 대부분은 그들이나 그들이 사랑하는 사람에게 일어난 트라우마적 사건이었다.[17] 그녀는 그들이 어떤 창의적인 활동을 하는지, 그리고 역경이 그들의 창의성에 도움을 주었다고 생각하는지를 물었다. 그 결과 역경으로 심각한 고통을 경험했다고 생각하는 사람들은 창의성이 더 높아졌다고 말했다. 자료를 분석한 결과, 경험에 대한 개방성이 높은 사람들에게 창의성의 변화가 더 많이 나타났다. 비록 주관적인 생각일 뿐이지만, 창의성이 높아졌다는 그들의 인식은 트라우마 후 성장의 중요한 부분이다.

포지어드는 이렇게 말했다. "연구에 따르면, 역경과 창의성 사이에 상관관계가 존재하는 것 같다. 인생의 경험이 더 고통스러울수록 트라우마 후에 더 크게 성장하고, 창의성도 더 많이 향상된다."[18]

사람들이 경험한 것은 단순히 전반적인 성장이 아니었다. 창의성 향상을 보고한 사람들은 특정 영역에서 더 크게 성장했다. 창의적 성장은 삶에서 새로운 가능성을 바라보는 측면의 성장과 관련되었고, 흥미롭게도 인간관계의 긍정적 변화와 부정적 변화와도 연관되었다.[19]

창의성은 힘든 경험 이후 긍정적인 대응 메커니즘이 될 수도 있다. 어떤 사람들은 역경을 당하면 어쩔 수 없이 세계에 관한 자신의 기본 가정에 의문을 제기하게 되고, 그 결과 더 창의적으로 생각하게 된다. 어떤 사람들은 창의적 활동에 몰두하며 시간을 보낼 새로운 동기를 갖게 된다. 이미 창의적인 작업에 큰 관심이 있었던 사람들은 자신의 삶을 재건하는 중요한 수단으로 창의성에 의존하기도 한다.

창의성은 실제로 치유력을 발휘한다. 트라우마 후 성장에 도움이 되는 것은 창의적 사고와 표현에 포함된 의미 만들기 측면이다. 이런 이유로 예술 치료와 표현적 글쓰기는 외상 후 성장을 위한 강력한 도구들이다.[20] 최근 들어, 포지어드와 동료 연구자들이 창의적 작업이 어떻게 치유를 촉진하는지 조사한 결과, 창의적 표현에 포함된 의미 만들기 측면이 트라우마 후 성장에 크게 도움이 되는 것으로 밝혀졌다.[21]

창의성은 예술 치료와 표현적 글쓰기를 통해 트라우마 후 성장의 수단이 될 수 있다. 예술 치료는 위협적이지 않은 방식으로 힘든 생각이나 감정을 찬찬히 살펴보고 자신을 더 잘 표현하는 도구로 자주 이용된다. 마찬가지로, 며칠 또는 몇 주 동안 정기적으로 진행되는 표현적 글쓰기는 15~20분 동안 강한 감정을 불러일으키는 주제에 대해 글을 쓰며, 긍정적인 감정과 부정적인 감정을 모두 더 잘 이해하고 표현하는 데 도움이 된다.[22] 연구에 따르면, 이런 유형의 글쓰기가 실제로 작업 기억과 같은 인지 기능 개선뿐만 아니라, 외상 후 스트레스 질환과 우울증을 포함한 심리적·신체적 건강을 개선하는 데[23] 도움이 된다는 점이 밝혀졌다. 심리학자들은 이런 유익이 긍정적인 실제 경험이나 트라우마를 상상하며 겪는 경험을 쓸 때도 나타난다고 밝혔다.[24]

이와 같은 창의적 치료법은 몰두(몰입) 촉진, 힘든 상황에서 주의 놀리기, 긍정적 정서, 의미 찾기를 포함한 몇 가지 근본 요인을 통해 성장으로 이끌어준다. 창의적인 활동에 참여할 때 우리는 그 작업에 몰두하면서 통제감, 즐거움, 성취감을 유발하는 일종의 몰입 상태에 빠지곤 한다. 창의적 작업을 하면서 트라우마에 대한 생각에서 벗어나 즐거운 활동에 주의를 돌리고, 새로운 사고방식을 촉진하는 방식으로 사고를 확장할 가능성도 있다. 앞서 보았듯이 아마 가장 중요한 것은 창의적 작업을 통해 무의미하게 느껴지는 시련과 고통에서 의미를 찾는 것일 것이다.

작가들의 경우(또는 인생의 역경과 싸우기 위해 일기를 쓰는 모든 사람의 경우), 의미를 찾으려는 이런 노력은 단어 선택 수준에서도 나타난다. 표현적 글쓰기의 유익한 효과는 작가들이 정서적으로 매우 중요한 사건을 개념화하는 새로운 방식을 보여주는 알다know 또는 이해하다understand와 같은 인지 관련 단어를 사용하는 빈도와 상관관계가 있다.[25] 우울증을 겪는 유명 작가들 역시 이런 단어들을 자주 사용하는 경향을 보이며,[26] 이는 반추 또는 반복적인 사고의 상태, 우울증과 외상 후 성장, 특히 창의적 성장과 연관된 정신적 활동을 보여준다.[27]

포지어드는 이렇게 말했다. "우울증과 창의성의 관계는 실제로 반추로 설명할 수도 있을 것이다. 특정한 것을 계속 숙고하면서 그에 관한 생각을 멈출 수 없으면 한편으로 우울증에 더 취약하게 되고, 다른 한편으로 창의성이 촉진될 수 있다."[28]

하지만 유념해야 할 점은 창의적 작업은 성장을 촉진하는 도구일 뿐만 아니라, 성장이 일어나는 신호이자 치유의 표현이기도 하다는 점이다. 외상 후 성장은 삶에서 새로운 가능성을 보게 만드는 계기가 되며, 이 새로운 가능성은 창의성을 표현할 수 있는 예술적 취미나 완전히 새로운 직업이 될 수도 있다.

새로운 비전

심신을 쇠약하게 만들고 생명을 위협하는 질병과 싸운 많은 화가들은 그 후에 위대한 창의적인 작품을 내놓는 시기를 맞이했다. 사실 질병은 화가의 습관과 사고 패턴을 깨부수고, 무언가 문제가 있다고 느끼게 만들어 새로운 작업 방식을 찾게 해 새롭고 더 독창적인 작품을 내놓게 한다.[29]

심각한 건강 문제는 우리의 가정과 정체성을 재고하게 하며 자신과 세계에 대한 새로운 접근방식을 찾게 만든다. 화가들의 경우 세계를 새롭게 보는 방식을 통해 대단히 독창적인 창작品을 만들고 역경의 한복판에서 삶의 더 큰 의미를 찾는 다. 심각한 정신적·신체적 질병이 예술가의 가정과 세계관을 산산이 부수면, 예술가의 창작 방식도 완전히 뒤흔들리고 스 타일의 제한과 예술적 경계가 파괴되어 정서적으로 풍요로운 작품을 창작할 기회가 열릴 수 있다.

바우하우스 미술학교 교수였던 스위스의 화가 파울 클레 Paul Klee는 결국 죽음에 이르는 자가면역 희귀 질환을 앓았는 데, 그로 인해 자신의 가장 소중한 창작 도구인 손을 쓸 수 없 게 되었다. 펜을 쥐는 것조차 매우 힘들었지만 클레는 그리는 것을 결코 멈추지 않았다. 그는 끊임없이 그렸고 생의 마지막 순간까지도 창의적인 작품을 많이 그렸다. 클레는 질병 진단 이후 그의 가장 독창적인 대작들을 포함해 무려 1,200여 점 의 작품을 그렸다. 그는 이렇게 말했다. "내가 창작하는 것은 울지 않기 위해서입니다."[30]

"내가 창작하는 것은 울지 않기 위해서입니다."

프란시스코 데 고야Francisco de Goya 역시 중병에 걸렸고 질 병이 그의 창작에 깊은 영향을 미쳤다. 고야의 작품 세계는 병에 걸린 46세 이전과 이후 두 시기로 나뉜다. 그는 질병으로 만성 쇠약, 불안감, 오른쪽 마비, 시력 상실, 영구적인 청각 상실을 겪었다. 고야가 질병에 걸려 상상 속으로 침잠하고 예술에 온전히 집중한 시기에 그의 가장 위대한 작품이 탄생한 것으로 널리 인정된다.

폴란드 미술사가 스타니스와프 베틀레예프스키Stanisław Betlejewski와 로만 오소프스키Roman Ossowski는 이렇게 썼다. "질병 이후 청력을 잃자 시각적 경험이 더욱 예민하게 되었고 화가로서의 재능이 최고조로 상승했다. 그의 성격은 더 과묵하고 내성적으로 바뀌었고 그의 모든 에너지는 그림에 집중되었다."[31]

클로드 모네Claude Monet 역시 한차례 병을 앓은 후 시각이 손상되자 작품의 미학적 측면이 극적으로 바뀌었다. 이 화가는 백내장에 걸려 점차 시력이 나빠졌다.[32] 그의 화풍에 극단적인 변화가 일어난 시기는 색 지각력을 잃었을 때였다. 그의 그림은 더 추상적으로 바뀌었고 색조도 더 탁해졌다.

물론 창의성과 정신 질환에 관한 가장 유명한 사례 연구 중 하나는 고통에 시달리는 화가의 원형으로 간주되는 빈센트 반 고흐Vincent Van Gogh다. 반 고흐는 일생 중 가장 창의적인 시기와 그 시기에 이르기까지 극도의 불안, 우울증에 시달렸고 아마도 조울증까지 겪었을 것이다. 1888년 그는 생 레미 드 프로방스 정신병원에 자진해 들어가서 그곳에서 열 정적으로 작업에 몰두해 〈붓꽃〉, 〈별이 빛나는 밤〉 등 가장 유명한 작품들을 그렸다. 일부 미술 평론가들은 〈별이 빛나 는 밤〉에서 정신병원 창밖으로 보이는 밤 풍경을 묘사한 하 늘의 소용돌이치는 선이 그의 격렬한 정신 상태를 보여준다 고 말했다.

반 고흐는 질병으로 그림을 그리지 못할 때도 있었다. 하 지만 작업을 할 수 있을 때 그는 그림을 통해 평화와 목적 의 식을 회복했다. 그는 동생 테오에게 보내는 편지에 이렇게 썼 다. "나는 자주 극심한 고통에 시달려. 하지만 내 안에 여전히 고요하고 순수한 조화와 음악이 있어, 아무리 궁색한 오두막 에서도, 지저분하고 더러운 귀퉁이에서도 스케치와 그림을 볼 수 있거든."[33]

고통 없이 얻을 수 있을까

역경의 경험이라고 해서 반드시 우리의 세계관을 바꿀 만 큼 심각한 트라우마일 필요는 없다. 사실 우리의 관점을 바꾸 고 창작 의욕을 갖기 위해 불운한 사건이 꼭 필요한 것도 아 니다. 크든 작든, 부정적이든 긍정적이든 모든 사건은 우리 자신을 창의적으로 표현하게 만드는 동기가 될 수 있다.

외상 후 성장에 관한 연구에 자극받은 펜실베이니아대학교 연구원이자 포지어드의 동료인 앤 마리 뢰프케Ann Marie Roepke는 역경 이후의 창의성 향상 문제를 다른 방식으로 연구하기로 했다. 그녀가 던진 질문은 이것이었다. **고통 없이 얻을 수 있을까?** 극도의 희열이 느껴지는 순간도 병리학자들이 트라우마와 극심한 역경 이후 관찰한 것과 동일한 지속적인 심리적 성장의 동력이 될 수 있을까?[34]

뢰프케가 발견한 것은 긍정적인 사건이 우리의 성격, 세계관, 신념에 강력한 영향을 미칠 수 있다는 것, 즉 그녀가 이름 붙인 희열 이후의 성장 현상이었다. 사람들의 인생에서 가장 기쁘고 긍정적인 순간은 개인적인 성장, 지혜, 영성, 세계관, 삶의 의미와 목적에 영향을 주어 심리적 행복감을 높여줄 수 있다. 뢰프케는 긍정적인 정서가 개인의 심리적 자원을 구축하고, 관심의 폭을 확대하고, 새로운 사고와 행동을 북돋우고, 창의적 사고를 자극하는 것 같다고 말했다. 이렇게 관심의 폭이 확대되면 사람들은 새로운 가능성과 목표를 바라보고, 때로 세계관에 지대한 변화를 일으키는 것 같았다.

뢰프케의 연구에 참여한 사람 중 압도적 다수는 긍정적인 사건 이후 작을지언정 개인적 성장을 경험했다. 성장으로 이끌 가능성이 가장 높은 경험은 성취, 관계, 또는 강렬한 기쁨을 주는 사건이 아니라 의미에 기초한 긍정적 사건들이었다. 경외심, 경이감, 영감, 그리고 자아보다 더 위대한 무언가와 연결된 것 같은 경험(영적 각성, 새로운 생명의 능력, 만물이 서로 연결되었다는 자각)을 통해 사람들은 세계를 새롭게 보고, 그 결과 성장한다.

새로운 목표와 존재 방식을 지향하게 된 사람들은 인간관계, 우선순위, 정체성, 영적 신념을 바꾸는 경우가 많다. 뢰프케는 "이것은 삶에서 최고의 순간과 최악의 순간 이후 자신에게 일어나는 성장입니다"라고 말한다.

사실 경험을 통해 삶에서 새로운 가능성을 더 많이 상상할수록 더 많이 성장하는 것 같다. 이와 같은 중요한 교훈은 인생 최대의 성공과 시련뿐만 아니라, 세계를 조금이라도 더 보도록 우리의 눈을 열어주는 수많은 의미 있는 일상적 경험에도 적용된다. 이것은 우리의 인생관에 도전을 던지는 책을 읽는 것, 매일 명상 수련을 하는 것, 자연과 교감하는 것, 다른 배경이나 관심사를 가진 사람과 친구가 되는 것, 전에 가본 적이 없는 곳으로 여행하는 것이 될 수도 있다.

창의성을 높여줄 힘을 찾고 있다면 좋든 나쁘든 삶의 모든 의미 있는 순간을 영감과 동기부여의 잠재적 원천으로 삼기 바란다. 그렇게 하는 최선의 방법은 무엇일까? 위험을 무릅쓰고 실패를 각오하는 것이다.

10장

다르게 생각하기

"

미치광이들에게 찬사를.
그들은 부적응자들, 반항아들, 문제아들,
네모난 구멍에 들어가지 않는 둥근 못들이다.
세상을 다르게 보는 자들이다.

"

애플 사 광고, 1997년

애플이 1997년 내보낸 '다르게 생각하라' 캠페인은 광고 역사상 가장 성공적이고 창의적인 광고라는 찬사를 자주 듣는다. 마하트마 간디Mahatma Gandhi, 마사 그레이엄Martha Graham, 알베르트 아인슈타인, 알프레드 히치콕Alfred Hitchcock 등 역사적으로 위대한 인습타파주의자들이 등장하는 이 광고는 애플이 판매 부진의 시기를 딛고 일어나 창의적인 유형의 사람들, 독창적인 생각을 지닌 사람들, 기술 얼리어답터의 기호에 맞는 제품을 출시하며 다시 혁신의 중심이 되는 데 도움을 주었다. 이 영감 넘치는 광고는 효과가 있었다.

스티브 잡스와 그의 팀이 만든 광고들은 뛰어난 마케팅 수단임과 동시에, 창의성과 혁신의 근본 진리를 말해주기도 한다. 앞서 보았듯이, 모든 유형의 창의적 성취에서 절대적으로 필요한 본질적인 요소는 다르게 생각하기다. 성공을 거둔 창의적 작업은 전통적인 사고방식을 거부함으로써 표준과 권위에 과감히 도전하고, 문제를 일으키고, 마침내 진정한 변화의 길을 만든다. 잡스는 이 광고를 공개했던 내부 회의에서 직원들에게 이렇게 말했다. "우리의 핵심 가치는 사람들이 (이 세상을) 더 나은 곳으로 바꿀 수 있다고 믿는 것입니다."[1]

역사상 가장 위대했던 창의적 인물들과 중요한 운동들에 대해 생각해보자. 그들은 하나같이 기존 질서에 도전했으며, 저항과 역경에 부딪혔다. 그들의 노력은 실패로 취급받는 경우가 많았다. 하지만 처음에는 대중적이지 않은 사상을 공유함으로써 그들 역시 애플 광고가 말하듯이, "인류가 앞으로 나아가도록 만들었다."

인습에 반기를 들었던 독창적인 인물 중 한 사람이자 16세기 이탈리아 철학자, 천문학자, 수학자였던 조르다노 브루노Giordano Bruno를 생각해보자. 브루노의 혁명적인 이론은 몇 세기 앞선 것이었고 현대 과학의 중요한 발전을 예고한 것이었다. 그는 무한우주론과 다중우주론 같은 논쟁적인 이론들을 제안해 전통적인 지구 중심적 천문학을 거부하고 코페르니쿠스Copernican 모델을 뛰어넘었다. 그의 이론은 우주가 고정된 것이 아니라 무한하며 다른 행성에도 생명체가 있을 것임을 시사했다. 브루노는 이런 논쟁적인 사상을 유포한다는 이유로 기존 종교계와 과학계로부터 격렬한 반대에 직면했고, 박해를 피해 여러 번 타국으로 피신해야 했다. 그의 이론과 철학은 당시로서는 매우 비정통적이어서 그는 종교재판소에 의해 이단자로 판정받고 결국 1600년에 화형당했다.

브루노는 끊임없이 생명을 위협받는 상황에서도 자신이 옳다고 생각한 바를 표현하는 데 주저하지 않았다. 이 천문학자는 널리 인용되는 말을 남겼다. "단지 다수라는 이유만으로 대중이나 다수와 같은 생각을 하길 바라는 것은 저열하고 천박한 정신을 보여주는 증거다. 진리는 대다수 사람들이 믿느냐, 믿지 않느냐에 따라 바뀌지 않는다."[2]

현대 예술 세계에서도 전통적인 형식과 주제를 거부하는 것은 그것이 예술과 사회를 발전시키는 것일지라도 위험스러운 일이 될 수 있다. 미국 사진작가 로버트 메이플소프Robert Mapplethorpe는 사진이 "오늘날의 존재 양식이 보여주는 광기를 비평할 수 있는 완벽한 도구"일 것 같아서 사진을 선택했다고 말했다. 1970년대와 1980년대에 메이플소프는 동성애자의 욕망과 가학성·피학성 성애를 탐색하는 등 당시로는 극히 금기시되던 주제를 대담하게 포착했다.

메이플소프는 대중을 불쾌하게 만드는 것이나 문제를 일으키는 것을 걱정하지 않았다. 그의 대담함은 도발적인 주

제를 담은 이미지를 거대한 인화물로 만든 것에서 그대로 드
러난다. "사진을 크게 만들면 더 강력해진다"고 말하기도 했
다. 메이플소프의 작품과 전시, 특히 나체와 성행위를 묘사
한 사진들은 자주 보이콧당하고 금지되었다. 1989년 워싱턴
D.C.의 권위 있는 코코런 미술관도 이미 계획되었던 그의 회
고전을 취소했다.[3] 프랑스 사진 잡지는 최근 메이플소프의 이
력을 돌아보면서 그의 예술은 "예술 역사상 (…) 가장 충격적
이고, 실로 가장 위험한 이미지였다"고 평가했다.[4]

창의적 사고와 사회 진보의 역사는 금서, 문화 전쟁, 탄압
받는 예술가, 우리의 세계관을 바꾸는 패러다임 혁신으로 점
철되어 있다. 진정한 변화를 만든 혁신은 거의 모두 전면적인
비난의 대상이 되진 않았다 해도 다양한 저항에 맞닥뜨렸다.
인상파와 후기인상파에 남아 있는 전통적 요소를 비판하며 현
대적인 예술을 추구했다는 이유로 반역자라는 평가를 받았던
앙리 마티스는 이렇게 말했다. "창의성에는 용기가 필요하다."

"창의성에는 용기가 필요하다."

이러한 인습타파주의자들은 진정한 비순응주의자들이다.
심리학자 로버트 J. 스턴버그가 '참신하고 심지어 이상하며, 시

류에서 벗어난 사상을 생각해내고 펼치려는 존재'로 정의한 사람들이었다.[5] 1985년 스턴버그와 동료들은 사람들에게 매우 창의적인 사람들의 본질적인 측면에 관해 묻는 연구를 수행했다. 그들이 대답한 핵심적인 특징 중 몇 가지는 다음과 같다. 다른 사람이 불가능하다고 생각하는 걸 하려고 시도한다. 관행에 순응하지 않는다. 정통적인 견해를 따르지 않는다. 사회 규범, 뻔한 격언, 가정에 이의를 제기한다. 기꺼이 자신의 입장을 밝힌다.

스턴버그의 연구에 따르면, 질문을 받은 다수의 예술가들은 창의적인 사람이란 위험을 감수하고 기꺼이 그 결과를 책임지는 사람이라고 대답했다. 그런가 하면 사업가들은 창의적인 사람이란 전통적인 사고방식의 함정을 피하는 사람이라고 대답했다. 철학자들은 창의적인 사람이 '받아들여진 것'을 절대 덮어놓고 받아들이지 않는 사람이라고 주장했고, 물리학자들은 우리가 근거로 삼은 기본적인 가정에 의문을 제기하는 사람이라고 강조했다.

창의적인 사람들은 전통적인 사고방식과 실천방식을 따르려 하지 않는다는 점에서 일치한다. 이 모든 대답의 공통점은 창의적인 사람은 대중적이고 전통적인 사고방식을 거부하고 새롭고 참신한 생각을 지지한다는 것이었다.

창의적 행동은 전통과 관례에서 벗어나 새로운 패턴을 만들고 새로운 질문을 던지고, 새로운 해답을 추구하는 것이다. 창의적인 사람들은 다른 북소리, 곧 자신의 북소리에 맞추어 행진한다! 다른 실천 방식을 선택할 때 그들은 실패의 가능성을 받아들인다. 하지만 진정한 혁신의 가능성을 열어주는 것은 바로 이런 위험 요소다.

다수 집단에 도전하려면 용기가 필요하고, 대중적인 의견을 따르는 편이 더 쉽고 편안한 길임은 틀림없다. 하지만 위험과 실패는 의미 있는 창의적 성취와, 말 그대로 모든 창의적 작업의 본질적 요소다.[6] 창의적인 분야, 사회나 문화 또는 자신의 마음속에 있는 전통적인 사고방식에서 벗어나는 것은 이전에 생각지 못했던 기발한 연결고리를 찾기 위한 필수 조건이다. 스턴버그가 설명하듯이, 모든 분야에서 가장 독창적인 기여가 다수를 기쁘게 하는 노력에서 나올 가능성은 없다.

창의성에 불신의 눈길을 보내는 세상에서 독창적인 사고를 창출하고 공유하는 것은 어느 정도의 객기가 필요하다. 비관습적인 생각을 하고 전하려면 기꺼이 문제아가 되고 아웃사이더라는 낙인이 찍힐 위험을 각오해야 한다. 작가이자 생화학자인 아이작 아시모프는 말했다. "이성, 권위, 상식에 기꺼이 맞서려는 사람은 대단한 자신감을 지닌 사람임이 틀림없다. 그는 좀처럼 보기 드문 사람인 까닭에 (바로 그런 점 때문에) 다른 사람들에게 괴짜로 보일 수밖에 없다."[7]

주제넘은 질문을 던지는 사람들은 배척당할 각오를 해야 하며 자신의 생각이 거부당하고 비난받을 때 그 생각을 고수할 준비가 되어 있어야 한다. 지구가 평평하지 않고 둥글다는 명제와 지구가 태양 주위를 돈다는(그 반대가 아니라) 코페르니쿠스 이론은 받아들여지기 전까지 오랜 세월 많은 사람으로부터 매도당하고 이단으로 치부되었다. 갈릴레오는 동료 천문학자 요하네스 케플러Johannes Kepler에게 보내는 편지에서 코페르니쿠스의 운명을 보고 단념하게 되었다며 한탄했다. "그는 소수의 사람으로부터 불멸의 명성을 얻었지만 수많은 사람들로부터 조롱과 비난을 받았네. 아둔한 자들이 아주 많기 때문이네."[8]

창의성은 위험을 감수했을 때 자연스럽게 따라오는 결과인 경우가 많다. 스턴버그의 '추진력 이론'에 따르면, 특정 분야에서 창의적 공헌은 새로운 사고가 그 분야를 현재 패러다임에서 벗어나 얼마나 새로운 사고방식으로 변화시켰는가에 따라 평가할 수 있다. 이 모델에 따르면, 가장 창의적인 작업은 기존 사고를 가장 성공적으로 진보시킨 작업이다. 어느 분야에서든 진정으로 창의적인 공헌은 그 분야를 완전히 새로운 곳으로 이동시킨다는 점에서 리더십과 비전이 요구된다.

첫 시도가 실패로 끝났던 의학 분야의 추진 사례를 생각해보자. 19세기 중반 헝가리의 산과의사 이그나츠 젬멜바이스Ignaz Semmelweis는 의사의 손에 묻은 작은 입자를 통해 병원에서 질병이 확산될 수 있다는 가설을 세웠다. 젬멜바이스는 의료진이 손 씻기 규정을 지키면 많은 생명을 구할 수 있다고 믿었고, 자신이 일하던 빈 병원 산과에서 소독 절차를 시행했다. 그는 영화석회액으로 손을 씻으면 환자들의 사망률이 현저하게 낮아진다는 것을 알게 되었다. 당시로서는 상당히 논쟁을 불러일으킬 만한 생각이었다. 많은 급진적인 생각들과 마찬가지로 이 가설은 동료들에게 받아들여지지 않았다. 젬멜바이스는 조롱받았고 병원에서 직위를 박탈당했다. 이 일은 그에게 엄청난 고통을 안겨주었고 나중에 그는 정신병원에 수용되었다. 수년이 흘러 루이 파스퇴르가 미생물병원설을 발전시킨 뒤에야 소독 절차에 관한 젬멜바이스의 선구적인 노력이 마침내 널리 받아들여졌다.[9]

많은 노벨상 수상자들도 비슷한 이야기를 들려준다. 2009년 논문에서 후안 미구엘 캄파나리오Juan Miguel Campanario는 뛰어난 연구자들이 과학계와 학술지 편집자들에게 논문을 거부당했지만 나중에 노벨상을 받은 사례를 조사했다.[10] 물리학 학술지 〈피지컬 리뷰 레터스〉는 초유체 헬륨이라는 획기적인 발견에 관한 핵심 논문을 거절했는데, 이 논문이 1996년 노벨물리학상을 받았다. 그런가 하면 권위 있는 학술지 〈네이처〉는 최초로 자기공명영상 기술을 자세하게 다룬 획기적인 논문을 받아주지 않았다. 물리학자 폴 로터버Paul Lauterbur가 2003년 노벨의학상을 받은 것도 이 획기적인 MRI 기술을 발표한 지 30년 후였다. 오늘날 매년 1,000만 명의 환자가 MRI 검사를 받는다.[11] 로터버는 나중에 이렇게 회고했다. "내가 그것을 실제로 보여주어도 많은 사람이 그럴 리가 없다고 말했습니다!"[12]

과학계의 규범이 편견 없는 열린 태도이고, 앞서 보았듯이 지적 호기심이 과학적 창의성의 최고 지표임에도 불구하고, 캄파나리오의 연구는 기존의 과학적 패러다임에 도전하는 새로운 이론에 대해 조직적인 회의론이 존재한다는 것을 보여준다. 노벨상 수상자들 외에도 많은 과학자와 평론가들이 과학계의 동료심사 제도가 혁신을 위축시키고 기존 패러다임을 강화하는 연구에 보상하는 방식으로 설계되었다고 말했다.

미술, 음악, 공연 예술 분야도 비슷하게 새로운 사고를 환영하지 않는다. 아마 재즈가 음악계에서 가장 유명한 예일 것이다. 즉흥성과 자유로운 표현이 주요 특징인 이 새로운 음악

장르는 음악의 모든 규칙을 깼고, 예상대로 비난과 분노의 대상이 되었다. 실제로 초기 재즈는 20세기 미국에서 공공연하게 거부당했다. 시각 예술 분야에서는 새로운 형태와 표현 방식을 만들기 위해 기존 가치와 양식 규범에서 탈피한 인상주의와 모더니즘과 같은 전위적 시각 예술 운동에 비평가와 대중 모두 적대적이었다. 전위적으로 평가되는 모든 작품은 초기에 배척당하다가 그 후 비평가들의 인정을 받고, 주류가 되고, 다시 새로운 어떤 것에 자리를 빼앗기는 과정을 피할 수 없다.

창의성에 대한 편견

창의성은 현존하는 가장 큰 반란이다.
— 오쇼Osho

아시모프가 1959년에 창의성과 아이디어 창출에 대해 발표한 유명한 에세이에 이렇게 썼다. "세상은 대체로 창의성을 호의적으로 대하지 않는다."

"세상은 대체로 창의성을 호의적으로 대하지 않는다."

과거와 현재의 문화가 창의성에 우호적이지 않다는 생각은 선뜻 수긍하기 힘들지도 모른다. 어쨌든 우리는 누구나 더 창의적인 사람이 되고 싶어 하지 않는가? 대중문화에서 흔히 창의성은 미덕으로 떠받들어진다. 우리는 역사상 위대하고 훌륭한 예술가와 인습을 타파한 사람들의 삶에 찬사를 보내고 탁월한 창의성의 비결을 탐구한다. 하지만 아시모프가 설명하듯이, 새롭고 독창적인 생각이 널리 수용된 뒤에야 비로소 칭송받는다는 사실은 우리가 진정으로 창의성을 포용한다는 뜻이 아니다. 실제로는 그 반대가 사실일지도 모른다.

전통에서 탈피하거나 기존의 사고방식에 도전하는 비관습적인 생각은 거의 모든 중요한 창의적 성취가 그렇듯이 우리를 심리적 안전지대 밖으로 몰아낸다. 대체로 우리는 습관적인 사고방식에 도전하는 것을 좋아하지 않으며, 그래서 창의적인 작업은 위험한 시도가 되고 만다.

패러다임을 바꾸는 생각은 역사를 통틀어 왜 한결같이 조롱과 배척을 당할까? 그것은 문화와 개인으로서 우리가 창의성에 대해 깊은 편견을 갖고 있기 때문이다. 우리 뇌가 조직된 방식을 들여다보면 이러한 창의성에 대한 편견이 이해가 된다. 천성적으로 인간은 위험 회피 성향이 매우 크다. 불확실성을 줄이려는 동기가 있을 때 창의성에 대한 편견은 개인적 차원과 제도적 차원에서 활성화된다. 대체로 사람들(제도는 물론 의사결정자들도)은 창의성을 그들의 목표이자 소중한 가치라고 분명히 말할 때조차도 창의적 사고를 거부한다. 코넬대학교 조직심리학자들이 진행한 연구에 따르면, 창의성에 대한 암묵적인 편견 탓에 우리는 더 실제적인 아이디어에 비해 창의적 아이디어와 프로젝트를 부정적으로 바라본다.[13] 심리학자 제니퍼 뮬러Jennifer Mueller와 동료들이 수행한 연구에서 창의성에 대한 편견이 독창적인 아이디어를 알아보는 참가자의 능력을 방해한다는 점이 밝혀졌다. 이런 편견은 창의성에 관한 우리의 공통적인 태도의 핵심에 흥미로운 역설이 있다는 것을 보여준다. 즉 우리는 창의성을 바라는 동시에 그것을 두려워한다는 것이다. 이런 일반적인 편견은 혁신가들이 참신한 아이디어를 인정받고자 노력할 때 맞닥뜨릴 각오를 해야 하는 '숨겨진 장벽'으로 작용한다.[14]

코넬대학교 심리학자들은 평소에 얼마나 편견이 없고 개방적인지와 상관없이 사람들이 일반적으로 삶에서 불확실성을 줄이려고 노력한다는 사실을 관찰했다. 사람들은 대부분 안전하고 관습적인 것을 선호하며, 새롭고 낯설고 불편할 수도 있는 창의적 사고를 무의식적으로 피한다. 하지만 편견이 잘 드러나지 않기 때문에 보통 우리 자신에게 편견이 있는지 깨닫지 못한다. 연구 결과, 사람들은 대부분 창의성에 대해 긍정적으로 느낀다고 말하지만 다양한 생각에 대한 선호도를 물으면 새로운 것보다는 현실적인 것을 선호하는 무의식적 편견을 확실하게 드러낸다.

연구자들은 여기서 대단히 아이러니한 측면을 지적한다. 불확실성은 흔히 창의적 사고를 추구하고 창출하도록 자극하지만, 불확실성에 대한 두려움은 창의적 사고를 인정할 능력을 떨어뜨린다.

우리가 창의적 생각과 그 창안자에 박수를 보내는 것은 대체로 그 아이디어가 용인되고 인정받은 이후의 일이다. 창의성과 조직 혁신에 관한 전문가인 캘리포니아대학교 버클리 캠퍼스 경영대 교수 배리 스토Barry Staw에 따르면, 창의성에 관하여 우리는 '승자를 칭송하는' 경향이 있다.[15] 창의적 작품이 문화적 문지기들의 승인을 받고 주류에 통합된 후에야 우리는 그 창작자들의 독창성에 박수갈채를 보낸다. 이에 대해 생각해보자. 우리는 역사의 위대한 창작자들과 그들이 세상에 기여한 뛰어난 생각을 연구하지만, 그들이 창의적 성공을 거두기 위해 직면한 저항과 엄청난 희생을 얼마나 자주 생각하는가? 또 이런 성공을 거둘 수 있도록 앞서 토대를 닦은 실패한 창의적 작업을 얼마나 자주 간과하는가?

창의성에 대한 문화적 반감은 주류 문화의 인정을 받는 네 **실패**한 창의적인 시도를 살펴보면 뚜렷이 드러난다. 창의성에 대한 대가는 매우 크다. 쉼 없는 작업, 고독과 고립, 실패, 조롱과 배척의 위험을 감수해야 한다. 창의적 작업의 현실은 이렇다. 대부분의 화가들이 작품을 한 점도 팔지 못하고, 배우와 음악가가 대부분 스타가 되지 못하고, 많은 작가가 베스트셀러 한 권을 쓰지 못하고, 대부분의 신생 기업이 실패로 끝나고, 대부분의 과학자들은 세상을 놀라게 할 발견을 하지 못한다. 스토가 지적하듯이 우리는 대부분 이런 대가를 지불하고 싶어 하지 않는다.[16]

동조하는 문화

동조는 창의성에 걸림돌이 되는 경우가 많다. 인간은 본성적으로 다른 사람들의 의견과 행동에 크게 영향을 받으며, 다른 사람들을 모방하려고 우리의 생각과 행동을 바꿀 때 일어나는 것이 동조 현상이다. 이런 행동은 대체로 무의식적이고 거의 자동으로 일어난다.[17] 동조는 어느 정도 적응적인 측면이 있어 서로 잘 어울리고, 협력해서 중요한 문제에 합의하는 데 도움이 된다. 또한 사회적 승인을 촉진하고 거부당하지 않도록 자신을 보호하는 데도 유익하다. 연구에 따르면 대중에 동

조하려는 이런 욕구는 흔히 자기방어 목적에서 유발된다.[18]

선구적인 사회심리학자 솔로몬 애시Solomon Asch는 권위에 대한 복종을 관찰한 스탠리 밀그램Stanley Milgram의 유명한 실험에서 영감을 얻어, 1950년대에 일련의 연구를 진행했다. 그는 이 연구에서 평범한 사람이 집단에 동조하기 위해 자신이 옳다고 믿는 것을 어느 정도로 포기하는지 실험했다. 애시의 피험자들은 정답이 확실한 몇 가지 문제(제시된 여러 선의 길이를 비교해 같은 것을 선택하기)에 대해 대답해야 했는데, 먼저 실험 진행자에게 일당을 받고 선의 길이에 대해 틀린 대답을 하는 다른 사람들의 대답을 들어야 했다. 피험자의 25퍼센트만이 다른 사람들의 틀린 대답을 듣고도 올바른 대답을 말했다. 이에 비해 다른 피험자들의 대답을 듣지 않은 경우 올바른 대답을 말한 비율은 95퍼센트에 달했다.[19] 하지만 프랭크 배런은 (서문에서 언급한) 창의적 천재들에 관한 중요한 연구에서 그가 연구한 창작자들이 애시의 실험과 같은 조건에서 동조하는 비율이 더 작다는 것을 밝혔다. 폴 토런스의 말을 빌리면, 그들은 "단 한 명의 소수자"로 존재하는 것을 대수롭지 않게 여길 가능성이 더 컸다.

애시의 실험은 대부분의 사람들이 다수를 따르기 위해 자신이 참이라고 생각하는 것을 포기하고, 심지어 집단의 의견에 따라 자신의 판단을 바꾸는 행태가 드물지 않다는 것을 보여주었다. 이것은 어느 정도 우리의 뇌에 각인되어 있다. 신경과학자 그레고리 번스Gregory Berns가 수행한 연구에 따르면, 인간의 뇌는 다른 사람의 의견을 지지하기 위해 자신의 시각 입력 자료를 기꺼이 무시한다. 다수의 관점은 지각 차원에서 우리의 생각에 영향을 미칠 수 있다. 번스의 연구에서 두뇌 스캔 영상을 이용해 동조와 비동조가 다른 두뇌 영역을 사용한다는 것이 밝혀졌다. 동조를 판단하기 위해 제시한 과제에서 번스는 집단의 틀린 의견에 동조하는 사람들이 지각과 관련된 영역에서 두뇌 활동을 보였지만(이는 그들의 지각이 바뀌었다는 것을 시사한다), 동조하지 않은 사람들은 의식적인 의사결정과 관련된 영역에서 두뇌 활동을 보인다는 것을 확인했다.[20]

그렇다고 동조가 불가피한 현상은 아니다. 실제로 아이들은 대부분 타고난 비동조자들이다. 안타깝게도, 가정이나 학교에서(또는 두 곳 모두에서) 많은 아이들이 독립적이고 창의적인 생각의 가치를 낮게 평가하고 모방, 암기, 주입식 학습을 보상하는 환경에서 자란다. 자유로운 사고와 상상력에 대한 억압이 교육제도 안에서 시작되는 경우가 많다. 많은 사람들은 유년 시절, 아마도 초등학교 시절에 다른 아이들과 다르게 생각한다는 이유로 꾸중을 들은 적이 있을 것이다. 이런 경험

들이 아이들이 타고난 탐구심과 창의적인 본능을 억누르게
한다.

심리학자 대프나 벅스바움Daphna Buchsbaum과 앨리슨 고프
닉Alison Gopnik의 연구에 따르면, 아이에게 스스로 해결할 기
회를 주기보다 무엇을 할지 보여주는 직접 교수법을 강조하
는 일반적인 교수법은 아이가 독자적이고 창의적으로 문제를
해결하는 능력을 방해하고 분별력 없는 모방을 조장할 수 있
다.[21] 이 교수법을 통해 학생들은 정보를 더 빨리 습득할 수
있어도, 질문을 던지고 문제에 관한 새로운 정보를 탐구하는
중요한 실제적인 능력을 배울 수 없을 것이다.

캘리포니아대학교 버클리 캠퍼스 심리학자 고프닉은 〈슬
레이트〉에 "아마 직접 교수법이 아이들이 특정 사실과 기술을
배우는 데 도움이 되겠지만, 장기적으로 배움에 훨씬 더 중요
한 호기심과 창의성은 어떻게 할 것인가?"라고 썼다.[22] 그녀가
지적하듯이, 모방 학습은 종종 별로 생각하지 않고 기계적으
로 대답하는 학습을 의미하기도 한다. 많은 학생이 그렇게 대
답하는 이유는 그런 방식으로 교육을 받았고, 더 창의적인 대
답을 제시하면 꾸중을 들을지도 모르기 때문이다.

실제로 교사들이 덜 창의적인 학생들을 분명히 더 선호하
는 경향을 보인다는 사실이 밝혀졌다. 연구에 따르면, 창의적

인 학생들은 교사의 호의를 얻지 못하는 경향이 있다. 교시가 선호하는 학생이 제시하는 판단은 창의성과 음의 상관관계를 보이며, 교사들이 선호하지 않는 학생이 제시하는 판단은 창의성과 양의 상관관계를 보였다. 교사들은 창의적인 학생을 좋아한다고 말했지만, (다소 당황스럽게도) 창의성을 **행실이 착하다, 순응한다** 같은 용어로 정의했다. 창의적인 사람들을 묘사할 때 일반적으로 사용하는 형용사를 제시했더니, 교사들은 이런 유형의 학생을 싫어한다고 말했다.[23]

하지만 학생들에게 창의성을 발휘하고 상상력을 이용해 과제를 수행하라고 적극적으로 권장하면 놀라운 결과가 나올 수 있다. 스턴버그와 다른 학자들의 연구에 따르면, 창의적인 방법을 이용하도록 가르침을 받은 학생들은 더 많은 것을 배우고 정보를 더 적극적으로 활용한다.[24]

역대 가장 많은 시청 횟수를 기록한 TED 강연에서 켄 로빈슨 경Sir Ken Robinson은 어린 시절부터 아이들이 실수를 두려워하도록 교육받는 것이 문제라고 주장한다. 하지만 어느 정도 오답이 불가피하더라도 다양한 해결책과 사고방식을 자유롭게 시도하는 법을 배우지 않는다면, 변화하는 세상의 불확실성과 새로운 도전에 대처할 준비를 하지 못할 것이다. 로빈슨의 표현대로, "틀릴 준비가 되어 있지 않다면 결코 독창적인 것을 내놓지 못할 것이다."[25]

아웃사이더의 특권

아이들은 아주 어릴 때부터 남들과 비슷하지 않으면 선생님과 친구들에게 인정받지 못한다는 것을 배우기 때문에 커서도 다른 사람들과 같아지려는 동기를 갖게 된다. '모난 돌이 정 맞는다'는 속담과 같은 상황이다. 학교, 직장, 사회 전반에서 순응할 줄 모르는 사람은 사회적으로 거부당할 수 있다. 그러나 거부는 고통스럽지만 창의성에 관한 한 긍정적인 측면이 있다.

영국 작가 콜린 윌슨Colin Wilson은 1956년 비순응에 관한 선언문《아웃사이더》에서 자신에게 진실하기 위해 거부를 감수하는 창의적인 사람을 묘사했다. 이 책은 창의성과 소외의 밀접한 연관성을 보여주었다. 당시 '성난 젊은이'라고 불린 반체제 작가 그룹의 일원이었던 윌슨은 위대한 사람은 사회의 다른 구성원으로부터 거리를 둔다는 이론을 폈다. 그들이 비록 순응의 문화 속에 살지만 카프카, 니체, 반 고흐 같은 '비전을 가진 사람'은 자기만의 규칙을 따라 행동했다. 많은 사람들은 일반 대중과 마찬가지로 '비를 맞으며 서 있는 소처럼' 삶의 고통을 그대로 받아들였지만, 윌슨은 뛰어난 창작자들은 "현실에서 도피하지 않고 현실을 창조하기 위해" 상상력을

발휘했다고 말했다.[26]

본인이 어느 정도 괴짜이기도 했던 윌슨은 사회적 거부가 창의성의 결과일 뿐만 아니라 실제로는 창의성의 동력이라는 가설을 처음으로 제시했다. 윌슨이 주장했듯이, 영감은 대중의 견해에 도전할 때 발견된다. 최근의 연구는 그가 무언가를 제대로 깨달았음을 보여준다. 독특함과 개성의 욕구는 소속 욕구처럼 인간의 기본적인 동기다. 대체로 우리는 개인적 존재와 집단적 존재 사이에서 어느 정도 균형을 맞추려고 노력한다. 하지만 창의적인 사람들은 독특함에 대한 욕구가 더 큰 경향을 보인다. 집단에서 분리되려는 이런 욕구는 비순응과 창의성 모두와 연관성이 있다.[27]

물론 거부는 유쾌한 경험이 아니며, 심리적으로 부정적인 영향을 미치기도 한다. 거부당하는 경험은 특히 자기조절과 실행 통제가 필요한 과제를 수행할 때 인지 능력을 방해할 수 있다. 하지만 거부의 부정적인 영향을 경험하는 정도는 우리가 자신을 얼마나 독특하고 독립적인 개인으로 바라보는지에 따라 다르다.

거부를 당하면 자존감을 지키기 위해 사회 집단과 어울리며 그들의 인정을 받으려고 하는 등 어떤 조치를 취하기 마련이다. 하지만 연구에 따르면, 자신을 독립적인 존재로 바라보는 사람들은 거부의 부정적인 영향에 어느 정도 면역력이 있고, 나아가 사회적 거부를 창의성 발휘의 동력으로 삼기도 한다.

이런 현상은 실험에서도 관찰되었다.[28] 존스홉킨스대학교의 한 연구에서 학생 집단에 '지구와 다른' 행성에서 온 생명체를 그림으로 그려보라고 했다. 그런 다음 그 그림들을 독창성과 창의성을 기준으로 평가했다. 이 과제를 수행하기에 앞서, 일부 참가자들은 독립적인 사고방식을 활성화하는 과제를 수행하고, 다른 참가자들은 집단적 사고방식을 활성화하는 과제를 수행했다. 독립적인 사고가 활성화된 학생들은 자신들이 집단에서 거부당했다는 말을 들은 후 집단에 소속되어 있다고 말을 들은 학생들에 비해 더 독창적인 그림을 그렸다.

이 연구를 수행한 섀런 킴Sharon Kim과 동료들은 창의성을 북돋우는 이런 자극제가 **차별화 사고방식**, 그들이 표현한 대로 '남들과 다르다는 확고한 느낌'이라는 가설을 세웠다. 독립적인 사람들은 거부의 부정적인 결과에 저항할 뿐 아니라 자신의 독립 의식을 재확인하는 경험에 의해 강해진다. 킴이 표현하듯이, "독립적인 자아는 다른 사람들과 다른 명확한 차별성을 유지하려는 동기를 갖는다." 이런 동기는 창의적 사고를 고양하는 심리적 과정의 기폭제가 될 수 있다.[29]

거부는 단순히 창의성의 촉매제일 뿐만 아니라 창의성의

부산물이기도 하다. 이 연구의 저자들은 이렇게 썼다. "관습을 거부하는 태도처럼 대단히 창의적인 사람들의 특징 자체가 그들을 쉽게 거부의 대상으로 만든다."

숫자 맞추기 놀이

창의적인 사람들은 타인의 거부를 감수할 뿐만 아니라 자신이 실패할 위험도 기꺼이 받아들인다. 창의적인 천재가 끊임없이 위대한 작품을 내놓을 것이라는 통념은 완전히 잘못된 것이다. 실제로는 그렇지 않다. 천재라고 불리는 사람들의 이력을 체계적으로 분석해보면, 그들이 만든 결과물의 수준이 그다지 고르지 않고, 훨씬 더 많은 것이 처음부터 잘못되었으며 그중 일부 결과물에 좋은 아이디어가 섞여 있다는 것을 알게 된다.[30] 일관성이 전문성의 핵심일 수 있지만 위대한 창의성의 비밀은 설령 실패할지라도 일을 다른 식으로 수행하려는 태도인 것 같다.[31]

딘 키스 사이먼턴에 따르면, 진정한 혁신을 성취하려면 창작자들은 최종 결과물이 대중에게 어떻게 받아들여질지 모른 채 많은 가능성을 시도해보는 일종의 다윈주의적 과정을 이용해야 한다.[32] 특히 아이디어 창출 단계에서 시행착오는 혁신의 필수 요소다. 사이먼턴의 이론은 창작자가 완전한 어둠 속에서 일한다는 뜻이 아니다. 즉, 아이디어는 최종적으로 사회에 어떤 가치를 지니는지 전혀 모르는 가운데 창출되는 것이 아니다. 그보다는 새로운 아이디어가 사회에 유익한 열매를 맺을지에 대한 **보장이 없다**는 뜻이다.

그렇다면 창의적인 천재들은 자신이 실제로 무엇을 하고 있는지 모르는데도 어떻게 성공을 거둘까? 사이먼턴은 천재를 폭넓게 분석한 결과 천재들의 창의적인 과정을 결정적으로 설명해 주는 두 가지 주요 요인을 찾았다. 첫째, 창의적 천재들은 매우 다양한 아이디어와 프로젝트에 동시에 몰두한다. 둘째이자 아마도 더 중요한 요인은 그들이 엄청난 생산성을 보여준다는 점이다. 창작자들은 창작할 뿐이다. 계속해서 끊임없이. 실제로 사이먼턴은 창의적 아이디어의 질이 그 양과 비례 관계가 있음을 발견했다. 창작자가 아이디어를 더 많이 낼수록, 최종적으로 걸작을 내놓을 가능성이 더 커진다.[33]

"창작자는 창작할 뿐이다. 계속해서 끊임없이."

역사상 가장 위대한 발명가 중 한 사람인 토머스 에디슨은 그가 특허 출원한 아이디어 중 대략 3분의 1을 거절당했다.[34] 그가 실제로 승인받은 1,093건의 특허 중 대부분은 어떤 성과로도 이어지지 못했다. 사실, 그가 성취한 것 중 정말 탁월하게 창의적인 업적은 아마 한 손에 꼽힐 것이다. 사이먼 턴이 지적하듯이, 에디슨의 특허만 살펴본다면 그의 창의적 천재성 못지않게 그가 경험한 수많은 창의적인 실패가 드러나 지 않을 것이다.[35]

에디슨은 그의 전성기였던 서른다섯 살부터 서른아홉 살 까지 전구와 배전 시스템 연구에 매진했다. 이 과정에서 그는 전구에 전력을 공급할 연료 전지도 개발하려고 시도했다.[36] 하 지만 이런 노력은 계속 곤경에 부딪혔고, 실험하던 중에 실험 실의 창문이 날아간 적도 있었다.[37]

에디슨은 운이 없었고 연료 전지 발명에 실패했다. 상업적 으로 성공한 최초의 연료 전지는 에디슨이 다른 아이디어로 관심을 돌린 지 한참 지난 20세기 중반에 개발되었다. 에디슨 은 창의적 과정의 불가피한 좌절을 받아들이고 그의 관심을 다른 프로젝트로 돌렸고, 결국 그가 천재로 인정받게 된 전구 를 발명하게 되었다.

에디슨이 이처럼 여러 프로젝트를 자주 넘나든 덕분에, 그 러지 않았다면 간과했을 선택지를 고려할 수 있는 마음을 갖 게 되었다.[38] 사이먼턴의 말대로, 다양한 프로젝트를 수행하 는 방법을 통해 "에디슨은 일시적으로 장애물에 부딪힐 때마다 자신의 노력을 쏟아부을 다른 곳을 확보했다. 특히 오랫동안 여러 차례 시도한 후 연이어 실패했을 때 이런 방법을 사용했다." 성공보다 실패를 더 많이 했음에도 에디슨의 손에 꼽을 만한 성공작이 너무 엄청나서 기술 역사에서 다른 모든 발명가를 능가할 정도다.

이와 매우 비슷한 패턴이 셰익스피어Shakespeare의 창의적인 작품에도 발견된다.[39] 그가 쓴 방대한 작품의 질이 얼마나 천차만별인지 놀라울 정도다! 사이먼턴은 셰익스피어가 쓴 희곡 37편의 인기 점수를 평가해, 가장 인기 있는 작품이 대략 활동 중반기(서른여덟 살)에 발표한 것임을 확인했다. 이 시기에 그는 인기 지수 100점을 받은 걸작 《햄릿》을 썼다.

사실 《햄릿》 전후에 셰익스피어는 몇몇 실패작을 내놓았다. 예컨대 《햄릿》 직후에 《트로일로스와 크레시다》를 썼는데, 이 작품은 인기 지수가 23점에 지나지 않는다. 그런데 그는 《트로일로스와 크레시다》 이후, 《햄릿》을 잇는 세 편의 가장 위대한 비극인 《오셀로》(74점), 《리어왕》(78점), 《맥베스》(83점)를 썼다. 그 후 그는 다시 기대에 못 미치는 《아테네의 타이먼》(3점)과 《페리클레스》(8점)를 썼다.

심지어 베토벤도 음악 여정에 실패의 발자국을 남겼다. 베토벤의 작품 중 가치 없다고 여길 만한 곡은 없지만 모든 작품이 걸작은 아니다.[40] 베토벤은 그의 유명한 걸작을 작곡할 무렵 그보다 못한 곡을 작곡하기도 했다. 한 분석에 따르면, 심지어 컴퓨터가 짝수 번째 만든 교향곡이 홀수 번째 만든 교향곡에 비해 질적으로 현저하게 다른 양상을 보인다.[41] 베토벤 자신도 이런 점을 인정하고 아홉 개 교향곡 중 일부를 '보잘것없다'고 평가했다.

이처럼 창작물의 질이 다른 한 가지 이유는 혁신의 필요성에 있다. 발명가든, 배우든, 안무가든 모든 창작자는 똑같은 방식으로 작업을 해서는 안 된다는 압박에 끊임없이 시달린다.[42] 이와 같은 독창성을 추구하는 과정에서 창의적인 천재들은 종종 반복적으로 실패한다. 실제로 창의적인 행위는 무언가를 인정받을 때까지 계속 실패하는 과정으로 보는 경우가 많고, 대단히 창의적인 사람들은 실패를 그저 성공의 디딤돌로 보는 법을 배우게 된다. 매번 다른 방식으로 일하다 보면 때로 서툴거나 잘못하기도 하는 법이다.

서른 살에 자신이 세운 회사에서 해고당한 스티브 잡스를 비롯해 오늘날 가장 성공적인 혁신가들에게도 성공담 못지않게 많은 실패담이 있다. 작가로서 유일하게 수십억 달러를 벌었다고 주장하고 창의적 실패의 중요성을 거침없이 옹호하는 J. K. 롤링J. K. Rowling을 예로 들어보자. 《해리 포터》를 좋아하는 많은 팬들이 알고 있듯이, 롤링이 쓴 시리즈의 첫 번째 원고는 블룸스버리 출판사에서 출판 허락을 받기 전에 열두 개 출판사에서 퇴짜를 맞았다. 블룸스버리도 회장의 여덟 살 딸이 졸라대서 수락했을 뿐이다. 롤링은 나중에 이렇게 말했다. "인생에서 얼마간의 실패는 불가피하다. 무언가에 실패하지 않고 산다는 것은 불가능하다. 산다고 말할 수 없을 정도로 몸을 사리지 않는 한 말이다. 이런 경우라면 100퍼센트 실패한다."

순응에 저항하는 용기

창의성을 높이려고 일부러 사회적 거부 경험을 찾아다니거나 실패를 자초할 필요는 없다. 일상에서 비순응의 정신을 개발하면 창의적 성과에 중요한 성격 특성과 사고 습관을 기를 수 있다.

전통적인 사고방식에 도전하는 모든 활동은 비관습적 사고를 실행할 마음을 준비하는 과정이 되기도 한다. 예컨대 다양한 문화 경험은 창의성을 기르는 훌륭한 방법이 될 수 있다. 한 연구에 따르면 해외 유학 경험이 학생들의 창의적 사고 점수를 올린다.[43] 직장에 다른 길로 출근하거나, 새로운 장르의 음악을 듣거나, 익숙하지 않은 미술 양식의 전시회를 관람하는 것처럼 소소한 활동도 가능하다. 마음을 유연하게 하고 새로운 아이디어에 개방적인 태도를 유지하게 만드는 것이면 무엇이든 두뇌에 새로운 길을 만들기 시작한다. 이런 식으로 일상적인 활동을 바꾸면 게슈탈트 심리학에서 '기능적 고착'이라고 부르는 것, 즉, 어떤 대상의 사용법을 원래 의도한 방식으로 제한해 새로운 사용법을 찾지 못하게 가로막는 인지적 편견을 극복하는 데 도움이 된다. 글로벌 혁신 서비스 제공 기업 나인시그마NineSigma의 최고경영자 앤디 징가Andy Zynga는 다른 방식으로 생각하지 못하게 만드는 이런 편견을 "비창의적인 마음의 도깨비"라고 했다.[44]

비순응의 증거는 신경학적 차원에서도 확인할 수 있다. 비순응주의자들의 두뇌를 보통 사람들의 두뇌와 비교해 보면, 그들의 지각과 공포 반응에서 중요한 차이점이 나타난다. 신경과학자 그레고리 번스가 "자유 사상가"라고 부른 인습타파주의자들은 대상을 다른 사람과 다르게 지각한다. 그들은 새로운 연결성을 만들어 완전히 규범에서 벗어난 아이디어를 창출한다. 이를 위해 인습타파주의자들의 두뇌는 새로운 범주를 만들어 새로운 연결성을 찾는데, 이런 활동은 지각적 차원에서 시작된다.[45]

지각력과 그에 따른 상상력은 우리가 과거 경험에서 습득한 범주로 제한된다. 이런 이유로 비순응주의자는 그들의 지각력을 날카롭게 하기 위한 방편으로 환경의 변화를 추구할지도 모른다. 전통적으로 사고하고 범주화하는 방식을 벗어나려면 '두뇌에 새로운 경험을 쏟아부어야' 한다. 이를 통해 기존 범주를 재평가하고 새로운 연결성이 만들어진다. 지각의 변화는 예술가가 새로운 아이디어를 탐색하는 창의성의 발생 단계에서 매우 중요하다. 아이디어를 공유할 시간이 되면 비순응주의자는 실패와 사회적 고립의 가능성이 유발하는 공포 반응을 통제할 수 있어야 한다. 그는 이런 반응을 누그러뜨리고 분노나 자부심 같은 더 건설적인 감정으로 바꾸어 창의적 작업의 동력으로 삼는다.

공포 반응이 조절되면 예술가는 위험에 대한 거부감을 이겨내고 새로운 것을 흔쾌히 받아들일 수 있다. 물론 이것은 말처럼 쉽지 않다. 인간인 우리는 범주, 명칭, 깔끔한 결론을 추구하도록 프로그램되어 있다. 불확실성에 대한 타고난 거부감 탓에 우리가 확실한 것이나 깔끔한 해결책보다 즐거워하는 경우는 극히 드물다! 그러나 다르게 생각하려면 불확실성의 공포를 떨쳐내야 한다. 비순응주의자들은 미지의 것을 기꺼이 받아들이고 삶의 회색지대에서 노는 법을 배운다. 무례한 질문을 던지고 하나의 문제에 수많은 해결책을 내놓으면서 말이다. 상상력이 대단한 사람들이 잘 알듯, 이처럼 흐릿하고 모호한 영역에서 창의적인 마법이 자주 펼쳐진다.

사람들은 대부분 모호함을 피하기 위해서라면 온갖 고생도 마다하지 않지만 불확실성의 공포를 이겨낸 사람들은 창의적인 프로젝트를 촉발하는 모호한 질문과 상황을 훨씬 더 잘 받아들이고 견딘다. 데니스 셰커잔Denise Shekerjian은 40명의 맥아더 지니어스 수상자들과 창의적 과정에 대해 이야기를 나눈 결과 그들 중 대다수가 '느긋하게 머물기', 또는 실용성이나 효율성을 고려하지 않고 창의적인 과정의 질문과 불확실성을 기꺼이 받아들이는 태도를 실천한다는 것을 발견했다. 어떤 대상을 자유롭게 가지고 노는 것을 의미하는 이런 느긋함은 프로젝트의 시작 단계에서 특히 중요하다. 이런 태도는 상상력을 통해 최고의 해법에 이르게 하기 때문이다.

심지어 공포에 직면했을 때도 놀이 감각은 참신하고 색다른 아이디어를 창출하는 데 중요한 자산이 된다. '다르게 생각하기'라고 해서 무시무시하거나 엄청나게 대단한 것일 필요는 없다. 대상을 새로운 시선으로 보려는 의식적인 노력만 해도 성과를 거둘 수 있다. 독창적인 아이디어를 창출하는 열쇠는 비관습적인 방식으로 생각하고, 급진적이거나 인기가 없거나 많은 이들이 매우 부담스러워할 수 있는 아이디어를 탐색하려는 의지다. 하버드대학교에서 수행한 연구에 따르면, 성인의 최대 80퍼센트가 '다르게 생각하기'가 불편하거나 심지어 아주 지치는 일이라고 말했다.[46] 하지만 비관습적으로 생각하는 노력을 통해 우리는 연상적 사고를 개선하여 새롭고 혁신적인 방식으로 대상을 서로 연결할 수 있다.

경영학 교수 제프 다이어Jeff Dyer와 할 그리거슨Hal Gregersen 이 3,000여 명의 기업가와 회사 임원을 연구한 결과, 비혁신 가들은 혁신가들에 비해 다르게 생각하는 노력을 많이 하지 않는다는 것이 밝혀졌다. 이 연구 결과, 혁신가는 다르게 생각하기를 시도하는 데 50퍼센트 더 많은 시간을 투자하고, 새로운 방식으로 생각하고 새로운 연결성을 찾기 위해 꾸준히 시도한 사람들은 다르게 생각하는 데 실제로 성공했다. 즉 노력하는 것만으로 충분했다는 의미다.[47]

의식적으로 다르게 생각하는 데 더 많은 시간을 투자하는 혁신자들은 연상적 사고를 활용할 가능성이 훨씬 더 크며, 다양한 지식을 활용하여 창의적인 문제를 해결했다고 보고했다. 이런 사람들은 실제로 혁신적인 제품을 내놓을 가능성이 더 컸다. 비관습적으로 생각하는 사람들이 리더가 되면 직장에서 진정으로 창의적인 성과를 거둘 수 있다. 2003년 연구에 따르면, 집단의 리더들이 아이디어를 종이에 적어 빨랫줄에 걸어놓거나 책상 위에 올라서는 등 비관습적인 행동을 하면 더 창의적인 집단적 성과물을 촉진할 수 있다.[48] 창의성은 전염성이 있다.

"창의성은 전염성이 있다."

창의적으로 살기

어떤 사람 안에 예술가가 살고 있다면, 그는 어떤 종류의 일을 하든지 상관없이 창의적이고 탐구적이며, 대담하며, 자기를 표현하는 존재가 된다. 그는 다른 사람들에게 흥미로운 존재가 되는 것이다. 그는 소란을 일으키고, 뒤엎고, 일깨우고, 더 나은 지식을 얻는 길을 연다. 예술가가 아닌 사람들이 책을 다 읽었다며 덮으려고 할 때, 그는 책을 열고 더 많은 페이지가 남아 있다는 것을 보여준다.
— 미국 화가 로버트 헨리Robert Henri

앞서 보았듯이, 창의성은 신비하고 종종 역설적인 방식으로 작동한다. 우리 인간은 확실히 종잡을 수 없는 존재이며,

창의성은 근본적으로 혼란스럽고 다면적인 인간 본성을 반영하는 과정이다. 창의성은 의도적인 상태와 통제 불가능한 상태, 마음을 온전히 기울이는 상태와 마음을 내려놓는 상태, 일이자 놀이인 상태에서 발휘된다. 창의성은 역사상 천재라고 불리는 소수 집단의 영역인 동시에 모든 인간의 영역이기도 하다.

우리가 자신의 혼란스러운 본성을 받아들일 때, 자신의 독특한 상상력과 예술성으로 세계를 대할 때, 타인에게도 그렇게 할 수 있도록 허락하는 셈이다. 우리는 창의적인 정신을 더 환대하는 세상을 만드는 데 도움을 주고, 그 과정에서 우리 자신과 타인이 더 긴밀하게 연결될 것이라는 희망을 품는다.

정신과 의사 아놀드 루드윅Arnold Ludwig은 창의적 성과를 분석한 결과, 최고 수준의 탁월한 창의성을 확실하게 예측할 수 있는 30가지 변수로 구성된 '위대함의 공식'을 제시했다.[49] 여기서 언급하는 모순성, 고독을 감수하는 능력, 심리적 불안, 삶의 장애물을 극복하는 회복력과 같은 많은 변수를 이 책에서 이미 다루었다. 하지만 루드윅의 공식에는 '개인적인 인장' 소유하기도 포함되어 있다. 그가 지적하는 것처럼 "작품과 성과물에 그의 개인적인 인장이나 독특한 서명이 없다면 진정

위대한 사람으로 인정하기 어렵다."

우리는 창의적인 작업뿐만 아니라 우리 삶에도 이러한 독특한 서명을 남길 수 있다. 자신을 창작자로 인식하고 일상생활에서 창의성을 기른다면 삶의 활기를 얻고 자신의 진정한 자아에 다가갈 수 있다. 창의성은 무언가를 혁신하거나 예술 작품을 만드는 것에만 국한되지 않는다. 창의성의 핵심은 창의적으로 살아가는 것이다. 우리는 삶의 모든 상황에 창의적인 정신으로 접근할 수 있다. 우리는 모두 꿈을 꾸고, 탐색하고 발견하고, 만들고, 질문하고, 해답을 찾을 수 있는 능력, 달리 말하면 창의적인 사람이 될 재능이 있다. 창의적인 자기 표현은 진정한 자아를 대면하도록 우리를 열어주고, 자신의 독특한 자질과 경험을 탐색하여 표현하게 하고, 모호성과 즐겁게 놀고, 이전에 연결되지 않았던 방식으로 대상들을 서로 연결하게 한다.

우리는 창의적인 삶의 방식을 기꺼이 받아들임으로써 우리 자신의 존재, 곧 아름답고 복잡하며 광대한 인간성을 활짝 꽃피울 수 있다. 우리는 휘트먼이 말한 "내 안의 빛나는 수많은 나"를 구현할 기회를 자신에게 부여하게 된다. 그러니 과감하게 자신의 모순을 받아들여라! 진지하면서도 장난스럽게, 현실적이면서도 낭만적으로, 민감하면서도 강인하게, 꿈꾸는 자이면서 행동하는 자가 되어라. 휘트먼이 말한 대로 우리는 있는 그대로 존재하며, 그것으로 "충분하다."[50]

많은 분들이 이 책이 탄생할 수 있도록 도와주었다. 우리의 용감한 에이전트 자일스 앤더슨Giles Andersen에게 큰 감사를 드린다. 그의 헌신과 노고 덕분에 단순한 아이디어가 어엿한 책으로 만들어질 수 있었다. 이 책에 대한 아이디어를 처음부터 믿어준 앤더슨에게 감사한다.

탁월한 전문 편집 지식을 갖춘 편집자 매리언 리지Marian Lizzi에게 감사드린다. 그녀는 나의 원고를 또 다른 차원으로 발전시켜, 최종적으로 둘 다 매우 자랑스러워할 만한 책으로 만들었다.

섀넌 데일리Shannon Dailey와 테일러 크라이스Taylor Kreiss는 생명의 은인 같은 사람이다. 이 프로젝트에 시간과 에너지를 온전히 바친 두 사람에게 정말 감사한다.

초기 원고를 읽고 소중한 통찰과 제안을 해준 앤 마리 뢰프케, 마리 포지어드, 샌드라 러스, 딘 키스 사이먼턴, 제니퍼 그라임스, 조너선 치크, 애덤 그랜트Adam Grant, 수전 케인, 보스티얀 톰센Bo Stjerne Thomsen, 마이클 피초프스키에게도 감사드린다.

상상 연구소에서 연구를 수행할 수 있도록 매우 유용한 지원을 제공해준 마틴 셀리그먼, 앤절라 더크워스Angela Duckworth, 마리 포지어드, 에이미 워커Amy Walker, 템플 재단, 국립 자선 기금에 카우프만의 감사를 전한다.

또한 수년 동안 함께 연구할 수 있는 특권을 누리게 해준 훌륭한 동료 연구자들에게도 감사드린다. 그들 중 다수의 이름이 이 책 곳곳에 언급되어 있다. 넓은 마음으로 카우프만에게 많은 가르침을 제공한 멘토들은 다음과 같다. 허버트 A. 사이먼Herbert A. Simon, 앤 L. 페이Anne L. Fay, 랜디 F. 포시Randy F. Pausch, 제임스 C. 카우프만, 제롬 L. 싱어, 로버트 J. 스턴버그, 니컬러스 J. 매킨토시Nicholas J. Mackintosh, 제러미 R. 그레이Jeremy R. Gray, 콜린 G. 드영, 렉스 E. 융Rex E. Jung. 마지막으로 나에게 용기를 주고 사려 깊게 배려해준 최고의 친구인 엘리엇 새뮤얼 폴Elliot Samuel Paul, 그리고 이런 혼란스러운 마음을 받아주고 지지해주고 이끌어준 그의 부모님 마이클과 바버라 카우프만에게도 감사한다.

마찬가지로, 그레고어는 이 프로젝트를 초기부터 지원해준 〈허핑턴 포스트〉의 아리아나 허핑턴Arianna Huffington과 그녀의 동료들에게 감사한다. 여기에 언급하기에 너무 많은 친구에게도 감사한다. 그들은 이 책을 준비하는 과정 내내 사랑과 지원의 손길을 내밀어주었다. 특히 가장 든든한 지원군이 되어준 크리스토프Christof, 휴가 겸 '작가 수련회'에 참석할 수 있도록 메인과 콜로라도에 데려다준 조시Josh와 일라이자Eliza, 그 모든 과정을 함께해준 캐롤라인Caroline, 그리고 레이철Rachel에게 감사한다. 외상 후 성장 내용에 관한 그녀의 의견은 너무나도 유용했다. 그리고 끊임없이 응원해준 가족에게도 고마운 마음을 전한다.

⁑ 서문

1   https://vimeo.com/32790071.

2   DeYoung, C. G., Quilty, L. C., & Peterson, J. B. (2007). Between facets and domains: 10 aspects of the big five. *Journal of Personality and Social Psychology, 93,* 880-896.

3   Simonton, D. K. (2007). The creative process in Picasso's Guernica sketches: Monotonic improvements versus nonmonotonic variants. *Creativity Research Journal, 19*(4), 329-344.

4   Simonton, The creative process in Picasso's *Guernica* sketches.

5   Mellow, J. R. (1976, July 4). *Picasso: A Biography,* by P. O'Brian. [Review.] New York Times. nytimes.com/books/98/10/18/specials/obrian-picasso.html.

6   Huffington, A. S. (1996). *Picasso: Creator and Destroyer.* New York: HarperCollins.

7   *Cahiers d'Art* (1935), *10*(10), 173-178. Reprinted in: Barr H. A., Jr. (1946). *Picasso, Fifty Years of His Art* (p. 272). New York: Museum of Modern Art.

⁑ 들어가며: 어수선한 마음

1   Stevens, V. (2014). To think without thinking: The implications of combinatory play and the creative process for neuroethics. *The American Journal of Play, 7*(1), 99-119. Hadamard, J. (1996). *The Mathematician's Mind: The Psychology of Invention in the Mathematical Field.* Princeton, NJ: Princeton University Press.

2   Popova, M. (2013, August 28). *The Art of Thought: Graham Wallas on the four stages of creativity,* 1926. [Review.] Brain Pickings. brainpickings. org/2013/08/28/the-art-of-thought-graham-wallas-stages. Wallas, G. (2014). *Art of Thought.* Kent, UK: Solis Press.

3   Lubart, T. I. (2001). Models of the creative process: Past, present and future. *Creativity Research Journal, 13*(3-4), 295-308. Mumford, M. D., Reiter-Palmon, R., & Redmond, M. R. (1994). Problem construction and cognition: Applying problem representations in ill-defined domains. In M. A. Runco(Ed.), Problem Finding, *Problem Solving, and Creativity* (pp. 3-39). Westport, CT: Ablex

Publishing.

4   Guilford, J. P. (1950). Creativity. *American Psychologist, 5,* 444–454.

5   Eindhoven, J. E., & Vinacke, W. E. (1952). Creative processes in painting. *Journal of General Psychology, 47,* 165–179. Getzels, J., & Csikszentmihalyi, M. (1976). The Creative Vision: A Longitudinal Study of Problem Finding in Art. New York: Wiley Interscience, p. 90. Israeli, N. (1962). Creative processes in painting. *Journal of General Psychology, 67,* 251–263. Israeli, N. (1981). Decision in painting and sculpture. Academic Psychology Bulletin, 3, 61–74. Calwelti, S., Rappaport, A., & Wood, B. (1992). Modeling artistic creativity: An empirical study. *Journal of Creative Behavior, 26,* 83–94.

6   Doyle, C. L. (1998). The writer tells: The creative process in the writing of literary fiction. *Creativity Research Journal, 11,* 29–37.

7   Ghiselin, B. (1956). The creative process and its relation to the identification of creative talent. In C. W. Taylor (Ed.), *The 1955 University of Utah Research Conference on the Identification of Creative Scientific Talent* (pp. 195–203). Salt Lake City: University of Utah Press. Ghiselin, B. (1963). Automatism, intention, and autonomy in the novelist's production. *Daedalus, 92*(2), 297–311.

8   Watterson, B. (1990). Kenyon College commencement address. Retrieved from http:// www.brainpickings.org/2013/05/20/bill-watterson-1990-kenyon-speech/July 6, 2015.

9   Simonton, D. K. (2014). Thomas Edison's creative career: The multilayered trajectory of trials, errors, failures, and triumphs. *Psychology of Aesthetics, Creativity, and the Arts, 9,* 2–14.

10   Kaufman, S. B. (2014, December 24). The messy minds of creative people. [Blog post.] Scientific American. blogs.scientificamerican.com/beautiful-minds/2014/12/24/the-messy-minds-of-creative-people.

11   Csikszentmihalyi, M. (1996). *Creativity: The Work and Lives of 91 Eminent People.* New York: HarperCollins.

12   Sowinska, A. (2005) *Dialectics of the Banana Skirt: The Ambiguities of Josephine Baker's Self-Representation.* Ann Arbor, MI: MPublishing, University of Michigan Library, http://quod.lib.umich.edu/cgi/t/text/text-idx?cc=mfsfront;c=mfs;c=mfs front;idno=ark5583.0019.003;rgn=main;view=text;xc=1;g=mfsg.

13   Quoted in Been, E. (2012, September 6). David Foster Wallace: Genius, fabulist, would-be murderer. *The Atlantic.* http:// www.theatlantic.com/ entertainment/archive/2012/09/david-foster-wallace-genius-fabulist-would-

be-murderer/261997/.

14   Barron, F. (1963). *Creativity and Psychological Health*. Oxford, UK: Van Nostrand. Barron, F. (1968). *Creativity and Personal Freedom*. Oxford, UK: Van Nostrand.

15   Richards, R. (2006). Frank Barron and the study of creativity: A voice that lives on. *Journal of Humanistic Psychology, 46*(3), 352-370.

16   Richards, Frank Barron and the study of creativity.

17   Arons, M., & Richards, R. (2001). Two noble insurgencies: Creativity and humanistic psychology. In K. J. Schenider, J. F. T. Bugental, & J. F. Pierson (Eds.), *Handbook of Humanistic Psychology* (pp. 127-142). Thousand Oaks, CA: Sage. Barron, F. (1969). *Creative Person and Creative Process*. New York: Holt, Rinehart & Winston.

18   Cox, C. M. (1926). *Genetic Studies of Genius. Vol. 2. The Early Mental Traits of Three Hundred Geniuses*. Stanford, CA: Stanford University Press. Terman, L. M., & Oden, M. H. (1959). *Genetic Studies of Genius. Vol. 5. The Gifted Child Grows Up*. Palo Alto, CA: Stanford University Press.

19   Richards, Frank Barron and the study of creativity.

20   Barron, *Creative Person and Creative Process*. Piirto, J. (2009). The personalities of creative writers. In S. B. Kaufman & J. C. Kaufman (Eds.), *The Psychology of Creative Writing* (pp. 3-22). Cambridge, UK: Cambridge University Press.

21   Barron, F. (1953). An ego-strength scale which predicts response to psychotherapy. *Journal of Consulting Psychology, 17*, 327-333.

22   Richards, Frank Barron and the study of creativity.

23   Sternberg, R. J. (2006). The nature of creativity. *Creativity Research Journal, 18*(1), 87-98. Csikszentmihalyi, M. (1988). Society, culture, and person: A systems view of creativity. In R. J. Sternberg (Ed.), *The Nature of Creativity* (pp. 325-339). New York: Cambridge University Press. Amabile, T. M. (1983). *The Social Psychology of Creativity*. New York: Springer. Amabile, T. M. (1983). The social psychology of creativity: A componential conceptualization. *Journal of Personality and Social Pychology, 45*(2), 357-376. Gardner, H. (1993). *Creating Minds*. New York: Basic Books.《열정과 기질》(북스넛).

24   Simonton, D. K. (1999). Talent and its development: An emergenic and epigenetic model. *Psychological Review, 106*, 435-457.

25   Papierno, P. B., Ceci, S. J., Makel, M. C., & Williams, W. M. (2005). The nature and nurture of talent: A bioecological perspective on the ontogeny of

exceptional abilities. *Journal for the Education of the Gifted, 28*(3-4), 213-322.

26　Fürst, G., Ghisletta, P., & Lubart, T. (2014). Toward an integrative model of creativity and personality: Theoretical suggestions and preliminary empirical testing. *Journal of Creative Behavior.* doi: 10.1002/ jocb.71.

27　DeYoung, C. G., Peterson, J. B., & Higgins, D. M. (2002). Higher-order factors of the big five predict conformity: Are there neuroses of health? *Personality and Individual Differences, 33,* 533-552.

28　Csikszentmihalyi, M. (1999). Implications of a systems perspective for the study of creativity. In R. J. Sternberg (Ed.), *Handbook of Creativity* (pp. 313- 336). Cambridge, UK: Cambridge University Press.

29　Bressler, S. L., & Menon, V. (2010). Large-scale brain networks in cognition: Emerging methods and principles. *Trends in Cognitive Science, 14*(6), 277-290.

30　Kaufman, S. B. (2013, August 19). The real neuroscience of creativity. [Blog post.] *Scientific American.* blogs.scientificamerican.com/beautiful-minds/2013/08/19/the-real-neuroscience-of-creativity.

31　Buckner, R. L. (2012). The serendipitous discovery of the brain's default mode network. *Neurolmage, 62,* 1137-1145.

32　Buckner, The serendipitous discovery of the brain's default mode network.

33　Christoff, K. (2012). Undirected thought: Neural determinants and correlates. *Brain Research, 1428,* 51-59.

34　Immordino-Yang, M. H., Christodoulou, J. A., Singh, V. (2012). Rest is not idleness: Implications of the brain's default mode for human development and education. *Perspectives on Psychological Science, 7,* 352-365. De Brigard, F., Spreng, N. R., Mitchell, J. P., & Schacter, D. L. (2015). Neural activity associated with self, other, and object-based counterfactual thinking. *Neurolmage, 109,* 12-26. Jack, A. I., Dawson, A. J., Begany, K. L., Leckie, R. L., Barry, K. P., Ciccia, A. H., & Snyder, A. Z. (2013). fMRI reveals reciprocal inhibition between social and physical cognitive domains. *Neurolmage, 66,* 385-401. Boyatzis, R. E., Rochford, K., & Jack, A. I. (2014). Antagonistic neural networks underlying differentiated leadership roles. *Frontiers in Human Neuroscience, 8*(14).

35　'중앙' 하위체계, '내측 측두' 하위체계, '배내측' 하위체계라고 부르기도 한다. 참조: Andrews-Hanna et al., The default network and self-generated thought.

36　Andrews-Hanna et al., The default network and self-generated thought. Buckner, R. L., Andrews-Hanna, J. R., & Schacter, D. L. (2008). The brain's default network: Anatomy, function, and relevance to disease. *Annals of the New York Academy of Sciences, 1124*(1), 1-38. Schacter, D. L., & Addis, D. R. (2007). The cognitive neuroscience of constructive memory: Remembering the past and imagining the future. Philosophical Transactions of the Royal Society B: *Biological Sciences, 362*(1481), 773-786. Hassabis, D., Kumaran, D., Vann, S. D., & Maguire, E. A. (2007). Patients with hippocampal amnesia cannot imagine new experiences. *Proceedings of the National Academy of Sciences, 104*(5), 1726-1731. Spreng, R. N., Mar, R. A., & Kim, A. S. N. (2009). The common neural basis of autobiographical memory, prospection, navigation, theory of mind, and the default mode: A quantitative meta-analysis. *Journal of Cognitive Neuroscience, 21*(3), 489-510. Mitchell, J. P., Banaji, M. R., & Macrae, C. N. (2005). The link between social cognition and self-referential thought in the medial prefrontal cortex. *Journal of Cognitive Neuroscience, 17*(8), 1306-1315. Mar, R. A. (2011). The *neural bases of social cognition and story comprehension. Annual Review of Psychology, 62*(1), 103-134.

37   Andrews-Hanna et al., The default network and self-generated thought. Immordino-Yang et al., Rest is not idleness.

38   Jung, R. E., Mead, B. S., Carrasco, J., & Flores, R. A. (2013). The structure of creative cognition in the human brain. *Frontiers in Human Neuroscience, 7*(330).

39   Vartanian, O., Bristol, A. S., & Kaufman, J. C. (Eds.). (2013). *Neuroscience of Creativity*. Cambridge, MA: MIT Press.

40   Beaty, R. E., & Silvia, P. J. (2012). Why do ideas get more creative across time? An executive interpretation of the serial order effect in divergent thinking tasks. *Psychology of Aesthetics, Creativity, and the Arts, 6*(4), 309-319. Benedek, M., Franz, F., Heene, M., & Neubauer, A. C. (2012). Differential effects of cognitive inhibition and intelligence on creativity. *Personality and Individual Differences, 53*(4), 480-485. Jauk, E., Benedek, M., & Neubauer, A. C. (2014). The road to creative achievement: A latent variable model of ability and personality predictors. *European Journal of Personality, 28*(1), 95-105. Gilhooly, K. J., Fioratou, E., Anthony, S. H., & Wynn, V. (2007). Divergent thinking: Strategies and executive involvement in generating novel uses for familiar objects. *British Journal of Psychology, 98*(4), 611-625. Nusbaum, E. C., & Silvia, P. J. (2011). Are intelligence and creativity really so different? Fluid intelligence, executive processes, and strategy use in divergent thinking. *Intelligence, 39*(1), 36-45. Silvia, P. J., Beaty, R. E., & Nusbaum, E. C. (2013). Verbal fluency and creativity: General and specific contributions of broad retrieval ability (Gr) factors to divergent thinking. *Intelligence, 41*(5), 328-340.

41   Beaty, R. E., Benedek, M., Kaufman, S. B., & Silvia, P. J. (2015). Default and executive network coupling supports creative idea production, *Scientific Reports, 5*(10964). Christoff, K., Gordon, A. M., Smallwood, J., Smith, R., & Schooler, J. W. (2009). Experience sampling during fMRI reveals default network and executive system contributions to mind wandering. *Proceedings of the National Academy of Sciences, 106*(21), 8719-8724. Ellamil, M., Dobson, C., Beeman, M., & Christoff, K. (2012). Evaluative and generative modes of thought during the creative process. *NeuroImage, 59*(2), 1783-1794. Gao, W., Gilmore, J. H., Shen, D., Smith, J. K., Zhu, H., & Lin, W. (2013). The synchronization within and interaction between the default and dorsal attention networks in early infancy. *Cerebral Cortex, 23*(3), 594-603. Gerlach, K. D., Spreng, R. N., Gilmore, A. W., & Schacter, D. L. (2011). Solving future problems: Default network and executive activity associated with goal-directed mental simulations. *NeuroImage, 55*(4), 1816-1824. Gerlach, K. D., Spreng, R. N., Madore, K. P., & Schacter, D. L. (2014). Future planning: Default network activity couples with frontoparietal control network and reward-processing regions during process and outcome simulations. *Social Cognitive and Affective Neuroscience, 9*(12), 1942-1951. Immordino-Yang et al., Rest is not idleness. McMillan, R. L., Kaufman, S. B., & Singer, J. L. (2013). Ode to positive constructive daydreaming. *Frontiers in Psychology, 4*(626). Meyer, M. L., Spunt, R. P., Berkman, E. T., Taylor, S. E., & Lieberman, M. D. (2012). Evidence for social working memory from a parametric functional MRI study. *Proceedings of the National Academy of Sciences, 109*(6), 1883-1888. Meyer, M. L., & Lieberman, M. D. (2012). Social working memory: Neurocognitive networks and directions for future research. *Frontiers in Psychology, 3*(571). Spreng, R. N., & Grady, C. L. (2010). Patterns of brain activity supporting autobiographical memory, prospection, and theory of mind, and their relationship to the default mode network. Journal of Cognitive *Neuroscience, 22*(6), 1112-1123. Smallwood, J., Brown, K., Baird, B., & Schooler, J. W. (2012). Cooperation between the default mode network and the frontal-parietal network in the production of an internal train of thought. *Brain Research, 1428*, 60-70; Andrews-Hanna, J. R., Smallwood, J., & Spreng, R. N. (2014). The default network and self-generated thought: Component processes, dynamic control, and clinical relevance. *Annals of the New York Academy of Sciences, 1316*(1), 29-52.

42   Beaty et al., Default and executive network coupling supports creative idea production. Limb, C. J., & Braun, A. R. (2008). Neural substrates of spontaneous musical performance: An fMRI study of jazz improvisation. *PLoS ONE, 3*(2). Liu, S., Chow, H. M., Xu, Y., Erkkinen, M. G., Swett, K. E. et al.

(2012). Neural correlates of lyrical improvisation: An fMRI study of freestyle rap. *Scientific Reports, 2*: 834. Beaty, R. E. (2015). The neuroscience of musical improvisation. *Neuroscience & Biobehavioral Reviews, 51*, 108-11. Mayseless, N., Eran, A., & Shamay-Tsoory, S. G. (2015). Generating original ideas: The neural underpinning of originality. *NeuroImage, 116*, 232-239. Liu, S., Erkkinen, M. G., Healey, M. L., Xu, Y., Swett, K. E., Chow, H. M., & Braun, A. R. (2015). Brain activity and connectivity during poetry composition: Toward a multidimensional model of the creative process. *Human Brain Mapping*. doi:10.1002/hbm.22849.

43 Ellamil et al., Evaluative and generative modes of thought during the creative process.

44 Sternberg, R. (2007). Creativity as a habit. In A. G. Tan (Ed.), *Creativity: A Handbook for Teachers* (pp. 3-25). Hackensack, NJ: World Scientific.

45 Kaufman, J., & Beghetto, R. (2009). Beyond big and little: The four C model of creativity. *Review of General Psychology, 13*, 1-12.

46 Howe, M. J. A. (2001). *Genius Explained*. Cambridge, UK: Cambridge University Press. Weisberg, R. W. (1993). *Creativity: Beyond the Myth of Genius*. New York: W. H. Freeman. Simon, H. A., & Newell, A. (1972). *Human Problem Solving*. Englewood Cliffs, NJ: Prentice-Hall.

47 Ivcevic, Z., & Mayer, J. D. (2009). Mapping dimensions of creativity in the life-space. *Creativity Research Journal, 21*, 152-165; Ivcevic, Z. (2007). Artistic and everyday creativity: An act-frequency approach. *Journal of Creative Behavior, 41*, 271-290; Ivcevic, Z., & Mayer, J. D. (2006). Creative types and personality. *Imagination, Cognition, and Personality, 26*, 65-86.

48 Ceci, M. W., & Kumar, V. K. (2015). A correlational study of creativity, happiness, motivation, and stress from creative pursuits. *Journal of Happiness Studies*, doi:10.1007/s10902-015-9615-y.

49 Mackey, A. P., Miller Singley, A. T., & Bunge, S. A. (2013). Intensive reasoning training alters patterns of brain connectivity at rest. *Journal of Neuroscience, 33*(11), 4796-4803. Mackey, A. P., Whitaker, K. J., & Bunge, S. A. (2012). Experience-dependent plasticity in white matter microstructure: Reasoning training alters structural connectivity. *Frontiers in Neuroanatomy, 6*. Guerra-Carrillo, B., Mackey, A. P., & Bunge, S. A. (2014). Resting-state fMRI: A window into human brain plasticity. *The Neuroscientist, 20*(5), 522-533. Stevenson, C. E., Kleibeuker, S. W., de Dreu, C. K. W., & Crone, E. A. (2014). Training creative cognition: Adolescence as a flexible period for improving

creativity. *Frontiers in Human Neuroscience, 8*(827).

50   Christenson, S. L., Reschly, A. L., & Wylie, C. (Eds.) (2013). *Handbook of Research on Student Engagement.* New York: Springer. Cordova, D. I., & Lepper, M. R. (1996). Intrinsic motivation and the process of learning: Beneficial effects of contextualization, personalization, and choice. *Journal of Educational Psychology, 88,* 715-730. Damon, W. (2009). *The Path to Purpose: How Young People Find Their Calling in Life.* New York: Free Press. Fredricks, J. A., Alfeld-Liro, C. J., Hruda, L. Z., Eccles, J. S., Patrick, H., & Ryan, A. M. (2002). A qualitative exploration of adolescents' commitment to athletics and the arts. *Journal of Adolescent Research, 17,* 68-97. Fredricks, J. A., Alfeld, C., & Eccles, J. (2010). Developing and fostering passion in academic and nonacademic domains. *Gifted Child Quarterly, 54,* 18-30. Kaufman, S. B. (2013). *Ungifted: Intelligence Redefined.* New York: Basic Books. Ryan, R. M., & Deci, E. L. (2000). Self- determination theory and the facilitation of intrinsic motivation, social development, and well-being. *American Psychologist, 55,* 68-78. Oyserman, D., Terry, K., & Bybee, D. (2002). A possible selves intervention to enhance school involvement. *Journal of Adolescence, 25,* 313-326. Oyserman, D., Bybee, D., & Terry, K. (2006). Possible selves and academic outcomes: How and when possible selves impel action. *Journal of Personality and Social Psychology, 91,* 188-204. Shernoff, D. J. (2013). *Optimal Learning Environments to Promote Student Engagement.* New York: Springer. Vanseteenkiste, M., Simons, J., Lens, W., Deci, E. L., & Sheldon, K. M. (2004). Motivating learning, performance, and persistence: The synergistic effects of intrinsic goal contents and autonomy-supportive contexts. *Journal of Personality and Social Psychology, 87,* 246-260; Yeager, D. S., Bundick, M. J., & Johnson, R. (2012). The role of future work goal motives in adolescent identity development: A longitudinal mixed-methods investigation. *Contemporary Educational Psychology, 37,* 206-217. Yeager, D. S., Paunesku, D., D'Mello, S., Spitzer, B. J., & Duckworth, A. L. (2014). Boring but important: A self-transcendent purpose for learning fosters academic self-regulation. *Journal of Personality and Social Psychology, 107,* 559-580.

51   Root-Bernstein, M. (2014). *Inventing Imaginary Worlds: From Childhood Play to Adult Creativity Across the Arts and Sciences.* Lanham, MD: Rowman & Littlefield Education. 《내 아이를 키우는 상상력의 힘》(문예출판사).

52   Feist, G. J., & Runco, M. A. (1993). Trends in the creativity literature: An analysis of research in the *Journal of Creative Behavior* (1967-1989). *Creativity Research Journal, 6,* 271-286.

53   Kaufman & Beghetto, Beyond big and little. Kaufman, J. C., & Sternberg, R. J.

(2007). Resource review: Creativity. *Change, 39,* 55-58.

54   Plucker, J. A., & Makel, M. C. (2010). Assessment of creativity. In J. C. Kaufman & R. J. Sternberg (Eds.), *The Cambridge Handbook of Creativity* (pp. 48-73). Cambridge, UK: Cambridge University Press. http://www.div10.org; http://www.div10.org/division-10-journal; http://onlinelibrary.wiley.com/journal/10.1002/(ISSN)2162-6057;http://www.tand fonline.com/toc/hcrj20/current;http://www.journals.elsevier.com/thinking -skills-and-creativity/; https://www.baywood.com/journals/previewjournals.asp?Id=0276-2366.

55   Seligman, M. E. P. (1998, January). Building human strength: Psychology's forgotten mission. *APA Monitor, 29*(1). Senter for Kognitiv Praksis. senterforkognitivpraksis.no/ artikler/building-human-strength-m-seligman.html? Itemid=. Seligman, M. E. P., & Csikszentmihalyi, M. (2000). Positive psychology: An introduction. *American Psychologist, 55,* 5-14. Seligman, M. E. P. (2012). *Flourish: A Visionary New Understanding of Happiness.* New York: Atna Books.

56   Frankl, V. (1959). *Man's Search for Meaning.* Boston: Beacon Press. 《죽음의 수용소에서》(청아출판사). Maslow, A. H. (1954). *Motivation and Personality.* New York: Harper and Row. 《동기와 성격》(연암서가). Maslow, A. H. (1968). *Toward a Psychology of Being* (2nd ed.). New York: Van Nostrand. Moss, D. (2001). The roots and genealogy of humanistic psychology. In K. J. Schneider, J. F. T. Bugental, & J. F. Pierson (Eds.), *The Handbook of Humanistic Psychology: Leading Edges in Theory, Research, and Practice* (pp. 5-20). Thousand Oaks, CA: Sage Publications. Shaffer, J. B. P. (1978). *Humanistic Psychology.* Englewood Cliffs, NJ: Prentice-Hall.

57   Gregoire, C. (2014, March 4). 18 things highly creative people do differently. *Huffington Post.* http://www.huffingtonpost.com/2014/03/04/creativity-habits_n_4859769.html.

⁝ 1장 상상 놀이

1   Paumgarten, N. (2010, December 20). Master of play: The many worlds of a video-game artist. *The New Yorker.* http://www.newyorker.com/magazine/2010/12/20/master-of-play.

2   Paumgarten, Master of play.

3   Paumgarten, Master of play.

4   Russ, S. W. (2013). *Pretend Play in Childhood: Foundation of Adult Creativity.*

Washington, DC: American Psychological Association. Shavinina, L. V. (Ed.). (2003). *The International Handbook on Innovation*. Boston: Elsevier Science.

5   Shavinina, L. V. (2009). On entrepreneurial giftedness. In L. V. Shavinina (Ed.), *International Handbook on Giftedness* (Vol. 1). New York: Springer.

6   Shavinina, On entrepreneurial giftedness, p. 267.

7   Ackermann, E., Gauntlett, D., & Weckstrom, C. (2009). *Defining Systematic Creativity*. The LEGO Foundation. http://www.legofoundation.com/en-us/research-and-learning/foundation-research.

8   Kaufman, S. B., Singer, J. L., & Singer, D. G. (2013, November 11). The need for pretend play in child development. [Blog post.] *Scientific American*. blogs.scientificamerican.com/beautiful-minds/2013/11/11/the-need-for-pretend-play-in-child-development. Ashiabi, G. S. (2007). Play in the preschool classroom: Its socioemotional significance and the teacher's role in play. *Early Childhood Education Journal, 35*, 199-207; Singer, J. L., & Lythcott, M. A. (2004). Fostering school achievement and creativity through sociodramatic play in the classroom. In E. F. Zigler, D. G. Singer, & S. J. Bishop-Joseph(Eds.), *Children's Play: The Roots of Reading* (pp. 77-93).Washington, DC:Zero to Three Press. Clements, D. H., & Sarama. J. (2009). *Learning and Teaching Early Math: The Learning Trajectories Approach*. New York: Routledge. Ginsburg, H. P. (2006). Mathematical play and playful mathematics: A guide for early education. In D. Singer, R. M. Golinkoff, & K. Hirsh-Pasek(Eds.), *Play = Learning: How Play Motivates and Enhances Children's Cognitiveand Social-Emotional Growth* (pp. 145-168). New York: Oxford University Press.

9   Boyd, B. (2010). *On the Origin of Stories: Evolution, Cognition, and Fiction*. Cambridge, MA: Belknap Press of Harvard University Press. 《이야기의 기원》(휴머니스트).

10   Kunitz, S. (2005). *The Wild Braid*. New York: W. W. Norton. p. 103.

11   Russ, *Pretend Play in Childhood*; Root-Bernstein, M. (2014). *Inventing Imaginary Worlds: From Childhood Play to Adult Creativity Across the Arts and Sciences*. Lanham, MD: Rowman & Littlefield Education.

12   King, S. (2001). *On Writing: A Memoir of the Craft*. New York: Pocket Books. 《유혹하는 글쓰기》(김영사).

13   Powers, R. (2006). *Mark Twain: A Life*. New York: Simon & Schuster.

14   Root-Bernstein, *Inventing Imaginary Worlds*.

15   Root-Bernstein, *Inventing Imaginary Worlds*.

16   Updike, J. (2006, July 10). The writer in the winter. AARP. http://www.aarp. org/entertainment/books/info-10-2008/john_updike_writer_in_winter.html.

17   Russ, *Pretend Play in Childhood*. Root-Bernstein, *Inventing Imaginary Worlds*.

18   Russ, S. Personal communication, August 14, 2014.

19   Russ, *Pretend Play in Childhood*.

20   Root-Bernstein, *Inventing Imaginary Worlds*.

21   Russ, personal communication.

22   Fein, G. G. (1987). Pretend play: Creativity and consciousness. In D. Gorlitz & J. F. Wohlwill (Eds.), *Curiosity, Imagination, and Play: On the Development of Spontaneous Cognitive Motivational Processes* (pp. 281-304). Hillsdale, NJ: Lawrence Erlbaum Associates.

23   Singer, D. G., & Singer, J. L. (1990). *The House of Make-Believe: Children's Play and the Developing Imagination*. Cambridge, MA: Harvard University Press.

24   MacPherson, Karen. (2002, October 1). Development experts say children suffer due to lack of unstructured fun. *Post-Gazette Now (Pittsburgh Post-Gazette)*. old.post-gazette.com/lifestyle/20021001childsplay1001fnp3.asp.

25   Barker J. E., Semenov, A. D., Michaelson L., Provan, L. S., Snyder, H. R., and Munakata, Y. (2014). Less-structured time in children's daily lives predicts self-directed executive functioning. *Frontiers in Psychology, 5,* 593. Russ, *Pretend Play in Childhood*. Root-Bernstein, *Inventing Imaginary Worlds*. Russ, S., & Grossman-McKee, A. (1990). Affective expression in children's fantasy play, primary process thinking on the Rorschach, and divergent thinking. *Journal of Personality Assessment, 54*(3-4), 756-771. Kaugars, A. S., & Russ, S. (2009). Assessing preschool children's pretend play: Preliminary validation of the Affect in Play Scale-Preschool Version. *Early Education and Development, 20*(5), 733-755. Hoffman, J., & Russ, S. (2012). Pretend play, creativity, and emotion regulation in children. *Psychology of Aesthetics, Creativity, and the Arts, 6*(2), 175-184. Russ, S., & Schafer, E. D. (2006). Affect in fantasy play, emotion in memories, and divergent thinking. *Creativity Research Journal, 18*(3), 347-354. Lillard, A. S., Lerner, M. D., Hopkins, E. J., Dore, R. A., Smith, E. D., & Palmquist, C. M. (2013). The impact of pretend play on children's development: A review of the evidence. *Psychological Bulletin, 139*(1), 1-34. Russ, S., Robins, A. L., & Christiano, B. A. (1999). Pretend play: Longitudinal prediction of creativity and affect in fantasy in children. *Creativity Research Journal, 12*(2), 129-139. White, R. E. (2012). The Power of Play: A Research Summary on Play and Learning. Saint Paul: Minnesota

Children's Museum. Bergen, D. (2009). Play as the learning medium for future scientists, mathematicians, and engineers. *American Journal of Play, 1,* 413–428. Ginsberg, H. P. (2006). Mathematical play and playful mathematics: A guide for early education. In D. G. Singer, R. Golinkoff, & K. Hirsh-Pasek (Eds.), *Play = Learning: How Play Motivates and Enhances Children's Cognitive and Social-Emotional Growth* (pp. 145–165). New York: Oxford University Press. Fisher, K., Hirsch-Pasek, K., Golinkoff, R. M., & Singer, D. G. (2011). Playing around in school: Implications for learning and educational policy. In A. Pellegrini (Ed.), *The Oxford Handbook of the Development of Play* (pp. 341–362). New York: Oxford University Press. Tepperman, J. (Ed.). (2007). *Play in the Early Years: Key to School Success.* [Policy brief.] El Cerito, CA: Bay Area Early Childhood Funders. Ginsburg, H. P., Pappas, S., & Seo, K.-H. (2001). Everyday mathematical knowledge: Asking young children what is developmentally appropriate. In S. L. Golbeck (Ed.), *Psychological Perspectives on Early Childhood Education: Reframing Dilemmas in Research and Practice* (pp. 181–219). Mahwah, NJ: Lawrence Erlbaum Associates. Henniger, M. L. (1995). Play: Antidote for childhood stress. *Early Child Development and Care, 105,* 7–12.

26   Louv, R. (2006). *Last Child in the Woods: Saving Our Children from Nature-Deficit Disorder.* Chapel Hill, NC: Algonquin Books of Chapel Hill. 《자연에서 멀어진 아이들》(즐거운상상). Gray, P. (2013, September 18). The play deficit. Aeon. aeon.co/magazine/culture/children-today-are-suffering-a-severe-deficit-of-play. Gray, P. (2013). *Free to Learn: Why Unleashing the Instinct to Play Will Make Our Children Happier, More Self-Reliant, and Better Students for Life.* New York: Basic Books. 《언스쿨링》(박영스토리). Brown, S. (2008, May). *Play Is More Than Just Fun.* [Video.] TED. ted.com/talks/stuart_brown_says_play_is_more_than_fun_it_s_vital. U.N. General Assembly. (1989, November 20). *Convention on the Rights of the Child. United Nations, Treaty Series, 1577,* 3. refworld.org/docid/3ae6b38f0.html.

27   Gopnik, A. (2011, March 16). Why preschool shouldn't be like school. *Slate.* slate.com/articles/double_x/doublex/2011/03/why_preschool_shouldnt_be_like_school.html?wpsrc=sh_all_dt_tw_top.

28   Suggate, S. P., Schaughency, E. A., & Reese, E. (2013). Children learning to read later catch up to children reading earlier. *Early Childhood Research Quarterly, 28*(1), 33–48.

29   Bazelon, E. (2013, December 3). Into the woods. *Slate.* slate.com/articles/double_x/doublex/2013/12/forest_kindergarten_watch_kids_in_switzerland_go_to_school_outside_in_school.html. Suggate et al., Children learning to read later catch up to children reading earlier.

30   Hughes, F. P. (2010). *Children, Play, and Development* (4th ed.). Los Angeles: Sage.《놀이와 아동발달》(시그마프레스).

31   McGonigal, J. (2011). *Reality Is Broken: Why Games Make Us Better and How They Can Change the World.* New York: Penguin Books;《게임이 세상을 바꾸는 방법》(알에이치코리아). McGonigal, J. (2015). *SuperBetter: A Revolutionary Approach to Getting Stronger, Happier, Braver and More Resilient.* New York: Penguin Books.

32   Zabelina, D. L., & Robinson, M. D. (2010). Child's play: Facilitating the originality of creative output by a priming manipulation. *Psychology of Aesthetics, Creativity, and the Arts, 4*(1), 57–65.

33   Magnuson, C. D., & Barnett, L. A. (2013). The playful advantage: How playfulness enhances coping with stress. *Leisure Sciences, 35*(2), 129–144. Proyer, R. T. (2012). Development and initial assessment of a short measure for adult playfulness: The SMAP. *Personality and Individual Differences, 53*(8), 989–994. Proyer, R. T., & Ruch, W. (2011). The virtuousness of adult playfulness: The relation of playfulness with strengths of character. *Psychology of Well-Being: Theory, Research and Practice, 1*(1), 4.

34   Root-Bernstein, *Inventing Imaginary Worlds.*

35   Root-Bernstein, *Inventing Imaginary Worlds.*

36   The British Library. (2011, May 11). The Brontës' secret science fiction stories. [Press release.] bl.uk/press-releases/2011/may/the-bronts-secret-science-fiction-stories.

37   연구 결과, 맥아더 지니어스상 수상자들 집단이 유년기에 가상 놀이를 한 비율이 5~26퍼센트, 일반 대학생들은 3~13퍼센트로 추정되었다.

: 2장 열정

1   Wilson, E. (2013). *Jacqueline du Pré: Her Life, Her Music, Her Legend.* New York: Arcade.

2   Wilson, *Jacqueline du Pré.*

3   Yo-Yo Ma. (2004). *Encyclopedia of World Biography.* encyclopedia.com/topic/Yo-Yo-Ma.aspx. Ma, M., & Rallo, J. A. (1996). *My Son, Yo-Yo.* The Chinese University Press.

4   Olmstead, M. (2006). *Yo-Yo Ma.* Chicago: Raintree.

5   Craig, D. (n.d.). Thom Yorke. *Interview Magazine.* http://www.interviewmagazine.

com/music/thom-yorke.

6   Yorke, T. (2013, April 1). Thom Yorke. [Radio interview.] wnyc.org/story/278417-thom-yorke.

7   Waitzkin, J. (2008). *The Art of Learning: A Journey in the Pursuit of Excellence*. London: Simon & Schuster. 《배움의 기술》(이제). Also see: Morelock, M. (2013). Prodigies, passion, persistence, and pretunement: Musings on the biological bases of talent. In S. B. Kaufman (Ed.), *The Complexity of Greatness: Beyond Talent or Practice* (pp. 83-102). New York: Oxford University Press.

8   Waitzkin, F. (1990). *Searching for Bobby Fischer: The Father of a Prodigy Observes the World of Chess*. London: Penguin Books.

9   Kaufman, S. B. (2008, November 1). Confessions of a late bloomer. *Psychology Today*. psychologytoday.com/articles/200810/confessions-late-bloomer.

10 Quoted in Kaufman, Confessions of a late bloomer.

11 Walters, J., & Gardner, H. (2001). The crystallizing experience: Discovering an intellectual gift. In R. S. Albert (Ed.), *Genius and Eminence* (pp. 135-155). New York: Psychology Press.

12 Armstrong, T. (2009). *Multiple Intelligences in the Classroom* (3rd ed.). Alexandria, VA: Association for Supervision and Curriculum Development, p. 29. 《다중지능과 교육》(학지사).

13 Winner, E. (1996). *Gifted Children: Myths and Realities*. New York: Basic Books, p. 293. 《내 아이도 영재다》(학지사).

14 Winner, E., & Drake, J. (2013). The rage to master: The decisive role of talent in the visual arts. In S. B. Kaufman (Ed.), *The Complexity of Greatness: Beyond Talent or Practice*. New York: Oxford University Press.

15 Csikszentmihalyi, M. (1991). *Flow: The Psychology of Optimal Experience*. New York: Harper Perennial. 《몰입, FLOW》(한울림).

16 Csikszentmihalyi, *Flow*.

17 bNjOrDaN. (2007, August 22). *Michael Jordan 1992 NBA Finals Against Portland*. [Video.] youtube.com/watch?v=G8OqJqOldb4.

18 Kaufman, S. B. (2008, June 7). On innate talent. *Psychology Today*. psychologytoday.com/blog/beautiful-minds/200806/innate-talent.

19 Feldman, D. H., & Goldsmith, L. T. (1986). *Nature's Gambit: Child Prodigies and the Development of Human Potential*. New York: Basic Books. Feldman, D. H., & Morelock, M. J. (2011). Prodigies and savants. In R. J. Sternberg and S. B.

Kaufman (Eds.), *The Cambridge Handbook of Intelligence* (pp. 210-234). New York: Cambridge University Press. Morelock, Prodigies, passion, persistence, and pretunement.

20   Bloom, B. S., & Sosniak, L. A. (Eds.). (1985). *Developing Talent in Young People.* New York: Ballantine Books.

21   Bloom & Sosniak, *Developing Talent in Young People;* Winner & Drake, The rage to master.

22   Torrance, E. P. (1983). The importance of falling in love with something. *Creative Child and Adult Quarterly, 8*(2), 72-78.

23   Torrance, The importance of falling in love with something.

24   Torrance, The importance of falling in love with something.

25   Quoted in Walker, A. (2010). *The World Has Changed: Conversations with Alice Walker.* New York: The New Press.

26   Torrance, The importance of falling in love with something.

27   Newport, C. (2012). *So Good They Can't Ignore You: Why Skills Trump Passion in the Quest for Work You Love.* New York: Grand Central. 《열정의 배신》(부키).

28   Vallerand, R. J., Blanchard, C., Mageau, G.A., Koestner, R., Ratelle, C., Léonard, M., Gagné, M., & Marsolais, J. (2003). Les passions de l'ame: On obsessive and harmonious passion. *Journal of Personality and Social Psychology, 85,* 756-767. Vallerand, R. J. (2015). *The Psychology of Passion: A Dualistic Model.* New York: Oxford University Press.

29   Vallerand, R. J., Salvy, S.-J., Mageau, G. A., Elliot, A. J., Denis, P. L., Grouzet, F. M. E., & Blanchard, C. (2007). On the role of passion in performance. *Journal of Personality, 75*(3), 505-534.

30   Vallerand et al., On the role of passion in performance. Vallerand, R. J., Mageau, G. A., Elliot, A. J., Dumais, A., Demers, M.-A., & Rousseau, F. (2008). Passion and performance attainment in sport. *Psychology of Sport and Exercise, 9*(3), 373-392. Bonneville-Roussy, A., Lavigne, G. L., & Vallerand, R. J. (2011). When passion leads to excellence: The case of musicians. *Psychology of Music, 39*(1), 123-138.

31   Thrash, T. M., & Elliot, A. J. (2003). Inspiration as a psychological construct. *Journal of Personality and Social Psychology, 84*(4), 871-889.

32   Kaufman, S. B. (2011, November 8). Why inspiration matters. *Harvard Business Review.* hbr.org/2011/11/why-inspiration-matters.

33 Thrash, T. M., Maruskin, L. A., Cassidy, S. E., Fryer, J. W., & Ryan, R. M. (2010). Mediating between the muse and the masses: Inspiration and the actualization of creative ideas. *Journal of Personality and Social Psychology, 98*, 469-487.

34 Thrash & Elliot, Inspiration as a psychological construct.

35 Thrash, T. M., Elliot, A. J., Maruskin, L. A., & Cassidy, S. E. (2010). Inspiration and the promotion of well-being: Tests of causality and mediation. *Journal of Personality and Social Psychology, 98*(3), 488-506.

36 Thrash & Elliot, Inspiration as a psychological construct.

37 Thrash et al., Mediating between the muse and the masses.

38 O'Keefe, P. A., & Linnenbrink-Garcia, L. (2014). The role of interest in optimizing performance and self-regulation. *Journal of Experimental Social Psychology, 53*, 70-78.

39 Clear, J. (n.d.). How to stay focused when you get bored working toward your goals. James Clear. jamesclear.com/stay-focused?—vid=130f18305a450132c9 d022000b2a88d7.

40 Gielnik, M. M., Spitzmuller, M., Schmitt, A., Klemann, D. K., & Frese, M. (2014). I put in effort, therefore I am passionate: Investigating the path from effort to passion in entrepreneurship. *Academy of Management,* amj.2011.0727. Newport, *So Good They Can't Ignore You.*

41 Duckworth, A. L., Peterson, C., Matthews, M. D., & Kelly, D. R. (2007). Grit: Perseverance and passion for long-term goals. *Journal of Personality and Social Psychology, 92*(6), 1087-1101.

42 Snyder, C. R., Harris, C., Anderson, J. R., Holleran, S. A., Irving, L. M. et al. (1991). The will and the ways: Development and validation of an individual-differences measure of hope. *Journal of Personality and Social Psychology, 60*, 570-585.

43 Elliot, A. J., & Church, M. A. (1997). A hierarchical model of approach and avoidance achievement motivation. *Journal of Personality and Social Psychology, 72*, 218-232. *Also see: Dweck, C. (2006). Mindset: The New Psychology of Success.* New York: Ballantine Books. 《마인드셋》(스몰빅라이프). Grant-Halvorson, H., & Higgins, E. T. (2014). *Focus: Use Different Ways of Seeing the World for Success and Influence.* New York: Plume.

44 Lopez, S. J. (2013). *Making Hope Happen: Create the Future You Want for Yourself and Others.* New York: Atria Books. Rand, K. L., Martin, A. D., & Shea, A. M. (2011). Hope, but not optimism, predicts academic performance of law

students beyond previous academic achievement. *Journal of Research in Personality, 45,* 683-686. Magaletta, P. R., & Oliver, J. M. (1999). The hope construct, will, and ways: Their relations with self-efficacy, optimism, and general well-being. *Journal of Clinical Psychology, 55,* 539-551. Görres, R. (2011). Situational hope facilitates creative problem-solving. [Bachelor's thesis.] Utrecht, The Netherlands: University College Utrecht. Day, L., Hanson, K., Maltby, J., Proctor, C., & Wood, A. (2010). Hope uniquely predicts objective academic achievement above intelligence, personality, and previous academic achievement. *Journal of Research in Personality, 44,* 550-553. Curry, L. A., Snyder, C. R., Cook, D. L., Ruby, B. C., & Rehm, M. (1997). Role of hope in academic and sport achievement. *Journal of Personality and Social Psychology, 73,* 1257-1267. Snyder, C. R., Shorey, H. S., Cheavens, J., Pulvers, K. M., Adams, V. H. III, & Wiklund, C. (2002). Hope and academic success in college. *Journal of Educational Psychology, 94,* 820-826.

45   Oettingen, G. (2014). *Rethinking Positive Thinking: Inside the New Science of Motivation.* New York: Current. 《무한긍정의 덫》(세종서적).

46   Gregoire, C. (2014, October 2). The surprising downside of looking on the bright side. *Huffington Post.* huffingtonpost.com/2014/10/02/downside-of-looking-on-the-bright-side_n_5901162.html.

47   Oettingen, G., Marquardt, M. K., & Gollwitzer, P. M. (2012). Mental contrasting turns positive feedback on creative potential into successful performance. *Journal of Experimental Social Psychology, 48*(5), 990-996.

: 3장 공상

1   Didion, J. (2007). *The Year of Magical Thinking.* New York: Knopf Doubleday, p. 162. 《상실》(책읽는수요일).

2   McMillan, R. L., Kaufman, S. B., & Singer, J. L. (2013). Ode to positive constructive daydreaming. *Frontiers in Psychology, 4*(626).

3   Killingsworth, M. A., & Gilbert, D. T. (2010). A wandering mind is an unhappy mind. *Science, 330*(6006), 932.

4   Smallwood, J., & Andrews-Hanna, J. (2013). Not all minds that wander are lost: The importance of a balanced perspective on the mind-wandering state. *Frontiers in Psychology, 4*(441).

5   Singer, J. L. (1974). Daydreaming and the stream of thought. *American Scientist, 62,* 417-425.

6   Singer, J. L. (1975). Navigating the stream of consciousness: Research in daydreaming and related inner experience. *American Psychologist, 30,* 727–738.

7   Singer, J. (1964). Exploring man's imaginative world. *The Teachers College Record, 66,* 165–179. Singer, J. L. (1966). *Daydreaming: An Introduction to the Experimental Study of Inner Experience.* New York: Random House. Singer, Daydreaming and the stream of thought. Singer, Navigating the stream of consciousness. Singer, J. L. (2009). Researching imaginative play and adult consciousness: Implications for daily and literary creativity. *Psychology of Aesthetics, Creativity, and the Arts, 3*(4), 190–199. Antrobus, J. S. (1999). Toward a neurocognitive processing model of imaginal thought. In J. A. Singer & P. Salovey (Eds.), *At Play in the Fields of Consciousness: Essays in the Honour of Jerome L. Singer* (pp. 3–28). Mahwah, NJ: Lawrence Erlbaum.

8   Singer, J. L. (1955). Delayed gratification and ego development: Implications for clinical and experimental research. *Journal of Consulting Psychology, 19,* 259–266. Singer, J. L. (1961). Imagination and waiting ability in young children. *Journal of Personality, 29,* 396–413. Singer, Daydreaming. Singer, J. L., & Schonbar, R. A. (1961). Correlates of daydreaming: A dimension of self-awareness. *Journal of Consulting Psychology, 25,* 1–6. Singer, J. L., & Antrobus, J. S. (1963). A factor-analytic study of daydreaming and conceptually-related cognitive and personality variables. *Perceptual and Motor Skills, 17,* 187–209.

9   Teasdale, J. D., Dritschel, B. H., Taylor, M. J., Proctor, L., Lloyd, C. A., Nimmo-Smith, I., & Baddeley, A. D. (1995). Stimulus-independent thought depends on central executive resources. *Memory & Cognition, 23*(5), 551–559. Smallwood, J., Obonsawin, M., & Heim, D. (2003). Task unrelated thought: The role of distributed processing. *Consciousness and Cognition, 12*(2), 169–189. Smallwood, J., Fishman, D. J., & Schooler, J. W. (2007). Counting the cost of an absent mind: Mind wandering as an underrecognized influence on educational performance. *Psychonomic Bulletin & Review, 14*(2), 230–236. Smallwood, J., McSpadden, M., & Schooler, J. W. (2007). The lights are on but no one's home: Meta-awareness and the decoupling of attention when the mind wanders. *Psychonomic Bulletin & Review, 14*(3), 527–533. Smallwood, J., O'Connor, R. C., Sudbery, M. V., & Obonsawin, M. (2007). Mind wandering in dysphoria. *Cognition and Emotion, 21*(4), 816–842. Smallwood, J., Beach, E., Schooler, J. W., & Handy, T. C. (2008). Going AWOL in the brain: Mind wandering reduces cortical analysis of external events. *Journal of Cognitive Neuroscience, 20*(3), 458–469. Smallwood, J., McSpadden, M., & Schooler, J. W. (2008). When attention matters: The curious incident of the wandering mind. *Memory & Cognition, 36*(6), 1144–1150. Smallwood, J., Fitzgerald,

A., Miles, L. K., & Phillips, L. H. (2009). Shifting moods, wandering minds: Negative moods lead the mind to wander. *Emotion, 9*(2), 271. Smallwood, J., Nind, L., & O'Connor, R. C. (2009). When is your head at? An exploration of the factors associated with the temporal focus of the wandering mind. *Consciousness & Cognition, 18*(1), 118-125. Schooler, J. W., Reichle, E. D., & Halpern, D. V. (2004). Zoning out while reading: Evidence for dissociations between experience and metaconsciousness. In W. Jonathan, E. D. Reichle, & D. V. Halpern (Eds.), Thinking and Seeing: Visual Metacognition in Adults and Children (pp. 203-226). Cambridge, MA: MIT Press. Kane, M. J., Brown, L. H., McVay, J. C., Silvia, P. J., Myin-Germeys, I., & Kwapil, T. R. (2007). For whom the mind wanders, and when: An experience-sampling study of working memory and executive control in daily life. *Psychological Science, 18*(7), 614-621. McVay, J. C., & Kane, M. J. (2009). Conducting the train of thought: Working memory capacity, goal neglect, and mind wandering in an executive-control task. *Journal of Experimental Psychology: Learning, Memory, and Cognition, 35*(1), 196-204. McVay, J. C., & Kane, M. J. (2010). Does mind wandering reflect executive function or executive failure? Comment on Smallwood and Schooler (2006) and Watkins (2008). *Psychological Bulletin, 136*(2), 188-189. McVay, J. C., & Kane, M. J. (2012). Why does working memory capacity predict variation in reading comprehension? On the influence of mind wandering and executive attention. *Journal of Experimental Psychology: General, 141*(2), 302-320. McVay, J. C., & Kane, M. J. (2012). Drifting from slow to "d'oh!": Working memory capacity and mind wandering predict extreme reaction times and executive control errors. *Journal of Experimental Psychology: Learning, Memory, and Cognition, 38*(3), 525-549. McVay, J. C., Kane, M. J., and Kwapil, T. R. (2009). Tracking the train of thought from the laboratory into everyday life: An experience-sampling study of mind wandering across controlled and ecological contexts. *Psychonomic Bulletin & Review, 16*(5), 857-863. Reichle, E. D., Reineberg, A. E., & Schooler, J. W. (2010). Eye movements during mindless reading. *Psychological Science, 21*(9), 1300-1310. Smallwood, J., & O'Connor, R. C. (2011). Imprisoned by the past: Unhappy moods lead to a retrospective bias to mind wandering. *Cognition & Emotion, 25*(8), 1481-1490. Mrazek, M. D., Franklin, M. S., Phillips, D. T., Baird, B., & Schooler, J. W. (2013). Mindfulness training improves working memory capacity and GRE performance while reducing mind wandering. *Psychological Science, 24*(5), 776-781. Mooneyham, B. W., & Schooler, J. W. (2013). The costs and benefits of mind-wandering: A review. *Canadian Journal of Experimental Psychology, 67*(1), 11-18.

10   McMillan et al., Ode to positive constructive daydreaming.

11   McMillan et al., Ode to positive constructive daydreaming.

12   Baird, B., Smallwood, J., Mrazek, M. D., Kam, J. W. Y., Franklin, M. S., & Schooler, J. W. (2012). Inspired by distraction: Mind wandering facilitates creative incubation. *Psychological Science, 23*(10), 1117-1122.

13   Baird et al., Inspired by distraction.

14   Seligman, M.E.P., Railton, P., Baumeister, R. F., & Sripada, C. (2013). Navigating into the future or driven by the past. *Perspectives on Psychological Science, 8,* 119-141.

15   Baird, B., Smallwood, J., & Schooler, J. W. (2011). Back to the future: Autobiographical planning and the functionality of mind-wandering. Consciousness and Cognition, 20(4), 1604-1611. Smallwood, J., Schooler, J. W., Turk, D. J., Cunningham, S. J., Burns, P., & Macrae, C. N. (2011). Self-reflection and the temporal focus of the wandering mind. *Consciousness and Cognition, 20*(4), 1120-1126.

16   Klinger, E. (1999). Thought flow: Properties and mechanisms underlying shifts in content. In J. A. Singer & P. Salovey (Eds.), *At Play in the Fields of Consciousness: Essays in the Honour of Jerome L. Singer* (pp. 29-50). Mahwah, NJ: Lawrence Erlbaum.

17   Immordino-Yang, M. H., Christodoulou, J. A., & Singh, V. (2012). Rest is not idleness: Implications of the brain's default mode for human development and education. *Perspectives on Psychological Science, 7*, 352-365.

18   Jung C. G., Chodorow, J. (Ed.). (1997). *Jung on Active Imagination.* Princeton, NJ: Princeton University Press.

19   Miller, Jeffrey C. (2004). *The Transcendent Function: Jung's Model of Psychological Growth Through Dialogue with the Unconscious.* Albany: State University of New York Press.

20   Poe, E. A. (1850). *Eleonora.*

21   Lennon, J., McCartney, P., Harrison, G., & Starr, R. (2000). *The Beatles Anthology.* San Francisco, CA: Chronicle Books.

22   Poe, E. A. (1839, August). An opinion on dreams. *Burton's Gentleman Magazine,* 105.

23   Shower for the freshest thinking. (2014). Hansgrohe. http://www1.hansgrohe.com/assets/at--de/1404_Hansgrohe_Select_ConsumerSurvey_EN.pdf.

24   Carson, S. (2010). *Your Creative Brain: Seven Steps to Maximize Imagination,*

Productivity, and Innovation in Your Life. San Francisco: Jossey-Bass. 《유연한 뇌》
(알에이치코리아).

25   Brogan, J. (2012, February 27). When being distracted is a good thing. *Boston Globe*. bostonglobe.com/lifestyle/health-wellness/2012/02/27/when-being-distracted-good-thing/1AYWPlDplqluMEPrWHe5sL/story.html.

26   Fussman, C. (2013, August 8). Woody Allen: What I've learned. *Esquire*. esquire.com/features/what-ive-learned/woody-allen-0913.

27   Immanuel Kant. (2015). *Encyclopaedia Britannica*. academic.eb.com/EBchecked/topic/311398/Immanuel-Kant. 이것은 일반적인 이야기이며, 칸트의 일상적인 산책에 대해서는 다양한 기록이 있으며 이 중 상반되는 내용도 있다.

28   De Quincy, T. (1827). The last days of Immanuel Kant. Published online by eBooks@Adelaide, https://ebooks.adelaide.edu.au/d/de_quincey/thomas/last-days-of-immanuel-kant/.

29   Young, D. (2014). *How to Think About Exercise*. London: Macmillan. 《인생학교: 지적으로 운동하는 법》(프런티어).

30   Solnit, R. (2001). The legs of William Wordsworth. In *Wanderlust: A History of Walking* (pp. 105-117). New York: Penguin.

31   Thoreau, H. D. (1862, June 1). Walking. *The Atlantic*.

32   huffingtonpost.com/arianna-huffington/hemingway-thoreau-jeffers_b_3837002.html.

33   Thoreau, Walking.

34   Huffington, Hemingway, Thoreau, Jefferson and the virtues of a good long walk. Loehle, C. (1990). A guide to increased creativity in research: Inspiration or perspiration? *Bioscience, 40*(2), 123-129. Oppezzo, M., & Schwartz, D. L. (2014). Give your ideas some legs: The positive effect of walking on creative thinking. *Journal of Experimental Psychology: Learning, Memory, and Cognition, 40*(4), 1142-1152. Aspinall, P., Mavros, P., Coyne, R., & Roe, J. (2013). The urban brain: Analysing outdoor physical activity with mobile EEG. *British Journal of Sports Medicine, 49*, 272-276. How does nature impact our wellbeing? (n.d.) University of Minnesota. takingcharge.csh.umn.edu/enhance-your-wellbeing/environment/nature-and-us/how-does-nature-impact-our-wellbeing.

35   Berntsen, D., & Jacobsen, A. S. (2008). Involuntary (spontaneous) mental time travel into the past and future. *Consciousness and Cognition, 17*(4), 1093-1104.

36   Schooler, J. W., Mrazek, M. D., Franklin, M. S., Baird, B., Mooneyham, B. W., Zedelius, C., & Broadway, J. M. (2014). The middle way: Finding the balance between mindfulness and mind-wandering. *Psychology of Learning and Motivation, 60,* 1–33.

37   Andrews-Hanna, J. R., Kaiser, R. H., Turner, A. E. J., Reineberg, A. E., Godinez, D., Dimidjian, S., & Banich, M. T. (2013). A penny for your thoughts: Dimensions of self- generated thought content and relationships with individual differences in emotional wellbeing. *Frontiers in Psychology, 4*(900).

38   Singer, *Daydreaming*.

⁞ 4장 고독

1   Pergament, D. (2007, October 7). The enchanted island that Bergman called home. New York Times. nytimes.com/2007/10/07/travel/07cultured. html?pagewanted=all&_r=0.

2   Bergman, I. (2007). *Images: My Life in Film*. New York: Arcade.

3   Currey, M. (2013) *Daily Rituals: How Artists Work*. New York: Knopf. 《리추얼》(책 읽는수요일).

4   Skillion, A. (Ed.). (2001). *The New York Public Library Literature Companion*. New York: Free Press.

5   Smith, Z. (2010, February 22). Rules for writers. *Guardian*. theguardian.com/ books/2010/feb/ 22/zadie-smith-rules-for-writers.

6   Currey, *Daily Rituals*.

7   Kear, J. (2007). Une chambre mentale: Proust's solitude. In H. Hendrix (Ed.), *Writers' Houses and the Making of Memory* (pp. 221–235). New York: Routledge.

8   Kear, Une chambre mentale.

9   Kear, Une chambre mentale.

10   Grosz, S. (2013). *The Examined Life: How We Lose and Find Ourselves*. New York: Norton.

11   Sawyer, R. K. (2007). *Group Genius: The Creative Power of Collaboration*. New York: Basic Books. 《그룹 지니어스》(북섬). Shenk, J. W. (2014). *Powers of Two: Finding the Essence of Innovation in Creative Pairs*. New York: Eamon Dolan/ Houghton Mifflin Harcourt.

12   Asimov, I. (2014, October 20). Isaac Asimov asks, "How do people get new

ideas?" *MIT Technology Review.* technologyreview.com/view/531911/isaac-asimov-asks-how-do-people-get-new-ideas.

13   Cain, S. (2013). *Quiet: The Power of Introverts in a World That Can't Stop Talking.* New York: Broadway Paperbacks. 《콰이어트》(알에이치코리아).

14   http://www.quietrev.com.

15   Cain, S. Personal communication, January 2015.

16   Winnicott, D. W. (1958). The capacity to be alone. *The International Journal of Psychoanalysis, 39,* 416-420.

17   Buchholz, E. (1998, January 1). The call of solitude. *Psychology Today.* psychologytoday.com/articles/199802/the-call-solitude.

18   Wozniak, S., & Smith, G. (2007). *iWoz: Computer Geek to Cult Icon.* New York: Norton. 《스티브 워즈니악》(청림출판).

19   Congdon, C., Flynn, D., & Redman, M. (2014, October). Balancing "we" and "me": The best collaborative spaces also support solitude. *Harvard Business Review.* https://hbr.org/2014/10/balancing-we-and-me-the-best-collaborative-spaces-also-support-solitude.

20   Fox, M. D., Snyder, A. Z., Vincent, J. L., Corbetta, M., Van Essen, D. C., & Raichle, M. E. (2005). The human brain is intrinsically organized into dynamic, anticorrelated functional networks. *Proceedings of the National Academy of Sciences USA,* 102(27), 9673-9678. Andrews-Hanna, J. R., Smallwood, J., & Spreng, R. N. (2014). The default network and self-generated thought: Component processes, dynamic control, and clinical relevance. *Annals of the New York Academy of Sciences, 1316*(1), 29-52.

21   Immordino-Yang, M. H., Christodoulou, J. A., & Singh, V. (2012). Rest is not idleness: Implications of the brain's default mode for human development and education. *Perspectives on Psychological Science, 7,* 352-364. Cocchi, L., Zalesky, A., Fornito, A., & Mattingley, J. B. (2013). Dynamic cooperation and competition between brain systems during cognitive control. *Trends in Cognitive Sciences, 17*(10), 493-501. Dwyer, D. B., Harrison, B. J., Yucel, M., Whittle, S., Zalesky, A. et al. (2014). Large-scale brain network dynamics supporting adolescent cognitive control. *Journal of Neuroscience, 34*(42), 14096-14107. Spreng, R. N., DuPre, E., Selarka, D., Garcia, J., Gojkovic, S. et al. (2014). Goal-congruent default network activity facilitates cognitive control. *Journal of Neuroscience, 34*(42), 14108-14114.

22   Immordino-Yang et al. Rest is not idleness.

23   Oyserman, D., Bybee, D., & Terry, K. (2006). Possible selves and academic
      outcomes: How and when possible selves impel action. Journal of Personality
      and Social Psychology, 91(1), 188-204. Oyserman, D., Bybee, D., Terry, K., &
      Hart-Johnson, T. (2004). Possible selves as roadmaps. *Journal of Research in
      Personality, 38*(2), 130-149.

24   Aristotle. (350 b.c.e.) *Nicomachean Ethics, Book X.*

25   Montaigne, M. (1877). *Of solitude. In The Essays of Montaigne, Complete,*
      published online by Project Gutenberg, https://www.gutenberg.org/
      files/3600/3600-h/3600-h.htm. 《몽테뉴의 수상록》(메이트북스).

26   Hammond, J. (Ed.). (2002). Selections from Proust. http://www.ljhammond.
      com/proust.htm.

27   Sharr, A. (2006). *Heidegger's Hut.* Cambridge, MA: MIT Press.

28   Nealson, E. (2008). *Rethinking Facticity.* Albany: State University of New York
      Press, p. 131.

29   Thoreau, H. (1854). *Walden; Or, Life in the Woods.* New York: Dover, 1995. 《월
      든》(더스토리).

30   Lawrence, D. H. "Lonely, Lonesome, Lonely—O!" in *The Works of D.H. Lawrence:
      With an Introduction and Bibliography* (1994) . Hertfordshire: Wordsworth
      Editions, p. 538.

31   Ricard, M. Personal communication, July 17, 2015.

32   Ricard, M., & Munier, V. (2013). *Solitudes I.* Brantigny, France: Koballan.

33   Storr, *Solitude.* 《고독의 위로》(책읽는수요일).

: 5장 직관

1   Hofmann, A. (1980). *LSD, My Problem Child.* New York: McGraw-Hill.

2   Hofmann, *LSD.*

3   Smith, C. S. (2008, April 30). Albert Hofmann, the father of LSD, dies
      at 102. *New York Times.* http://www.nytimes.com/2008/04/30/world/
      europe/30hofmann.html.

4   Hofmann, *LSD.*

5   Kaufman, S. B. (2011). Intelligence and the cognitive unconscious. In R. J.
      Sternberg & S. B. Kaufman (Eds.), *The Cambridge Handbook of Intelligence*

(pp. 442-467). Cambridge, UK: Cambridge University Press. Kihlstrom, J. F. (1987). The cognitive unconscious. *Science, 237*(4821), 1445-1452. Hassin, R. R., Uleman, J. S., & Bargh, J. A. (Eds.). (2007). The New Unconscious. Oxford: Oxford University Press. Wilson, T. D. (2002). *Strangers to Ourselves: Discovering the Adaptive Unconscious*. Cambridge, MA: Belknap Press. 《나는 왜 내가 낯설까》(부글북스). Gigerenzer, G. (2008). *Gut Feelings: The Intelligence of the Unconscious*. London: Penguin Books.

6   Isaacson, W. (2011, October 29). The genius of Jobs. *New York Times*. http://www.nytimes.com/2011/10/30/opinion/sunday/steve-jobss-genius.html.

7   Brassaï. (2002). *Conversations with Picasso*. Chicago: University of Chicago Press.

8   Forster, E. M. (1947, July). On criticism in the arts, especially music. *Harper's Magazine*, 9-17.

9   Ghiselin, B. (1963). Automatism, intention, and autonomy in the novelist's production. *Daedalus, 92*(2), 297-311.

10   Bradbury, R. (1974, January 21). *Day at Night: Ray Bradbury*. [Video.] youtube.com/watch?v=tTXckvj7KL4&.

11   Plato. (1997). "Ion." In John M. Cooper (Ed.), *Plato: Complete Works*. New York: Hackett.

12   Gilbert, E. (2009, February). *Your Elusive Creative Genius*. [Video.] TED. ted.com/talks/elizabeth_gilbert_on_genius.

13   Hazlitt, W. (1889). Genius and its powers. In *Essays of William Hazlitt*. London: Walter Scott Publishing.

14   Joseph, C. (2012, March 27). U.S. Navy program to study how troops use intuition. [Blog post.] *New York Times*. atwar.blogs.nytimes.com/2012/03/27/navy-program-to-study-how-troops-use-intuition.

15   Kaufman, Intelligence and the cognitive unconscious. Kihlstrom, The cognitive unconscious. Hassin et al. (Eds.). *The New Unconscious*. Wilson, *Strangers to Ourselves*. Gigerenzer, *Gut Feelings*.

16   Epstein, S. (1994). Integration of the cognitive and the psychodynamic unconscious. *American Psychologist, 49*(8), 709-724. Epstein, S. (2014). *Cognitive-Experiential Theory: An Integrative Theory of Personality*. Oxford: Oxford University Press. Evans, J. S. B. T. (2008). Dual-processing accounts of reasoning, judgment, and social cognition. *Annual Review of Psychology, 59*(1), 255-278. Kaufman, Intelligence and the cognitive unconscious. Kahneman, D. (2013). *Thinking, Fast and Slow*. New York: Farrar, Straus, & Giroux. 《생각에

관한 생각)(김영사). Evans, J. S. B. T., & Frankish, K. (Eds.). (2009). *In Two Minds: Dual Processes and Beyond*. New York: Oxford University Press. Evans, J. S. B. T., & Stanovich, K. E. (2013). Dual-process theories of higher cognition: Advancing the debate. *Perspectives on Psychological Science, 8*(3), 223-241.

17   Kaufman, Intelligence and the cognitive unconscious. Gabora, L. (2000). The beer can theory of creativity. In P. Bentley & D. Corne (Eds.), *Creative Evolutionary Systems* (pp. 147-161). San Francisco: Morgan Kauffman. Gabora, L. (2010). Revenge of the "neurds": Characterizing creative thought in terms of the structure and dynamics of human memory. *Creativity Research Journal, 22*(1), 1-13. Gabora, L. (2003). Contextual focus: A cognitive explanation for the cultural transition of the Middle/Upper Paleolithic. In R. Alterman & D. Hirsch (Eds.), Proceedings of the 25th Annual Meeting of the Cognitive Science Society (pp. 432-437). Boston: Erlbaum. Gabora, L. (2008). Mind. In H. D. G. Maschner & C. Chippindate (Eds.), *Handbook of Archeological Theories* (pp. 283-296). Walnut Creek, CA: Altamira Press. Gabora, L., & Kaufman, S. B. (2010). Evolutionary approaches to creativity. In Kaufman, J., & Sternberg, R. (Eds.), *The Cambridge Handbook of Creativity* (pp. 279-300). Lin, W. L., & Lien, Y. W. (2013). The different role of working memory in open-ended versus closed-ended creative problem solving: A dual-process theory account. *Creativity Research Journal, 25*(1), 85-96.

18   Evans, Dual-processing accounts of reasoning, judgment, and social cognition. Kaufman, Intelligence and the cognitive unconscious. Gabora, The beer can theory of creativity. Gabora, Revenge of the "neurds." Gabora, Contextual focus. Gabora, Mind. Gabora & Kaufman, Evolutionary approaches to creativity. Lin & Lien, The different role of working memory in open-ended versus closed-ended creative problem solving.

19   Stanovich, K. E., West, R. F., & Toplak, M. E. (2012). Intelligence and rationality. In R. Sternberg & S. B. Kaufman (Eds.), *The Cambridge Handbook of Intelligence* (3rd ed.), (pp. 784-826). Cambridge, UK: Cambridge University Press.

20   Bowdle, B. F., & Gentner, D. (2005). The career of metaphor. *Psychological Review*, 112(1), 193-216. Costello, F. (2000). Efficient creativity: Constraint-guidedconceptual combination. *Cognitive Science, 24*(2), 299-349. Green, A. E., Kraemer, D. J. M., Fugelsang, J. A., Gray, J. R., & Dunbar, K. N. (2010). Connecting long distance: Semantic distance in analogical reasoning modulates frontopolar cortex activity. *Cerebral Cortex, 20*(1), 70-76. Holyoak, K. J., & Thagard, P. (1997). The analogical mind. *American Psychologist, 52*(1), 35-44. Sternberg, R. J. (1977). Component processes in analogical reasoning. *Psychological Review, 84*(4), 353-378. Beaty, R. E., & Silvia, P. J. (2013).

Metaphorically speaking: Cognitive abilities and the production of figurative language. *Memory & Cognition, 41*(2), 255-267. Silvia, P. J., & Beaty, R. E. (2012). Making creative metaphors: The importance of fluid intelligence for creative thought. *Intelligence*, 40(4), 343-351. Green, A. E., Kraemer, D. J. M., Fugelsang, J. A., Gray, J. R., & Dunbar, K. N. (2012). Neural correlates of creativity in analogical reasoning. *Journal of Experimental Psychology: Learning, Memory, and Cognition, 38*(2), 264-272. Woolgar, A., Parr, A., Cusack, R., Thompson, R., Nimmo-Smith, I. et al. (2010). Fluid intelligence loss linked to restricted regions of damage within frontal and parietal cortex. *Proceedings of the National Academy of Sciences USA, 107*(33), 14899-14902. Gläscher, J., Rudrauf, D., Colom, R., Paul, L. K., Tranel, D., Damasio, H., & Adolphs, R. (2010). Distributed neural system for general intelligence revealed by lesion mapping. *Proceedings of the National Academy of Sciences USA, 107*(10), 4705-4709. Ramnani, N., & Owen, A. M. (2004). Anterior prefrontal cortex: Insights into function from anatomy and neuroimaging. *Nature Reviews Neuroscience, 5*(3), 184-194. Buda, M., Fornito, A., Bergstrom, Z. M., & Simons, J. S. (2011). A specific brain structural basis for individual differences in reality monitoring. *Journal of Neuroscience, 31*(40), 14308-14313. Fleming, S. M., & Dolan, R. J. (2012). The neural basis of metacognitive ability. *Philosophical Transactions of the Royal Society B: Biological Sciences, 367*(1594), 1338-1349. Green, A. E., Fugelsang, J. A., Kraemer, D. J. M., Shamosh, N. A., & Dunbar, K. N. (2006). Frontopolar cortex mediates abstract integration in analogy. *Brain Research, 1096*(1), 125-137. Ellamil, M., Dobson, C., Beeman, M., & Christoff, K. (2012). Evaluative and generative modes of thought during the creative process. *NeuroImage, 59*(2), 1783-1794. Kroger, J. K., Sabb, F. W., Fales, C. L., Bookheimer, S. Y., Cohen, M. S., & Holyoak, K. J. (2002). Recruitment of anterior dorsolateral prefrontal cortex in human reasoning: A parametric study of relational complexity. *Cerebral Cortex, 12*(5), 477-485. Hampshire, A., Thompson, R., Duncan, J., & Owen, A. M. (2011). Lateral prefrontal cortex subregions make dissociable contributions during fluid reasoning. *Cerebral Cortex, 21*(1), 1-10. Greene, J. D., Nystrom, L. E., Engell, A. D., Darley, J. M., & Cohen, J. D. (2004). The neural bases of cognitive conflict and control in moral judgment. *Neuron, 44*(2), 389-400. Burgess, P. W., Dumontheil, I., & Gilbert, S. J. (2007). The gateway hypothesis of rostral prefrontal cortex (area 10) function. *Trends in Cognitive Sciences, 11*, 290-298. Fleming, S. M., Huijgen, J., & Dolan, R. J. (2012). Prefrontal contributions to metacognition in perceptual decision making. *Journal of Neuroscience 32*, 6117-6125. Stankov, L., Lee, J., Luo, W., & Hogan, D. J. (2012). Confidence: A better predictor of academic achievement than self-efficacy, self-concept and anxiety? *Learning and Individual Differences, 22*(6), 747-758. Christoff, K., &

Gabriele, J. D. E. (2000). The frontopolar cortex and human cognition: Evidence for a rostrocaudal hierarchical organization within the human prefrontal cortex. *Psychobiology, 28,* 168-186. Burgess, P. W., Simons, J. S., Dumontheil, I., & Gilbert, S. J. (2005). The gateway hypothesis of the rostral prefrontal cortex (area 10) function. In J. Duncan, L. Phillips, & P. McLeod (Eds.), *Measuring the Mind: Speed, Control, and Age* (pp. 217-248). Oxford: Oxford University Press. Ramnani & Owen, Anterior prefrontal cortex. Kim, C., Johnson, N. F., Cilles, S. E., & Gold, B. T. (2011). Common and distinct mechanisms of cognitive flexibility in prefrontal cortex. *Journal of Neuroscience, 31*(13), 4771-4779. Beaty, R. E., Silvia, P. J., Nusbaum, E. C., Jauk, E., & Benedek, M. (2014). The roles of associative and executive processes in creative cognition. *Memory & Cognition, 42*(7), 1186-1197.

21 Kaufman, Intelligence and the cognitive unconscious.

22 Lewicki, P., Hill, T., & Czyzewska, M. (1992). Non-conscious acquisition of information. *American Psychologist, 47*(6), *796-801.*

23 Kaufman, S. B. (2009). Beyond general intelligence: The dual-process theory of human intelligence. [Doctoral dissertation.] New Haven, CT: Yale University. Kaufman, S. B. (2011). Intelligence and the cognitive unconscious. In R. J. Sternberg & S. B. Kaufman (Eds.), *The Cambridge Handbook of Intelligence* (pp. 442-467). Cambridge, UK: Cambridge University Press. Kaufman, J. C., Kaufman, S. B., & Plucker, J. A. (2013). Contemporary theories of intelligence. In J. Reisberg (Ed.), *The Oxford Handbook of Cognitive Psychology* (pp. 811-822). New York: Oxford University Press.

24 Hawkins, J., & Blakeslee, S. (2005). *On Intelligence.* New York: Henry Holt.

25 Gabora, The beer can theory of creativity. Gabora, Revenge of the "neurds." Gabora, Contextual focus. Gabora, Mind. Gabora & Kaufman, Evolutionary approaches to creativity.

26 Chabris, C. F., & Simons, D. J. (2010). *The Invisible Gorilla: How Our Intuitions Deceive Us.* New York: Broadway Paperbacks. 《보이지 않는 고릴라》(김영사).

27 Kaufman, S. B. (2011, June 11). How Renaissance people think: The thinking style of polymaths. *Psychology Today.* psychologytoday.com/blog/beautiful-minds/201106/how-renaissance-people-think.

28 Topolinski, S., & Reber, R. (2010). Gaining insight into the "aha" experience. *Current Directions in Psychological Science, 19*(6), 402-405.

29 Poincaré, H. (1930). *Science and Method.* Trans. F. Maitland. London: Thomas Nelson. (Original work published in 1908.)

30   Vartanian, O. (2009). Variable attention facilitates creative problem solving. *Psychology of Aesthetics, Creativity, and the Arts, 3,* 57-59. Vartanian, O., Martindale, C., & Kwiatkowski, J. (2003). Creativity and inductive reasoning: The relationship between divergent thinking and performance on Wason's 2-4-6 task. *Quarterly Journal of Experimental Psychology, 34,* 1370-1380. Vartanian, O., Martindale, C., & Kwiatkowski, J. (2007). Creative potential, attention, and speed of information processing. *Personality and Individual Differences, 43,* 1470-1480. Vartanian, O., Martindale, C., & Matthews, J. (2009). Divergent thinking ability is related to faster relatedness judgments. *Psychology of Aesthetics, Creativity, and the Arts, 3,* 99-103.

31   Gregoire, C. (2013, August 25). How to train your brain to see what others don't. *Huffington Post.* huffingtonpost.com/2013/08/25/insights-brain_n_3795229.html.

32   Kounios, J., & Beeman, M. (2014). The cognitive neuroscience of insight. *Annual Review of Psychology, 65*(1), 71-93. Kounios, J., & Beeman, M. (2015). *The Eureka Factor: Aha Moments, Creative Insight, and the Brain.* New York: Random House.

33   Reber, R., Wurtz, P., & Zimmermann, T. D. (2004). Exploring "fringe" consciousness: The subjective experience of perceptual fluency and its objective bases. *Consciousness and Cognition, 13*(1), 47-60. Mangan, B. (2007). Cognition, fringe consciousness, and the legacy of William James. In M. Velmans & S. Schneider (Eds.), *The Blackwell Companion to Consciousness* (pp. 671-685). Malden, MA: Blackwell. Norman, E., Price, M. C., & Duff, S. C. (2010). Fringe consciousness: A useful framework for clarifying the nature of experience-based metacognitive feelings. In A. Efklides & P. Misailidi (Eds.), *Trends and Prospects in Metacognition Research* (pp. 63-80). New York: Springer.

34   Metcalfe & Wiebe (1987), as cited in Topolinski, S., & Reber, R. (2010). Gaining insight into the "aha" experience. *Current Directions in Psychological Science, 19*(6), 402-405.

35   James, W. (1890). *The Principles of Psychology* (Vol. 2). New York: Dover. Metcalfe, J., & Wiebe, D. (1987). Intuition in insight and noninsight problem solving. *Memory & Cognition, 15,* 238-246.

36   Einstein, A., & Infeld, L. (1938). *The Evolution of Physics.* New York: Simon & Schuster.

37   Ash, I. K., & Wiley, J. (2006). The nature of restructuring in insight: An

individual-differences approach. *Psychonomic Bulletin and Review*, *13*, 66–
73. Fleck, J. I. (2008). Working memory demands in insight versus analytic
problem solving. *European Journal of Cognitive Psychology*, *2*, 139–176.
Gilhooly, K. J., & Murphy, P. (2005). Differentiating insight from non-insight
problems. *Thinking and Reasoning*, *11*, 279–302. Fioratou, E., & Gilhooly, K.
J. (2011). Executive functions in insight versus non-insight problem solving:
An individual differences approach. *Thinking and Reasoning*, *15*(4), 355– 376.
Lavric, A., Forstmeier, S., & Rippon, G. (2000). Differences in working memory
involvement in analytical and creative tasks: An ERP study. *Neuroreport*, *11*,
1613–1618.

38   Kounios, J., & Beeman, M. (2014). The cognitive neuroscience of insight.
Annual Review of Psychology, *65*(1), 71–93. Kounios, J., & Beeman, M. (2015).
The Eureka Factor: Aha Moments, Creative Insight, and the Brain. New York:
Random House.

39   Mednick, S. (1962). The associative basis of the creative process. *Psychological
Review*, *69*(3), 220–232.

40   Kenett, Y. N., Anaki, D., & Faust, M. (2014). Investigating the structure of
semantic networks in low and high creative persons. *Frontiers in Human
Neuroscience*, *8*(407). Beaty et al., The roles of associative and executive
processes in creative cognition. Prabhakaran, R., Green, A. E., & Gray, J.
R. (2014). Thin slices of creativity: Using single-word utterances to assess
creative cognition. *Behavior Research Methods*, *46*(3), 641–659.

41   Kounios, J., & Beeman, M. (2009). The aha! moment: The cognitive
neuroscience of insight. *Current Directions in Psychological Science*, *18*(4), 210–
216.

42   Kounios, J., Frymiare, J. L., Bowden, E. M., Fleck, J. I., Subramaniam, K.,
Parrish, T. B., & Jung-Beeman, M. (2006). The prepared mind: Neural activity
prior to problem presentation predicts subsequent solution by sudden
insight. *Psychological Science*, *17*(10), 882–890.

43   Jung-Beeman, M., Bowden, E. M., Haberman, J., Frymiare, J. L., Arambel-
Liu, S. et al. (2004). Neural activity when people solve verbal problems with
insight. *PLOS Biology*, *2*(4).

44   Jung-Beeman et al. Neural activity when people solve verbal problems with
insight.

45   Miller, B. L., Cummings, J., Mishkin, F., Boone, K., Prince, F., Ponton, M., &
Cotman, C. (1998). Emergence of artistic talent in frontotemporal dementia.

Neurology, 51(4), 978-982.

46   Treffert, D. A. (2010). *Islands of Genius: The Bountiful Mind of the Autistic, Acquired, and Sudden Savant.* London: Jessica Kingsley.

47   Kaufman, S. B. (2013). *Ungifted: Intelligence Redefined.* New York: Basic Books. 《불가능을 이겨낸 아이들》(책읽는수요일).

48   Kounios & Beeman, The cognitive neuroscience of insight.

49   Kounios & Beeman, The cognitive neuroscience of insight.

50   Kounios & Beeman, The cognitive neuroscience of insight. Ashby, F. G., Isen, A. M., & Turken, A. U. (1999). A neuropsychological theory of positive affect and its influence on cognition. *Psychological Review*, *106*(3), 529-550. Isen, A. M., Daubman, K. A., & Nowicki, G. P. (1987). Positive affect facilitates creative problem solving. *Journal of Personality and Social Psychology*, *52*(6), 1122-1131. Fox, E. (2008). *Emotion Science: Cognitive and Neuroscientific Approaches to Understanding Human Emotions.* New York: Palgrave Macmillan. Fredrickson, B. L. (2001). The role of positive emotions in positive psychology: The broaden and build theory of positive emotions. *American Psychologist*, *56*, 218-226. Fredrickson, B. L. (2005). Positive emotions broaden the scope of attention and thought-action repertoires. *Cognition & Emotion*, *19*, 313-332.

51   Harmon-Jones, E., Gable, P. A., & Price, T. F. (2013). Does negative affect always narrow and positive affect always broaden the mind? Considering the influence of motivational intensity on cognitive scope. *Current Directions in Psychological Science*, *22*, 301-307.

52   Kashdan, T., & Biswas-Diener, R. (2014). *The Upside of Your Dark Side: Why Being Your Whole Self—Not Just Your "Good" Self—Drives Success and Fulfillment.* New York: Hudson Street Press. 《다크사이드》(한빛비즈).

53   Ceci, M. W., & Kumar, V. K. (2015). A correlational study of creativity, happiness, motivation, and stress from creative pursuits. *Journal of Happiness Studies*, doi:10.1007/s10902-015-9615-y.

54   Fong, C. T. (2006). The effects of emotional ambivalence on creativity. *Academy of Management Journal*, *49*, 1016-1030.

55   Jamison, K. R. (1996). *Touched with Fire: Manic-Depressive Illness and the Artistic Temperament.* New York: Free Press. Jamison, K. R. (2005). *Exuberance: The Passion for Life.* New York: Vintage. Richards, R., Kinney, D. K., Dennis, K., Lunde, I., Benet, M., & Merzel, A. P. C. (1988). Creativity in manic-depressives, cyclothymes, their normal relatives, and control subjects. *Journal of Abnormal*

Psychology, 97, 281–288. Zabelina, D. L.,Condon, D., & Beeman, M. (2014). Do dimensional psychopathology measures relate to divergent thinking or creative achievement? Frontiers in Psychology, 5, 1–11. Furnham, A., Batey, M., Arnand, K., & Manfield, J. (2008). Personality, hypomania, intelligence and creativity. Personality and Individual Differences, 44, 1060–1069. Johnson, S. L., Murray, G., Frederickson, B., Youngstrom, E. A., Hinshaw, S. et al. (2012). Creativity and bipolar disorder: Touched by fire or burning with questions? Clinical Psychology Review, 32, 1–12.

56 Johnson et al., Creativity and bipolar disorder.

57 Chi, R. P., & Snyder, A. W. (2012). Brain stimulation enables the solution of an inherently difficult problem. Neuroscience Letters, 515(2), 121–124. For replications of this work, see: Goel, V., Eimontaite, I., Goel, A., & Schindler, I. (2015). Differential modulation of performance in insight and divergent thinking tasks with tDCS. The Journal of Problem Solving, 8: 1. Mayseless, N., & Shamay-Tsoory, S. G. (2015). Enhancing verbal creativity: Modulating creativity by altering the balance between right and left inferior frontal gyrus with tDCS. Neuroscience, 291, 167–176. For the use of tDCS to improve cognitive flexibility, see: Chrysikou, E. G., Hamilton, R.H., Coslett, H. B., Datta, A., Bikson, M., & Thompson-Schill, S. L. (2013). Noninvasive transcranial direct current stimulation over the left prefrontal cortex facilitates cognitive flexibility in tool use. Cognitive Neuroscience, 4, 81–89.

58 Kershaw, T. C., & Ohlsson, S. (2004). Multiple causes of difficulty in insight: The case of the nine-dot problem. Journal of Experimental Psychology: Learning, Memory, and Cognition, 30(1), 3–13.

59 Rice, G. E., Lambon Ralph, M. A., & Hoffman, P. (2015). The role of left versus right anterior temporal lobes in conceptual knowledge: An ALE meta-analysis of 97 functional neuroimaging studies. Cerebral Cortex, doi: 10.1093/cercor/bhv024.

60 Klein, G. A. (1999). Sources of Power: How People Make Decisions. Cambridge, MA: MIT Press.

61 Ericsson, K. A., Chase, W. G., & Faloon, S. (1980). Acquisition of a memory skill. Science, 208, 1181–1182. Ericsson, K. A., & Chase, W. G. (1982). Exceptional memory. American Scientist, 70, 607–615. Ericsson, K. A., & Kintsch, E. (1995). Long-term working memory. Psychological Review, 102, 211–245. Bedard, J., & Chi, T. H. (1992). Expertise. Current Directions in Psychological Science, 1, 178–183. Ericsson, K. A., Charness, N., Feltovich, P. J., & Hoffman, R. R. (Eds.). (2006). The Cambridge Handbook of Expertise and Expert Performance. Cambridge, UK:

Cambridge University Press. Ericsson, K. A., & Smith, J. (1991). *Toward a General Theory of Expertise: Prospects and Limits.* New York: Cambridge University Press. Ericsson, K. A. (1985). Memory skill. *Canadian Journal of Psychology, 39,* 188-231. Ericsson, K. A., Krampe, R. T., & Tesch-Römer, C. (1993). The role of deliberate practice in the acquisition of expert performance. *Psychological Review, 100,* 363-406.

62   Kaufman, *Ungifted.*

63   Colvin, G. (2010). *Talent Is Overrated.* New York: Portfolio Trade. 《재능은 어떻게 단련되는가?》(부키). Shenk, D. (2011). *The Genius in All of Us: New Insights into Genetics,* Talent and IQ. New York: Anchor Books. Gladwell, M. (2008). Outliers: The Story of Success. New York: Back Bay Books. 《아웃라이어》(김영사).

64   Frensch, P. A., & Sternberg, R. J. (1989). Expertise and intelligent thinking: When is it worse to know better? In R. J. Sternberg (Ed.), *Advances in the Psychology of Human Intelligence* (Vol. 5, pp. 157-158). Hillsdale, NJ: Erlbaum.

65   Simonton, D. K. (1994). *Greatness: Who Makes History and Why.* New York: Guilford.

66   Simonton, *Greatness.*

67   Kaufman, S. B. (Ed.). (2013). *The Complexity of Greatness: Beyond Talent or Practice.* New York: Oxford University Press. Kaufman, S. B. (2014). A proposed integration of the expert performance and individual differences approaches to the study of elite performance. *Frontiers in Psychology,* 5(707). Epstein, D. J. (2014). *The Sports Gene: Inside the Science of Extraordinary Athletic Performance.* New York: Penguin Group. 《스포츠 유전자》(열린책들). Ericsson, K. A. (2013). Training history, deliberate practice and elite sports performance: An analysis in response to Tucker and Collins review—What makes champions? *British Journal of Sports Medicine,* 47(9), 533-535. Gladwell, M. (2013). Complexity and the ten-thousand-hour rule. *The New Yorker.* http://www.newyorker.com/the-sporting-scene/complexity-and-the-ten-thousand-hour-rule.

68   Simonton, D. K. (1991). Career landmarks in science: Individual differences and interdisciplinary contrasts. *Developmental Psychology, 27,* 119-130. Simonton, D. K. (1991). Emergence and realization of genius: The lives and works of 120 classical composers. *Journal of Personality and Social Psychology, 61,* 829-840. Simonton, D. K. (1992). Leaders of American psychology, 1879-1967: Career development, creative output, and professional achievement. *Journal of Personality and Social Psychology, 62,* 5-17. Simonton, D. K.

(1997). Creative productivity: A predictive and explanatory model of career trajectories and landmarks. *Psychological Review, 104*, 66-89. Simonton, D. K. (1999). Talent and its development: An emergenic and epigenetic model. *Psychological Review, 106*, 435-457.

69   Macnamara, B. N., Hambrick, D. Z., & Oswald, F. L. (2014). Deliberate practice and performance in music, games, sports, education, and professions: A meta-analysis. *Psychological Science, 25*(8), 1608-1618.

70   Simonton, D. K. (2014). Creative performance, expertise acquisition, individual differences, and developmental antecedents: An integrative research agenda. *Intelligence, 45*, 66-73.

71   Simonton, D. K. (2012). Taking the U.S. Patent Office criteria seriously: A quantitative three-criterion creativity definition and its implications. *Creativity Research Journal, 24*(2-3), 97-106.

: 6장 경험에 대한 개방성

1   Kaufman, S. B. (2013). Opening up openness to experience: A four-factor model and relations to creative achievement in the arts and sciences. *The Journal of Creative Behavior, 47*(4), 233-255. Kaufman, S. B., Quilty, L. C., Grazioplene, R. G., Hirsh, J. B., Gray, J. R., Peterson, J. B., & DeYoung, C. G. (2015). Openness to experience and intellect differentially predict creative achievement in the arts and sciences. *Journal of Personality.* doi:10.1111/jopy.12156. Batey, M., & Furnham, A. (2006). Creativity, intelligence, and personality: A critical review of the scattered literature. *Genetic, Social, and General Psychology Monographs, 132*, 355-429. Feist, G. J. (1998). A meta-analysis of personality in scientific and artistic creativity. *Personality and Social Psychology Review, 2*, 290-309. Silvia, P. J., Kaufman, J. C., & Pretz, J. E. (2009). Is creativity domainspecific? Latent class models of creative accomplishments and creative selfdescriptions. *Psychology of Aesthetics, Creativity, and the Arts, 3*, 139-148.

2   DeYoung, C. G. (2013). The neuromodulator of exploration: A unifying theory of the role of dopamine in personality. *Frontiers in Human Neuroscience, 7*(762).

3   Kaufman, Opening up openness to experience. Kaufman, S. B. (2009). Beyond general intelligence: The dual-process theory of human intelligence. [Doctoral dissertation.] New Haven, CT: Yale University.

4   Kaufman, Opening up openness to experience.

5   Brookshire, B. (2013, July 3). Dopamine is _____. *Slate.* slate.com/articles/
     health_and_science/science/2013/07/what_is_dopamine_love_lust_sex_
     addiction_gambling_motivation_reward.html.

6   DeYoung, The neuromodulator of exploration.

7   DeYoung, C. G. (2006). Higher-order factors of the Big Five in a multi-
     informant sample. *Journal of Personality and Social Psychology, 91*(6), 1138-
     1151.

8   Silvia, P. J., Nusbaum, E. C., Berg, C., Martin, C., & O'Connor, A. (2009).
     Openness to experience, plasticity, and creativity: Exploring lower-order,
     high-order, and interactive effects. *Journal of Research in Personality, 43*(6),
     1087-1090. Fürst, G., Ghisletta, P., & Lubart, T. (2014). Toward an integrative
     model of creativity and personality: Theoretical suggestions and preliminary
     empirical testing. *Journal of Creative Behavior.* doi: 10.1002/jocb.71.

9   DeYoung, The neuromodulator of exploration.

10   Previc, F. H. (2011). *Dopaminergic Mind in Human Evolution and History.*
     Cambridge, UK: Cambridge University Press.

11   Watson, D. (2003). To dream, perchance to remember: Individual differences
     in dream recall. *Personality and Individual Differences, 34,* 1271-1286.

12   Mohr, C., Bracha, H. S., & Brugger, P. (2003). Magical ideation modulates
     spatial behavior. *Journal of Neuropsychiatry and Clinical Neuroscience, 15*, 168-
     174.

13   Wagner, U., Gais, S., Haider, H., Verleger, R., & Born, J. (2004). Sleep inspires
     insight. *Nature, 427,* 352-355.

14   DeYoung, C. G., Grazioplene, R. G., & Peterson, J. B. (2012). From madness to
     genius: The openness/intellect trait domain as a paradoxical simplex. *Journal
     of Research in Personality, 46*(1), 63-78.

15   Carson, S. H., Peterson, J. B., & Higgins, D. M. (2003). Decreased latent
     inhibition is associated with increased creative achievement in high-
     functioning individuals. *Journal of Personality and Social Psychology, 85*(3),
     499-506.

16   Kaufman, S. B. (2009). Faith in intuition is associated with decreased latent
     inhibition in a sample of high-achieving adolescents. *Psychology of Aesthetics,
     Creativity, and the Arts, 3*(1), 28-34.

17   Zabelina, D. L., O'Leary, D., Pornpattananangkul, N., Nusslock, R., & Beeman,

M. (2015). Creativity and sensory gating indexed by the P50: Selective versus leaky sensory gating in divergent thinkers and creative achievers. *Neuropsychologia, 69,* 77–84.

18   Gregoire, C. (2015, March 10). Easily distracted by noise? You might just be a creative genius. *Huffington Post.* huffingtonpost.com/2015/03/10/creative-genius-brain_n_6831248.html.

19   Abraham, A. (2015). Editorial: Madness and creativity—Yes, no or maybe? *Frontiers in Psychology, 6*(1055). Jung, R. E. (2015). Evolution, creativity, intelligence, and madness: "Here be dragons." *Frontiers in Psychology, 5*(784). Kaufman, S. B., & Paul, E. S. (2014). Creativity and schizophrenia spectrum disorders across the arts and sciences. *Frontiers in Psychology, 5*(1145).

20   De Manzano, Ö., Cervenka, S., Karabanov, A., Farde, L., & Ullén, F. (2010). Thinking outside a less intact box: Thalamic dopamine D2 receptor densities are negatively related to psychometric creativity in healthy individuals. *PLoS ONE, 5*(5), e10670. Kuszewski, A. M. (2009). The genetics of creativity: A serendipitous assemblage of madness. METODO *Working Papers, 58.*

21   Karolinska Institutet. (2010, May 19). Dopamine system in highly creative people similar to that seen in schizophrenics, study finds. *ScienceDaily.* sciencedaily.com/releases/2010/05/100518064610.htm.

22   Fink, A., Weber, B., Koschutnig, K., Benedek, M., Reishofer, G. et al. (2014). Creativity and schizotypy from the neuroscience perspective. *Cognitive, Affective and Behavioral Neuroscience, 14,* 378–387. Cavanna, A. E. (2006). The precuneus: A review of its functional anatomy and behavioural correlates. *Brain, 129*(3), 564–583.

23   Karlsson, J. L. (1970). Genetic association of giftedness and creativity with schizophrenia. *Hereditas, 66,* 177–182. Kinney, D. K., Richards, R., Lowing, P. A., LeBlanc, D., Zimbalist, M. E., and Harlan, P. (2001). Creativity in offspring of schizophrenic and control parents: An adoption study. *Creativity Research Journal, 13,* 17–25.

24   Kyaga, S., Landén, M., Boman, M., Hultman, C. M., Langström, N., and Lichtenstein, P. L. (2013). Mental illness, suicide and creativity: 40-year prospective total population study. *Journal of Psychiatric Research, 47,* 83–90.

25   Batey, M., & Furnham, A. (2008). The relationship between measures of creativity and schizotypy. *Personality and Individual Differences, 45*(8), 816–821. Beaussart, M. L., Kaufman, S. B., & Kaufman, J. C. (2012). Creative activity, personality, mental illness, and short-term mating success. *Journal of Creative*

Behavior, 46, 151-167.

26   DeYoung et al., From madness to genius. Nelson, B., & Rawlings, D. (2010). Relating schizotypy and personality to the phenomenology of creativity. *Schizophrenia Bulletin, 36*(2), 388-399.

27   Nelson & Rawlings, Relating schizotypy and personality to the phenomenology of creativity.

28   Carson, S. (2011). Creativity and psychopathology: A shared-vulnerability model. *Canadian Journal of Psychiatry, 56*(3), 144-153.

29   Takeuchi, H., Taki, Y., Hashizume, H., Sassa, Y., Nagase, T., Nouchi, R., & Kawashima, R. (2011). Failing to deactivate: The association between brain activity during a working memory task and creativity. *NeuroImage, 55*(2), 681-687.

30   Ritter, S. M., Damian, R. I., Simonton, D. K., van Baaren, R. B., Strick, M. et al. (2012). Diversifying experiences enhance cognitive flexibility. *Journal of Experimental Social Psychology, 48*(4), 961-964. Damian, R. I., & Simonton, D. K. (2014). Diversifying experiences in the development of genius and their impact on creative cognition. In D. K. Simonton (Ed.), *The Wiley Handbook of Genius* (pp. 375-393). Oxford, UK: Wiley. Damian, R. I., & Simonton, D. K. (2015). Psychopathology, adversity, and creativity: Diversifying experiences in the development of eminent African Americans. *Journal of Personality and Social Psychology, 108,* 623-636.

31   Simonton, D. K. (1997). Foreign influence and national achievement: The impact of open milieus on Japanese civilization. *Journal of Personality and Social Psychology, 72*(1), 86-94.

32   Sternberg, R. J., & Lubart, T. I. (1995). *Defying the Crowd: Cultivating Creativity in a Culture of Conformity.* New York: Free Press.

33   Tadmor, C. T., Galinsky, A. D., & Maddux, W. W. (2012). Getting the most out of living abroad: Biculturalism and integrative complexity as key drivers of creative and professional success. *Journal of Personality and Social Psychology, 103*(3), 520-542.

34   Colvin, G. (2010). *Talent Is Overrated: What Really Separates World-Class Performers from Everybody Else.* New York: Portfolio Trade.

35   Simonton, D. (2000). Creative development as acquired expertise: Theoretical issues and an empirical test. *Developmental Review, 20*(2), 283-318.

36   Simonton, D. K. (2014). Creative performance, expertise acquisition, individual

differences, and developmental antecedents: An integrative research agenda. *Intelligence, 15*, 66-73.

37   Gruber, H. E. (1989). Networks of enterprise in creative scientific work. In B. Gholson, W. R. Shadish Jr., R. A. Neimeyer, & A. C. Houts (Eds.), *The Psychology of Science: Contributions to Metascience* (pp. 246-265). Cambridge, UK: Cambridge University Press. Simonton, D. K. (2004). *Creativity in Science: Chance, Logic, Genius, and Zeitgeist*. Cambridge, UK: Cambridge University Press. Simonton, Creative performance, expertise acquisition, individual differences, and developmental antecedents.

38   Root-Bernstein, R. S., Bernstein, M., & Garnier, H. (1995). Correlation between avocations, scientific style, work habits, and professional impact of scientists. *Creativity Research Journal, 8*, 115-137; Root-Bernstein, R., Allen, L., Beach, L., Bhadula, R., Fast, J., Hosey, C. et al. (2008). Arts foster scientific success: Avocations of Nobel, National Academy, Royal Society, and Sigma Xi members. *Journal of the Psychology of Science and Technology, 1*, 51-63.

39   Simonton, D. K. (2012). Foresight, insight, oversight, and hindsight in scientific discovery: How sighted were Galileo's telescopic sightings? *Psychology of Aesthetics, Creativity, and the Arts, 6*, 243-254.

40   Carr, E. (2009). The last days of the polymath. *Intelligent Life*. intelligentlife. com/content/edward-carr/last-days-polymath.

41   Broad, W. J. (2014, July 7). Seeker, doer, giver, ponderer. *New York Times*, p. D1.

42   Broad, Seeker, doer, giver, ponderer.

43   Teitelbaum, R. (2007, November 27). Simons at Renaissance cracks code, doubling assets. Bloomberg.bloomberg.com/apps/news?pid=newsarchive&sid=aq33M3X795vQ.

☱ 7장 마음 챙김

1   Keegan, M. (2014). *The Opposite of Loneliness: Essays and Stories*. New York: Scribner.

2   James, H. (1884, September). The art of fiction. *Longman's Magazine, 4*.

3   Didion, J. (2008). On keeping a notebook. In *Slouching Towards Bethlehem* (pp. 131-141). New York: Farrar, Straus, & Giroux.

4   O'Keeffe, G. (1976). *Some Memories of Drawings*. New York: Viking Press.

5   Weingarten, Gene. (2007, April 8). Pearls before breakfast: Can one of the nation's greatest musicians cut through the fog of a D.C. rush hour? Let's find out. *Washington Post*. washingtonpost.com/lifestyle/magazine/pearls--through-the-fog-of-a-dc-rush-hour-lets-find-out/2014/09/23/8a6d46da-4331-11e4-b47c-f5889e061e5f_story.html.

6   Langer, E. Personal communication, November 7, 2014.

7   Langer, E. Personal communication.

8   Langer, E. J. (1989). *Mindfulness*. Reading, MA: Addison-Wesley. 《마음챙김》(더퀘스트).

9   Sheldon, K. M., Prentice, M., & Halusic, M. (2015). The experiential incompatibility of mindfulness and flow absorption. *Social Psychological and Personality Science, 6*, 276-283.

10 Kashdan, T., & Biswas-Diener, R. (2014). *The Upside of Your Dark Side: Why Being Your Whole Self—Not Just Your "Good" Self—Drives Success and Fulfillment*. New York: Hudson Street Press.

11 Konnikova, M. (2013). *Mastermind: How to Think like Sherlock Holmes*. New York: Penguin Books.

12 Konnikova, M. (2012, December 16). The power of concentration. *New York Times, p. SR8*.

13 Kabat-Zinn, J. (2006). Mindfulness-based interventions in context: Past, present, and future. *Clinical Psychology: Science and Practice, 10*(2), 144-156.

14 Mindfulness. (n.d.). Greater Good Science Center. greatergood.berke ley.edu/topic/mindfulness/definition.

15 Goldberg, P. (2013). *American Veda*. New York: Three Rivers Press.

16 Rosenthal, N. E. (2012). *Transcendence: Healing and Transformation Through Transcendental Meditation*. New York: Tarcher.

17 Rosenthal, *Transcendence*.

18 Lynch, D. (2007). *Catching the Big Fish: Meditation, Consciousness, and Creativity*. New York: Tarcher. 《데이빗 린치의 빨간방》(그책).

19 Gregoire, C. (2014, October 3). Our digital device addiction is causing a "national attention deficit." *Huffington Post*. huffingtonpost.com/2014/10/03/neuroscientist-richard-da_n_5923648.html.

20 Stone, L. (n.d.). Continuous partial attention: What is continuous partial

attention? [Blog ost.] Linda Stone. lindastone.net/qa/continuous-partial-attention.

21   Nielsen. (2014). An era of growth: The cross-platform report Q4 2013. nielsen.com/us/en/insights/reports/2014/an-era-of-growth-the-cross-platform-report.html.

22   Meeker, M., & Wu, L. (2013). Internet trends. KCPB. kpcb.com/blog/2013-internet-trends.

23   Hough, A. (2011, April 8). Student "addiction" similar to "drug cravings", study finds. *Telegraph.* telegraph.co.uk/technology/news/8436831/Student-addiction-to-technology-similar-to-drug-cravings-study-finds.html.

24   Tamir, D. I., & Mitchell, J. P. (2012). Disclosing information about the self is intrinsically rewarding. *Proceedings of the National Academy of Sciences USA,* 109(21), 8038-8043.

25   Stothart, C., Mitchum, A., & Yehnert, C. (2015). The attentional cost of receiving a cell phone notification. *Journal of Experimental Psychology: Human Perception and Performance.* doi:http://dx.doi.org/10.1037/xhp0000100.

26   Levitin, D. J. (2014). *The Organized Mind: Thinking Straight in the Age of Information Overload.* New York: Dutton.

27   Heeren, A., Van Broeck, N., & Philippot, P. (2009). The effects of mindfulness on executive processes and autobiographical memory specificity. *Behaviour Research and Therapy, 47,* 403-409.

28   Schoenberg, P. L. A., Hepark, S., Kan, C. C., Barendregt, H. P., Buitelaar, J. K., & Speckens, A. E. M. (2014). Effects of mindfulness-based cognitive therapy on neurophysiological correlates of performance monitoring in adult attention-deficit/hyperactivity disorder. *Clinical Neurophysiology, 125*(7), 1407-1416.

29   Fassbender, C., Zhang, H., Buzy, W. M., Cortes, C. R., Mizuiri, D., Beckett, L., & Schweitzer, J. B. (2009). A lack of default network suppression is linked to increased distractibility in ADHD. *Brain Research, 1273,* 114-128.

30   Kaufman, S. B. (2014, October 21). The creative gifts of ADHD. [Blog post.] *Scientific American.* blogs.scientificamerican.com/beautiful-minds/2014/10/21/the-creative-gifts-of-adhd.Kaufman, S. B. (2014, November 11). Resources to help your child with ADHD flourish. [Blog post.] *Scientific American.* blogs.scientificamerican.com/beautiful-minds/2014/11/11/resources-to-help-your-child-with-adhd-flourish.

31   Brief mindfulness training may boost test scores, working memory.(2013, March 26). Association for Psychological Science. psychologicalscience.org/index.php/news/releases/brief-mindfulness-training-may-boost-test-scores-working-memory.html.

32   Jha, A. P., Krompinger, J., & Baime, M. J. (2007). Mindfulness training modifies ubsystems of attrition. *Cognitive, Affective, & Behavioral Neuroscience*, *7*(2), 109-119.

33   Loh, K. K., & Kanai, R. (2014). Higher media multi-tasking activity is associated with smaller gray-matter density in the anterior cingulate cortex. *PLoS ONE*, *9*(9).

34   Zeidan, F., Martucci, K. T., Kraft, R. A., McHaffie, J. G., & Coghill, R. C. (2014). Neural correlates of mindfulness meditation-related anxiety relief. *Social Cognitive and Affective Neuroscience, 9*(6), 751-759.

35   Fox, K. C. R., Nijeboer, S., Dixon, M. L., Floman, J. L., Ellamil, M., Rumak, S. P. et al. (2014). Is meditation associated with altered brain structure? A systematic review and meta-analysis of morphometric neuroimaging in meditation practitioners. *Neuroscience & Biobehavioral Reviews*, *43*, 48-73. doi:10.1016/j.neubiorev.2014.03.016.

36   DeYoung, C. Personal communication, January 29, 2015.

37   Brewer, J. A., Worhunsky, P. D., Gray, J. R., Tang, Y.-Y., Weber, J., & Kober, H. (2011). Meditation experience is associated with differences in default mode network activity and connectivity. In *Proceedings of the National Academy of Sciences of the United States of America, 108*(50), 20254-20259.

38   Schooler, J. W., Mrazek, M. D., Franklin, M. S., Baird, B., Mooneyham, B. W. et al. (2014). The middle way: Finding the balance between mindfulness and mind-wandering. In B. H. Ross (Ed.), *The Psychology of Learning and Motivation* (Vol. 60, pp. 1-33). Burlington, MA: Academic Press.

39   Josipovic, Z. (2013). Freedom of the mind. *Frontiers in Psychology, 4*(538).

40   Davidson, R. J., & Lutz, A. (2008). Buddha's brain: Neuroplasticity and meditation. I*EEE Signal Process Mag*, *25*(1), 174-176.

41   Colzato, L. S., Ozturk, A., & Hommel, B. (2012). Meditate to create: The impact of focused-attention and open-monitoring training on convergent and divergent thinking. *Frontiers in Psychology*, *3*(116).

42   Xu, J., Vik, A., Groote, I. R., Lagopoulos, J., Holen, A. et al. (2014). Nondirective meditation activates default mode network and areas associated

with memory retrieval and emotional processing. *Frontiers in Human Neuroscience, 8*(86)

43   Baas, M., Nevicka, B., & Ten Velden, F. S. (2014). Specific mindfulness skills differentially predict creative performance. *Personality and Social Psychology Bulletin, 40*(9), 1092-1106.

⁚ 8장 민감성

1   Kaufman, S. B. (2011, March 6). After the show: The many faces of the performer. *Huffington Post*. huffingtonpost.com/scott-barry-kaufman/creative-people_b_829563.html.

2   Jackson, M. (1992). *Dancing the Dream*. London: Doubleday.

3   Taraborrelli, J. R. (2010). *Michael Jackson: The Magic, the Madness, the Whole Story, 1958-2009*. New York: Grand Central Publishing.

4   Csikszentmihalyi, M. (1996, July 1). The creative personality. *Psychology Today*. psychologytoday.com/articles/199607/the-creative-personality.

5   Grimes, J. O. Personal communication, January 2, 2015.

6   Grimes, J. O., & Cheek, J. M. (2011). Welcome to the personality construct jungle: Dispelling the myth of the extraverted rock star. [Unpublished manuscript.] Wellseley, MA: Wellesley College, Department of Psychology.

7   Aron, E. (1997). *The Highly Sensitive Person: How to Thrive When the World Overwhelms You*. New York: Broadway Books. 《타인보다 더 민감한 사람》(웅진지식하우스).

8   Aron, E. N., Aron, A., & Jagiellowicz, J. (2012). Sensory processing sensitivity: A review in the light of the evolution of biological responsivity. *Personality and Social Psychology Review, 16*(3), 262-282.

9   Aron, *The Highly Sensitive Person*. Kagan, J. (2013). *The Human Spark: The Science of Human Development*. New York: Basic Books. Kagan, J. (2010). *The Temperamental Thread: How Genes, Culture, Time and Luck make Us Who We Are*. New York: Dana Press. 《성격의 발견》(시공사).

10   Kristal, J. (2005). *The Temperament Perspective: Working with Children's Behavioral Styles*. New York: Brookes Publishing Company.

11   Aron, et al., Sensory processing sensitivity.

12   Flora, C. (2005, May 1). The X-factors of success. *Psychology Today*.

psychologytoday.com/articles/200505/the-x-factors-success.

13   Bartz, A. (2011, July 5). Sense and sensitivity. *Psychology Today*. psychologytoday.com/articles/201107/sense-and-sensitivity.

14   Ward, D. (2011, October 30). The sensitive mind is a creative mind: Why sensitivity is not a curse, but a blessing. *Psychology Today*. psychologytoday.com/blog/sense-and-sensitivity/201110/the-sensitive-mind-is-creative-mind.

15   Smolewska, K. A., McCabe, S. B., & Woody, E. Z. (2006). A psychometric evaluation of the Highly Sensitive Person Scale: The components of sensory-processing sensitivity and their relation to the BIS/ BAS and "Big Five." *Personality and Individual Differences*, *0*(6), 1269-1279.

16   Sobocko, K., & Zelenski, J. M. (2015). Trait sensory-processing sensitivity and subjective well-being: Distinctive associations for different aspects of sensitivity. *Personality and Individual Differences*, *83*, 44-49.

17   Cheek, J. M., Bourgeois, M. L., Theran, S. A., Grimes, J. O., & Norem, J. K. (2009, February). Interpreting the factors of the highly sensitive person scale. Presented at the annual meeting of the Society for Personality and Social Psychology, Tampa, Florida.

18   Jagiellowicz, J., Xu, X., Aron, A., Aron, E., Cao, G. et al. (2011). The trait of sensory processing sensitivity and neural responses to changes in visual scenes. *Social Cognitive and Affective Neuroscience*, *6*(1), 38-47.

19   Acevedo, B., Aron, A., & Aron, E. (2010, August). Association of sensory processing sensitivity when perceiving positive and negative emotional states. Paper presented at American Psychological Association, San Diego, CA. Aron et al., Sensory processing sensitivity.

20   Craig, A. D. (2009). How do you feel—now? The anterior insula and human awareness. *Nature Reviews Neuroscience*, *10*(1), 59-70.

21   Lewis, G. J., Kanai, R., Rees, G., & Bates, T. C. (2014). Neural correlates of the "good life": Eudaimonic well-being is associated with insular cortex volume. *Social Cognitive and Affective Neuroscience*, *9*(5), 615-618. For more on Carol Ryff's model of eudaimonia, see: Ryff, C. D. (2014). Psychological well-being revisited: Advances in the science and practice of eudaimonia. *Psychotherapy and Psychosomatics*, *83*, 10-28.

22   Aron et al., Sensory processing sensitivity.

23   Ellis, B. J., & Boyce, W. T. (2008). Biological sensitivity to context. *Current*

Directions in Psychological Science, 13(3), 183-187.

24 Belsky, J., & Beaver, K. M. (2011). Cumulative-genetic plasticity, parenting and adolescent self-regulation. *Journal of Child Psychology and Psychiatry, 52,* 619-626. Grazioplene, R. G., DeYoung, C. G., Rogosch, F. A., & Cicchetti, D. (2013). A novel differential susceptibility gene: CHRNA4 and moderation of the effect of maltreatment on child personality. *Journal of Child Psychology and Psychiatry, 54*(8), 872-880. Ellis, B. J. & Boyce, W. T. (2005). Biological sensitivity to context: I. An evolutionary-developmental theory of the origins and functions of stress reactivity. *Development and Psychopathology, 17,* 271-301. Ellis, B. J., Essex, M. J., & Boyce, W. T. (2005). Biological sensitivity to context: II. Empirical explorations of an evolutionary-developmental theory. *Development and Psychopathology, 17,* 303-328. Dobbs, D. (2009, December). The science of success. *The Atlantic.* theatlantic.com/magazine/archive/2009/12/the-science-of-success/307761/. Belsky, J., & Pluess, M. (2009). The nature (and nurture?) of plasticity in early human development. *Perspectives on Psychological Science, 4,* 345-351. Cain, S. (2012). *Quiet: The Power of Introverts in a World That Can't Stop Talking.* New York: Broadway. Belsky, J., Bakermans-Kranenburg, M. J., & van IJzendoorn, M. H. (2005). For better and for worse: Differential susceptibility to environmental influences. *Current Directions in Psychological Science, 6,* 300-304. Aron et al., Sensory processing sensitivity.

25 Blair, C., & Diamond, A. (2008). Biological processes in prevention and intervention: The promotion of self-regulation as a means of preventing school failure. *Development and Psychopathology, 20*(3), 899-911.

26 Csikszentmihalyi, M. (1994). *The Evolving Self: A Psychology for the Third Millennium.* New York: Harper Perennial. 《몰입의 재발견》(한국경제신문사).

27 Piechowski, M. M. (1993). Is inner transformation a creative process? *Creativity Research Journal, 6*(1-2), 89-98.

28 Chávez-Eakle, R. A., Eakle, A. J., & Cruz-Fuentes, C. (2012). The multiple relations between creativity and personality. *Creativity Research Journal, 24*(1), 76-82.

29 Nietzsche, F. W. (2008). *The Birth of Tragedy.* New York: Oxford University Press. (Original work published in 1872.). 《비극의 탄생》(아카넷).

30 Piechowski, M. M., & Cunningham, K. (1985). Patterns of overexcitability in a group of artists. *Journal of Creative Behavior, 19*(3), 153-174.

31 There is evidence that highly creative individuals have a tendency to be

physiologically overreactive to stimulation. Martindale, C., Anderson, K., Moore, K., & West, A. N. (1996). Creativity, oversensitivity, and rate of habituation. *Personality and Individual Differences, 20*(4), 423-427.

32   Piechowski, M. M. (1997). Emotional giftedness: The measure of intrapersonal intelligence. In Colangelo, N., & Davis, G. A. (Eds.), *Handbook of Gifted Education* (2nd ed., pp. 366-381), p. 367.

33   Ackerman, C. M. (2009). The essential elements of Dabrowski's theory of positive disintegration and how they are connected. *Roeper Review*, 31(2), 81-95.

34   Ackerman, The essential elements of Dabrowski's theory of positive integration.

35   Poe, E. A. (1910). Imp of the perverse. In *The Works of Edgar Allan Poe*. New York: Harper and Bros. http://etc.usf.edu/lit2go/147/the-works-of-edgar-allan-poe/5233/the-imp-of-the-perverse/.

36   Harrison, G. E., & Van Haneghan, J. P. (2011). The gifted and the shadow of the night: Dabrowski's overexcitabilities and their correlation to insomnia, death anxiety, and fear of the unknown. *Journal for the Education of the Gifted*, *34*, 669-697. Lamont, R. T. (2012). The fears and anxieties of gifted learners: Tips for parents and educators. *Gifted Child Today*, *35*(4), 271-276.

37   Ackerman, The essential elements of Dabrowski's theory of positive disintegration and how they are connected.

38   Piechowski, Emotional giftedness.

39   Mendaglio, S., & Tillier, W. (2006). Dabrowski's theory of positive disintegration and giftedness: Overexcitability research findings. *Journal for the Education of the Gifted, 30*(1), 68-87. Wirthwein, L., & Rost, D. H. (2011). Focusing on overexcitabilities: Studies with intellectually gifted and academically talented adults. *Personality and Individual Differences, 51*(3), 337-342. Piechowski, M. M., Silverman, L. K., & Falk, R. F. (1985). Comparison of intellectual and artistically gifted on five dimensions of mental functioning. *Perceptual and Motor Skills, 60*, 539-549.

40   Piechowski, M. M. (2008). Discovering Dabrowski's theory. In S. Mendaglio (Ed.), *Dabrowski's Theory of Positive Disintegration* (pp. 41-78). Scottsdale, AZ: Great Potential Press.

41   Greene, R. (2013). *Mastery.* New York: Penguin Books. 《마스터리의 법칙》(살림Biz).

42 Brennan, T. P., & Piechowski, M. M. (1991). A developmental framework for self-actualization: Evidence from case studies, *Journal of Humanistic Psychology, 31*(3), 43-64.

43 Ackerman, The essential elements of Dabrowski's theory of positive disintegration and how they are connected.

44 Piechowski, Is inner transformation a creative process?

45 Piechowski, M. M., & Tyska, C. (1982). Self-actualization profile of Eleanor Roosevelt, a presumed nontranscender. *Genetic Psychology Monographs, 105*, 95-153.

46 Roosevelt, E. (1940). *The Moral Basis of Democracy.* New York: Howell, Soskin.

47 Gilbert, E. (2007). *Eat, Pray, Love: One Woman's Search for Everything Across Italy, India, and Indonesia.* New York: Penguin Books. 《먹고 기도하고 사랑하라》(민음사).

48 Kübler-Ross, E. (1969). *On Death and Dying.* New York: Routledge. 《죽음과 죽어감》(청미).

49 Lind, S. (2001). Overexcitability and the gifted. *SENG Newsletter, 1*(1), 3-6.

: 9장 역경을 유익한 기회로 바꾸기

1 Kahlo, F. (2005). *The Diary of Frida Kahlo: An Intimate Self-Portrait.* New York: Abrams.

2 Marcus Aurelius. *The Meditations of Marcus Aurelius* (Vol. II, Part 3). Trans. George Long. The Harvard Classics. New York: Collier, 1909-1914. Bartleby. com. 《명상록》(현대지성). For additional reading, see Holiday, R. (2014). *The Obstacle Is the Way: The Timeless Art of Turning Trials into Triumph.* New York: Portfolio. 《돌파력》(심플라이프).

3 Frankl, V. (1959). *Man's Search for Meaning.* Boston: Beacon Press. 《죽음의 수용소에서》(청아출판사).

4 Nhất Hạnh, T. (2014). *No Mud, No Lotus: The Art of Transforming Suffering.* Berkeley, CA: Parallax Press. 《고요히 앉아 있을 수만 있다면》(불광출판사).

5 Roberts, G. D. (2005). *Shantaram.* New York: St. Martin's Griffin. 《샨타람 1. 2》(버티고).

6 Interview with Bill Zehme. (1988). In J. S. Wenner & J. Levy (Eds.), *The Rolling Stone Interviews* (p. 265). New York: Back Bay Books, 2007.

7   Tedeschi, R. G., & Calhoun, L. G. (2004). Posttraumatic growth: Conceptual foundations and empirical evidence. Psychological Inquiry, 15(1), 1-18.

8   Linley, P. A., & Joseph, S. (2004). Positive change following trauma and adversity: A review. *Journal of Traumatic Stress, 17*(1), 11-21.

9   Interview with Ben Fong-Torres. (1973). J. S. Wenner & J. Levy (Eds.), *The Rolling Stone Interviews* (p. 66). New York: Back Bay Books, 2007.

10   Simonton, D. K. (1994). *Greatness: Who Makes History and Why*. New York: Guilford.

11   Frankl, *Man's Search for Meaning*.

12   Tedeschi & Calhoun. Posttraumatic growth.

13   Staub, E., & Volhardt, J. (2008). Altruism born of suffering: The roots of caring and helping after victimization and other trauma. *American Journal of Orthopsychiatry, 78*(3), 267-280.

14   Tedeschi & Calhoun. Posttraumatic growth.

15   Tedeschi & Calhoun. Posttraumatic growth.

16   Simonton, Greatness. Ludwig, A. M. (1995). *The Price of Greatness: Resolving the Creativity and Madness Controversy*. New York: Guilford Press.

17   Forgeard, M. J. C. (2013). Perceiving benefits after adversity: The relationship between self-reported posttraumatic growth and creativity. *Psychology of Aesthetics, Creativity, and the Arts, 7*(3), 245-264.

18   Forgeard, M. Personal communication, July 27, 2014.

19   Forgeard, Perceiving benefits after adversity.

20   Forgeard, M. J. C., Mecklenburg, A. C., Lacasse, J. J., & Jayawickreme, E. (2014). Bringing the whole universe to order: Creativity, healing, and post-traumatic growth. In J. C. Kaufman (Ed.), *Creativity and Mental Illness* (pp. 321-342). Cambridge, UK: Cambridge University Press.

21   Forgeard et al., Bringing the whole universe to order.

22   Kaufman, S. B., & Kaufman, J. C. (2009). Putting the parts together: An integrative look at the psychology of creative writing. In S. B. Kaufman & J. C. Kaufman (Eds.), *The Psychology of Creative Writing* (pp. 351-370). Cambridge, UK: Cambridge University Press. Forgeard, M. J. C., Kaufman, S. B., & Kaufman, J. C. (2013). The psychology of creative writing. In G. Harper (Ed.), *Blackwell Companion to Creative Writing* (pp. 320-333). Oxford, UK: Wiley-

Blackwell,

23 Pennebaker, J. W., & Chung, C. K. (2011). Expressive writing: Connections to physical and mental health. In H. S. Friedman (Ed.), *Oxford Handbook of Health Psychology* (pp. 417-437). New York: Oxford University Press.

24 Burton, C. M., & King, L. A. (2004). The health benefits of writing about intensely positive experiences. *Journal of Research in Personality, 38*, 150-163. Burton, C. M., & King, L. A. (2008). Effects of (very) brief writing on health: The two-minute miracle. *British Journal of Health Psychology, 13*, 9-14. Kaufman, S. B., & Kaufman, J. C. (Eds.). (2009). *The Psychology of Creative Writing*. New York: Cambridge University Press. King, L. A. (2001). The health benefits of writing about life goals. *Personality and Social Psychology Bulletin, 27*, 798-807. Greenberg, M. A., Wortman, C. B., & Stone, A. A. (1996). Emotional expression and physical health: Revising traumatic memories or fostering self-regulation? *Journal of Personality and Social Psychology, 71*, 588-602.

25 Pennebaker, J. W., & Seagal, J. D. (1999). Forming a story: The health benefits of narrative. *Journal of Clinical Psychology, 55*, 1243-1254. Sexton, J. D., & Pennebaker, J. W. (2009). The healing powers of expressive writing. In S. B. Kaufman & J. C. Kaufman (Eds.), *The Psychology of Creative Writing* (pp. 264-276). Cambridge, UK: Cambridge University Press.

26 Forgeard, M. (2008). Linguistic styles of eminent writers suffering from unipolar and bipolar mood disorder. *Creativity Research Journal, 20*(1), 81-92.

27 Forgeard, Perceiving benefits after adversity.

28 Verhaeghen, P., Joorman, J., & Khan, R. (2005). Why we sing the blues: The relation between self-reflective rumination, mood, and creativity. *Emotion, 5*(2), 226-232.

29 Zausner, T. (1998). When walls become doorways: Creativity, chaos theory, and physical illness. *Creativity Research Journal, 11*(1), 21-28.

30 Sandblom, P. (2000). *Creativity and Disease: How Illness Affects Literature, Art and Music*. London: Marion Boyars. 《창조성과 고통》(아트북스).

31 Betlejewski, S., & Ossowski, R. (2009). Głuchota a psychika w malarstwie Franciszka Goi [Deafness and mentality in Francisco Goya's paintings]. *Otolaryngologia Polska, 63*(2), 186-190.

32 Monet, Claude Oscar (1840-1926). (n.d.). University of Calgary. psych. ucalgary.ca/PACE/VA-Lab/AVDE-Website/Monet.html.

33   Stone, I. & Stone, J. (Eds.). (1995). *Dear Theo: The Autobiography of Vincent van Gogh*. Quoted in Popova, M. (2014, June 5). Van Gogh and mental illness. Brain Pickings. brainpickings.org/2014/06/05/van-gogh-and-mental-illness.

34   Roepke, A. M. (2013). Gains without pains? Growth after positive events. *Journal of Positive Psychology, 8*(4), 280–291.

⋮ 10장 다르게 생각하기

1   MacBoock. (2013, November 5). *Apple Confidential—Steve Jobs on "Think Different"—Internal Meeting Sept. 23, 1997*. [Video.] youtube.com/watch?v=9GMQhOm-Dqo.

2   Turnbull, C. (1913). *Life and Teachings of Giordano Bruno: Philosopher, Martyr, Mystic*. San Diego, CA: Gnostic Press.

3   Gamarekian, B. (1989, June 14). Corcoran, to foil dispute, drops Mapplethorpe show. *New York Times*. http://www.nytimes.com/1989/06/14/arts/corcoran-to-foil-dispute-drops-mapplethorpe-show.html.

4   A retrospective—Robert Mapplethorpe. (2012, August 3). Daily Photo News. actuphoto.com/13863-a-retrospective-robert-mapplethorpe.html.

5   Sternberg, R. J., & Lubart, T. I. (1995). *Defying the Crowd: Cultivating Creativity in a Culture of Conformity*. New York: Free Press.

6   Sternberg, *Defying the Crowd*.

7   Asimov, I. (2014, October 20). Isaac Asimov asks, "How do people get new ideas?" *MIT Technology Review*. technologyreview.com/view/531911/isaac-asimov-asks-how-do-people-get-new-ideas.

8   Galileo. (1596). Letter to Johannes Kepler. Columbia University. columbia.edu/cu/tat/core/galileo.htm.

9   Dr. Semmelweis' biography. (n.d.). Semmelweis Society International. semmelweis.org/about/dr-semmelweis-biography.

10   Campanario, J. M. (2009). Rejecting and resisting Nobel class discoveries: Accounts by Nobel laureates. *Scientometrics, 81*(2), 549–565.

11   Information for patients. (n.d.). International Society for Magnetic Resonance in Medicine. ismrm.org/resources/information-for-patients.

12   Quoted in Berns, G. (2010). *Iconoclast: A Neuroscientist Reveals How to Think Differently*. Boston: Harvard Business Press.

13   Mueller, J. S., Melwani, S., & Goncalo, J. A. (2012). The bias against creativity: Why people desire but reject creative ideas. *Psychological Science, 23*(1), 13-17.

14   Mueller et al., The bias against creativity.

15   Staw, B. M. (1995). Why no one really wants creativity. In C. M. Ford & D. A. Gioia (Eds.), *Creative Action in Organizations: Ivory Tower Visions & Real World Voices* (pp. 476-479). Thousand Oaks, CA: Sage Publications.

16   Staw, Why no one really wants creativity.

17   Griskevicius, V., Goldstein, N. J., Moretensen, C. R., Cialdini, R. B., & Kenrick, D. T. (2006). Going along versus going alone: When fundamental motives facilitate strategic (non)conformity. *Journal of Personality and Social Psychology, 91*, 281-294.

18   Griskevicius et al., Going along versus going alone.

19   Asch, S. E. (1951). Effects of group pressure on the modification and distortion of judgments. In H. Guetzkow (Ed.), *Groups, Leadership and Men* (pp. 177-190). Pittsburgh: Carnegie Press.

20   Berns, G. S., Chappelow, J., Zink, C. F., Pagnoni, G., Martin-Skurski, M. E., & Richards, J. (2005). Neurobiological correlates of social conformity and independence during mental rotation. *Biological Psychiatry, 58*(3), 245-253.

21   Buchsbaum, D., Gopnik, A., Griffiths, T. L., & Shafto, P. (2011). Children's imitation of causal action sequences is influenced by statistical and pedagogical evidence. *Cognition, 120*(3), 331-340.

22   Gopnik, A. (2011, March 16). Why preschool shouldn't be like school. *Slate*. slate.com/articles/double_x/doublex/2011/03/why_preschool_shouldnt_be_like_school.html.

23   Westby E. L., & Dawson, V. (1995). Creativity: Asset or burden in the classroom? *Creativity Research Journal, 8*, 1-10.

24   Sternberg, R. J., & Grigorenko, E. L. (2007). *Teaching for Successful Intelligence: To Increase Student Learning and Achievement* (2nd ed.). New York: Corwin. 《성공지능 가르치기》(교육과학사).

25   Robinson, K. (2006, February). *Do Schools Kill Creativity?* [Video.] TED. ted.com/talks/ken_robinson_says_schools_kill_creativity.

26   Wilson, C. (1956). *The Outsider*. Boston: Houghton Mifflin. 《아웃사이더》(범우

사).

27 Kaufman, S. B. (2012, August 24). Social rejection can fuel creativity. *Psychology Today.* psychologytoday.com/blog/beautiful-minds/201208/social-rejection-can-fuel-creativity.

28 Kim, S. H., Vincent, L. C., & Goncalo, J. A. (2013). Outside advantage: Can social rejection fuel creative thought? *Journal of Experimental Psychology: General, 142*(3), 605-611.

29 Kim et al., Outside advantage.

30 Kaufman, S. B., Christopher, E. M., & Kaufman, J. C. (2008). The genius portfolio: How do poets earn their creative reputations from multiple products? *Empirical Studies of the Arts, 26,* 181-196. Simonton, D. K. (1997). Creative productivity: A predictive and explanatory model of career trajectories and landmarks. *Psychological Review, 104,* 66-89.

31 Simonton, D. K. (2003). Expertise, competence, and creative ability: The perplexing complexities. In R. J. Sternberg & E. L. Grigorenko (Eds.), *The Psychology of Abilities, Competencies, and Expertise* (pp. 213-239). New York: Cambridge University Press.

32 Simonton, D. K. (2010). Creative thought as blind-variation and selective-retention: Combinatorial models of exceptional creativity. *Physics of Life Reviews, 7,* 156-179.

33 Simonton, Creative thought as blind-variation and selective-retention. Simonton, D. K. (2011). Creativity and discovery as blind variation: Campbell's (1960) BVSR model after the half-century mark. *Review of General Psychology, 15,* 158-174. Simonton, D. K. (2015). "So we meet again!"— Replies to Gabora and Weisberg. *Psychology of Aesthetics, Creativity, and the Arts, 9,* 25-34.

34 Edison's patents. (2012, February 20). The Thomas Edison Papers. edison.rutgers.edu/patents.htm.

35 Simonton, D. K. (2014). Thomas Edison's creative career: The multilayered trajectory of trials, errors, failures, and triumphs. *Psychology of Aesthetics, Creativity, and the Arts, 9,* 2-14.

36 Fuel cell technology. (2012, February 20). The Thomas Edison Papers. edison.rutgers.edu/fuelcell.htm.

37 Simonton, Thomas Edison's creative career.

38 Simonton, Thomas Edison's creative career.

39   Simonton, D. K. (2009). The literary genius of William Shakespeare: Empirical studies of his dramatic and poetic creativity. In S. B. Kaufman & J. C. Kaufman (Eds.), *The Psychology of Creative Writing.* (pp. 131-148). Cambridge, UK: Cambridge University Press.

40   Simonton, D. K. (2015). Numerical odds and evens in Beethoven's nine symphonies: Can a computer really tell the difference? *Empirical Studies of the Arts, 33,* 18-35.

41   Simonton, Numerical odds and evens in Beethoven's nine symphonies.

42   Martindale, C. (1990). *The Clockwork Muse: The Predictability of Artistic Styles.* New York: Basic Books.

43   Lee, C. S., Therriault, D. J., & Linderholm, T. (2012). On the cognitive benefits of cultural experience: Exploring the relationship between studying abroad and creative thinking. *Applied Cognitive Psychology, 26*(5), 768-778.

44   Zynga, A. (2013, June 13). The cognitive bias keeping us from innovating. *Harvard Business Review.* hbr.org/ 2013/ 06/the-cognitive-bias-keeping-us-from.

45   Berns, G. (2010). *Iconoclast.*

46   Dyer, J., & Gregerson, H. (2011, September 27). Learn how to think different(ly). *Harvard Business Review.* hbr.org/2011/09/begin-to-think-differently.

47   Dyer & Gregerson, Learn how to think different(ly).

48   Jaussi, K. S., & Dionne, S. D. (2003). Leading for creativity: The role of unconventional leader behavior. *Leadership Quarterly, 14*(4-5), 475-498.

49   Ludwig, A. M. (1995). *The Price of Greatness: Resolving the Creativity and Madness Controversy.* New York: Guilford Press. 《천재인가 광인인가》(이화여자대학교출판부).

50   Whitman, Walt. "The Song of Myself," 1892. Poetry Foundation. poetryfoundation.org/poem/174745.

천재 보고서

초판 1쇄 발행 2025년 1월 22일

지은이 스콧 배리 카우프만, 캐롤린 그레고어
옮긴이 안종희
펴낸이 김상현

콘텐츠사업본부장 유재선
출판1팀장 전수현 **책임편집** 주혜란 **편집** 김승민
디자인 도미솔 **마케터** 이영섭 남소현 성정은 최문실
미디어사업팀 김예은 송유경 김은주 김태환
경영지원 이관행 김범희 김준하 안지선 김지우

펴낸곳 (주)필름
등록번호 제2019-000002호 **등록일자** 2019년 01월 08일
주소 서울시 영등포구 영등포로 150, 생각공장 당산 A1409
전화 070-4141-8210 **팩스** 070-7614-8226
이메일 book@feelmgroup.com

필름출판사 '우리의 이야기는 영화다'

우리는 작가의 문체와 색을 온전하게 담아낼 수 있는 방법을 고민하며 책을 펴내고 있습니다.
스쳐가는 일상을 기록하는 당신의 시선 그리고 시선 속 삶의 풍경을 책에 상영하고 싶습니다.

홈페이지 feelmgroup.com **인스타그램** instagram.com/feelmbook

ISBN 979-11-93262-36-8 (03180)